消えた琉球競馬

幻の名馬「ヒコーキ」を追いかけて

梅崎 晴光 著

ボーダーインク

消えた琉球競馬

幻の名馬「ヒコーキ」を追いかけて

目次

本書で取り上げた主な馬場

沖縄島地図

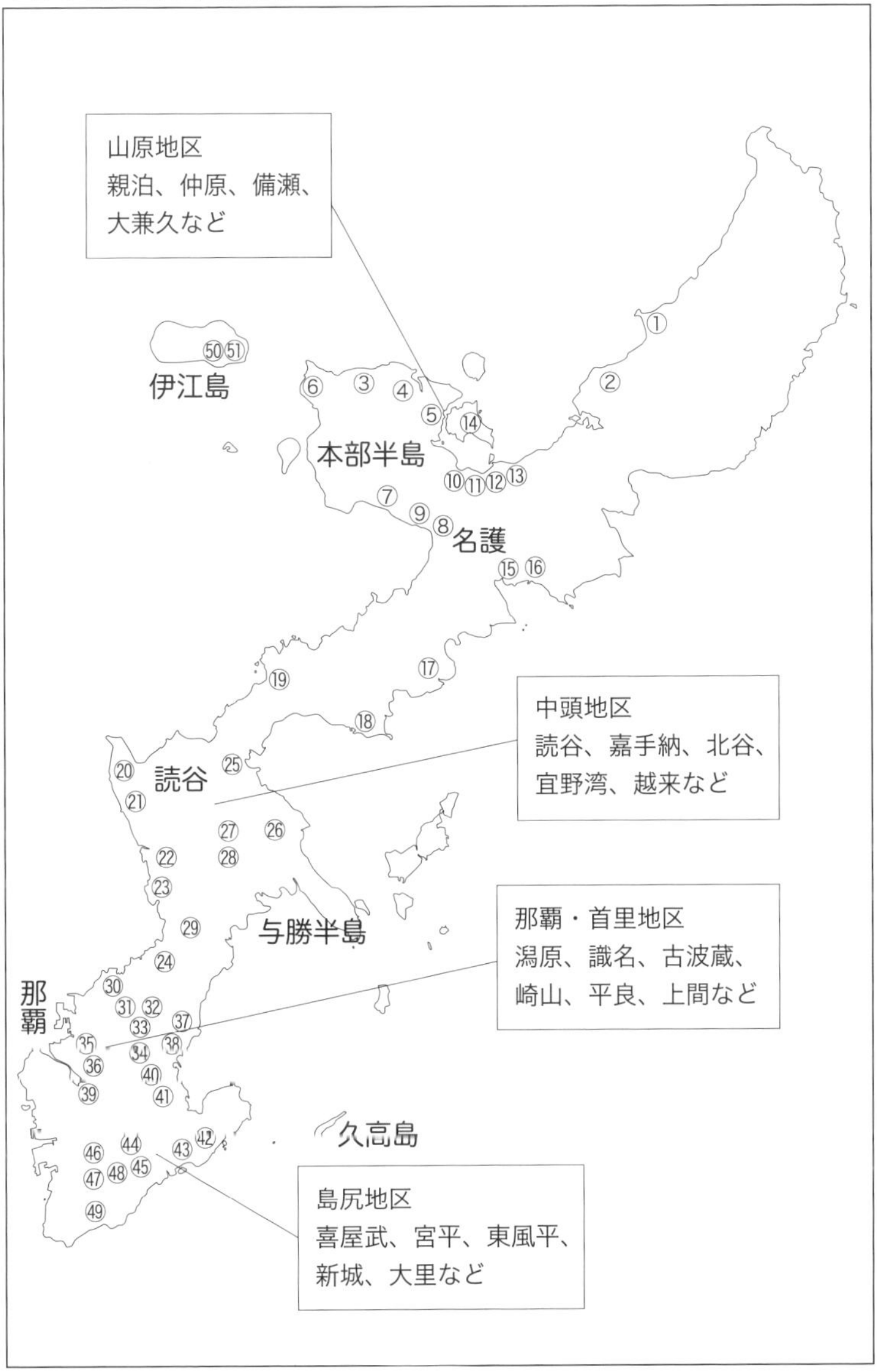

地図に付した番号説明

===沖縄本島地図　沖縄本島の主な馬場===

馬場名

①桃原(国頭村)☆
②兼久中道(大宜味村)
③大道・今泊(今帰仁村)
④仲原(今帰仁村)★
⑤天底(今帰仁村)
⑥備瀬(本部町)★
⑦屋部(名護市)★
⑧大兼久(名護市)★
⑨名護兼久(名護市)
⑩伊差川(名護市)★
⑪勘定名・仲尾(名護市)★
⑫仲尾次(名護市)
⑬真喜屋(名護市)★
⑭済井出(名護市、屋我地島)
⑮瀬嵩(名護市)
⑯汀間(名護市)
⑰松田(宜野座村)
⑱寺門原(金武町)★
⑲恩納(恩納村)
⑳渡慶次カタノー(読谷村)★
㉑楚辺兼久(読谷村)★
㉒野里(嘉手納町)☆
㉓砂辺(北谷町)
㉔宜野湾(宜野湾市)★☆
㉕石川兼久(うるま市石川)★
㉖天願(うるま市具志川)★
㉗知花弁当(沖縄市)★
㉘胡屋(沖縄市)★
㉙瑞慶覧(北中城村)★☆
㉚牧港(浦添市)★
㉛安波茶(浦添市)★☆
㉜フトキントウ(浦添市)
㉝平良真地(那覇市)★☆
㉞識名真地(那覇市)★
㉟潟原(那覇市)☆
㊱古波蔵(那覇市)☆
㊲西原村営(西原町)
㊳我謝(西原町)★☆
㊴豊見城(豊見城市)★
㊵宮平(南風原町)★☆
㊶長堂(南城市大里)★☆
㊷和名(南城市玉城垣花)★
㊸上江洲口(南城市玉城仲村渠)★☆
㊹東風平(八重瀬町東風平)★
㊺新城(八重瀬町具志頭)★
㊻座波(糸満市)★☆
㊼大里(糸満市)
㊽与座(糸満市)★
㊾米須(糸満市)★☆
㊿東江前(伊江村)★
51競走走路(伊江村)

★は明治13年の沖縄県統計概表に記載。
☆は18世紀後期作成の琉球国惣絵図に表記。

中頭地区（中部）

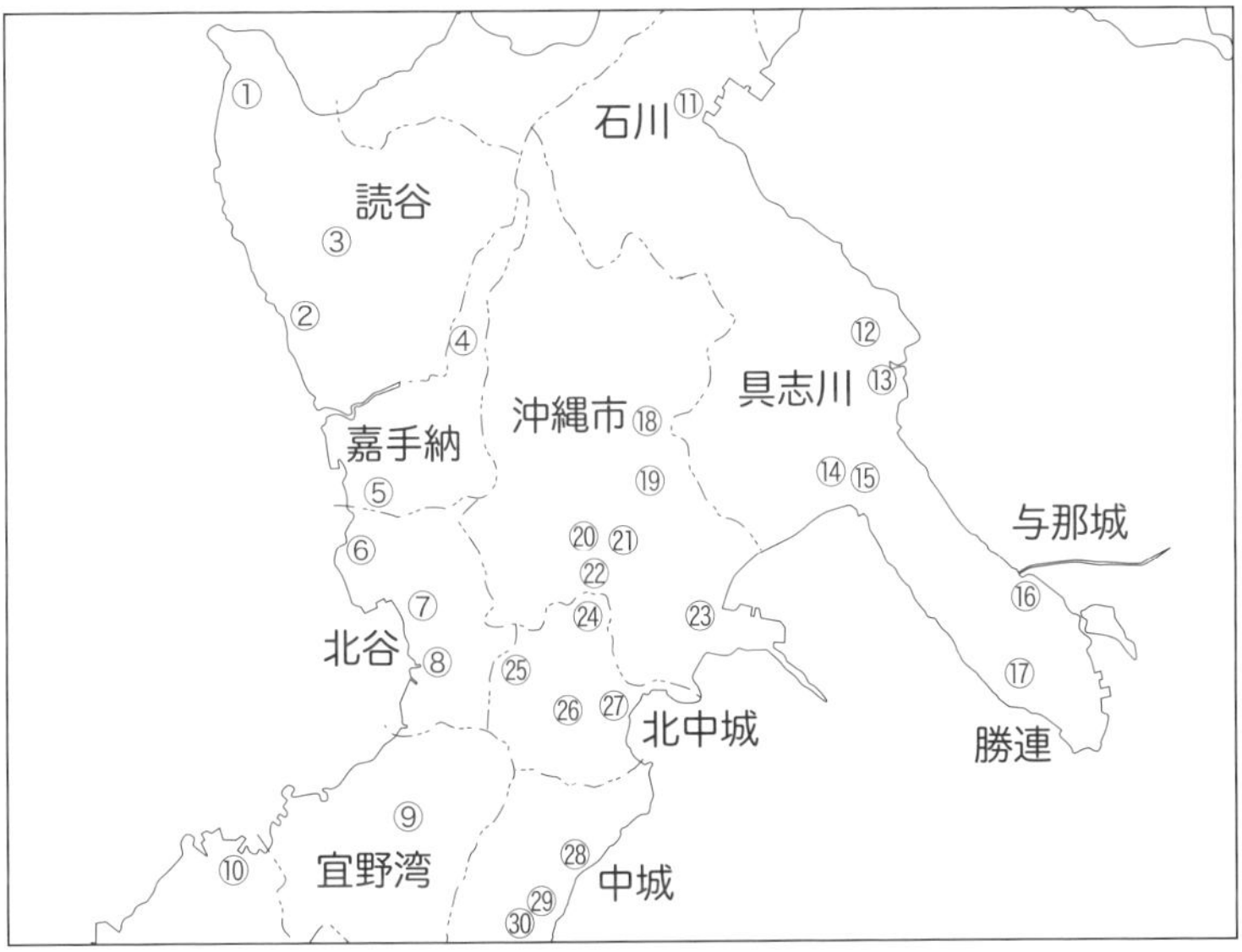

===本島中部地区の地図　本島中部の主な馬場===

馬場名

①渡慶次カタノー（読谷村）★
②楚辺兼久（読谷村）★
③喜名（読谷村）★
④屋良（嘉手納町）
⑤野里（嘉手納町）☆
⑥砂辺（北谷町）
⑦桑江（北谷町）
⑧北谷（北谷町）
⑨宜野湾（宜野湾市）★☆
⑩牧港（浦添市）★
⑪石川兼久（うるま市、石川）★
⑫天願ジョー（うるま市、具志川）★
⑬田場兼久（うるま市、具志川）★
⑭宮里（うるま市、具志川）
⑮仲嶺（うるま市、具志川）
⑯屋慶名（うるま市、与那城）★
⑰平安名（うるま市、勝連）★
⑱知花弁当（沖縄市）★
⑲越来（沖縄市）★☆
⑳諸見（沖縄市）
㉑胡屋（沖縄市）★
㉒山内（沖縄市）
㉓泡瀬潟原兼久（沖縄市）
㉔島袋（北中城村）
㉕瑞慶覧（北中城村）★☆
㉖喜舎場（北中城村）
㉗和仁屋ジョー（北中城村）★
㉘当間（中城村）★☆
㉙奥間（中城村）
㉚津覇（中城村）★

★は明治13年の沖縄県統計概表に記載。
☆は18世紀後期作成の琉球国惣絵図に表記。

那覇・真和志・首里地区

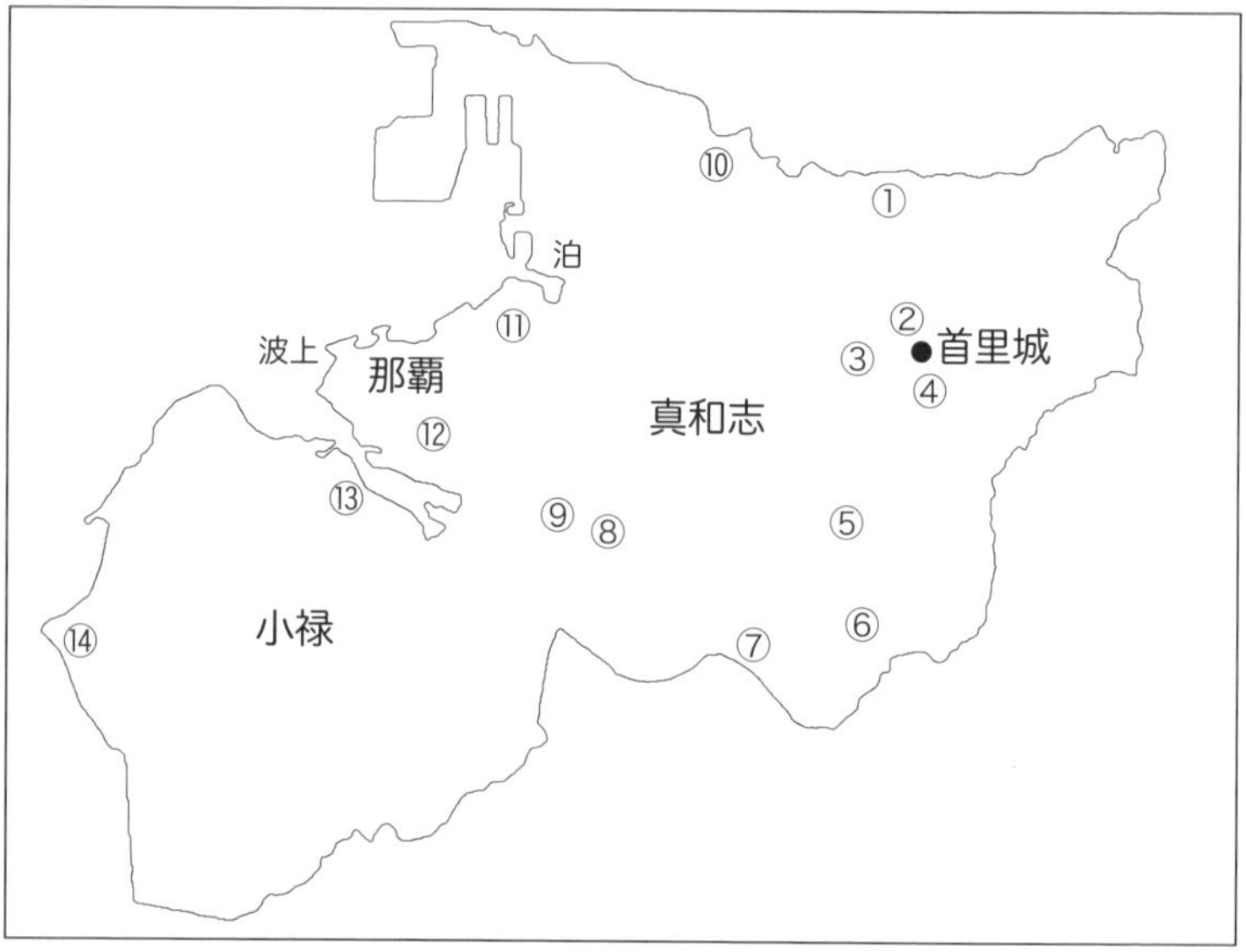

＝＝＝那覇市内地図　那覇市内の主な馬場＝＝

馬場名

①平良真地★☆
②松崎
③綾門大道
④崎山☆
⑤識名真地★☆
⑥上間
⑦国場
⑧与儀
⑨古波蔵☆
⑩多和田★☆
⑪潟原☆
⑫親見世之前
⑬儀間★
⑭大嶺★☆

★は明治13年の沖縄県統計概表に記載。
☆は18世紀後期作成の琉球国惣絵図に表記。

島尻地区（南部）

＝＝＝本島南部地区の地図　本島南部の主な馬場＝＝＝

馬場名

①豊見城（豊見城市）★	⑮メーミチ（糸満市）	㉙具志頭（八重瀬町、具志頭）
②長嶺（豊見城市）	⑯米須（糸満市）★☆	㉚玻名城（八重瀬町、具志頭）
③饒波（豊見城市）★	⑰宇江城（糸満市）★☆	㉛長門（八重瀬町、具志頭）★☆
④平良（豊見城市）	⑱宮城（南風原町）	㉜島袋（南城市、大里）
⑤保栄茂（豊見城市）	⑲宮平（南風原町）★☆	㉝長堂（南城市、大里）★☆
⑥翁長（豊見城市）★	⑳喜屋武（南風原町）	㉞目取真ジョー（南城市、大里）
⑦瀬長（豊見城市、瀬長島）	㉑本部（南風原町）	㉟ニギン（南城市、玉城）★
⑧座波ジョー（糸満市）★☆	㉒津嘉山（南風原町）	㊱仲地（南城市、玉城）★
⑨与座（糸満市）★	㉓友寄（八重瀬町、東風平）★	㊲上江洲口（南城市、玉城）★☆
⑩大里（糸満市）	㉔上田原（八重瀬町、東風平）	㊳和名（南城市、玉城）★
⑪ヨナワシ（糸満市）★	㉕東風平（八重瀬町、東風平）★	㊴津波古（南城市、佐敷）
⑫名城（糸満市）	㉖富盛（八重瀬町、東風平）★	㊵新里（南城市、佐敷）
⑬喜屋武（糸満市）	㉗世名城（八重瀬町、東風平）★	㊶屋比久兼久（南城市、佐敷）★☆
⑭福地（糸満市）★☆	㉘新城（八重瀬町、具志頭）★	㊷赤道（南城市、知念）★

★は明治13年の沖縄県統計概表に記載。
☆は18世紀後期作成の琉球国惣絵図に表記。

プロローグ

　昭和初期の首里。琉球八社の一つ、末吉《すえよし》宮と隣り合わせの、沖縄県下で最も由緒ある馬場《ンマウィー》は、その日、午前中からウチナーンチュの熱い吐息に包まれていた。

　那覇、首里はもちろん、沖縄本島各地、島尻《しまじり》郡の具志頭《ぐしちゃん》や玉城《たまぐすく》、中頭《なかがみ》郡の北谷《ちゃたん》や読谷《よみたん》からも、年に一度の大競馬を観戦しようと馬場に詰めかけ、リュウキュウマツのそびえる左右の土手は立錐の余地もないほど見物人であふれた。

　流行のパナマ帽をかぶった男たち。沖縄伝統の髪型のカンプーに銀のジーファー（かんざし）を差した年配の女たち。この日のために、普段着のバサージン（芭蕉布の着物）より袖丈が長い、とっておきのクンジー（紺地の着物）でめかし込んだ娘たち。ただし、その若い女性たちのヘアスタイルは年増女と少し違う。髪を丸く頭の後ろに巻いてピンで止めているだけ。那覇で人気の新型髪型《カラジ》である。年増女がその新型を指さして「ンマヌクスー カラジ」、まるで馬の糞のような髪型だと陰口をたたいていると、出走馬の馬場入りに合わせて裸足の少年たちが馬場の脇に並ぶ出店で買ったブリキの豆ラッパ・ビービンサーを力いっぱい吹き始めた。豆ラッパの「ビービー」という威勢いい音に、馬のいななきと蹄音が交錯する。

　目の前に近づいてくるのは色とりどりの房で飾りつけられた競走馬。その背には羽織袴を着けた騎手が紅白のたすき鉢巻きをして、紅色の唐鞍にまたがっている。

競馬は沖縄流の二頭ずつで争う対抗《マッチ》レース。大相撲や闘牛の番付のように、力の拮抗した馬同士を組み合わせて、下位の取り組みから上位の取り組みへ進んでいく。

中頭、島尻からの出場馬総勢二〇〇頭が紅白、紅＝中頭、白＝島尻に分かれての勝負が大詰めを迎えた夕刻、末吉宮の森が揺れるほどの歓声を浴びて、シーウマ（結びの大一番）に登場したのは、中頭の代表として出場した噂の名馬である。まるで琉球舞踊のような華麗さで妙技を魅せる沖縄の名馬の中でも、この馬の走りはとりわけ際立っていた。流麗な脚さばきで加速すると、長い尻尾を垂直に伸ばし軽やかにフワリと舞ってみせる。美技と弾力を兼ね備えた名馬の中の名馬である。

「ヒコーキ小《グワー》！」

馬体を躍らせ、しなやかに四肢を伸ばした瞬間、興奮した腕白《ウーマク》少年たちが口々にその馬名を連呼しながら、土手を駆け下りていく。審判の勝利を告げる紅旗が上がった。旗の色を見るまでもなく、ヒコーキの優勝は誰の目にも明らかだった。

「シタイ！」。首里っ子《スインチュ》たちの叫び声に交じって、「シタイヒャー！」、「チャーガヒャー」と、中頭から駆けつけた応援団の勝ちどきが挙がる。平良真地を舞台にした大競馬のどよめきは、新北風《ミーニシ》に乗って二キロ先の首里城にまで届いたという――。

沖縄ではかつて世界に類を見ない競馬が行われていた。サラブレッドが速さを競うレースではない。宮古馬などの小柄な沖縄在来馬が足並の美しさを競った。馬具に華麗な装飾を施し、直線走路で美技を競い合う独自のスタイルが、琉球王朝時代から戦前まで約三〇〇年間、連綿と受け継がれてきた。沖縄言葉《ウチナーグチ》で「ンマスーブ」(馬勝負)、あるいは「ンマハラセー」(馬走らせ)、「ンマズリイ」(馬揃え)とも呼ばれた琉球の競馬である。

舞台は沖縄本島のほぼ全域と宮古島。さらに石垣島、伊江島、伊平屋島、伊是名島、久米島にも馬場があり、沖縄全体では一五〇を超えていた。

当時の競馬を知る沖縄県民もいまではほとんどいなくなってしまったが、昭和初期には、「ヒコーキ」という不世出の名馬が琉球競馬の頂点に立ち、ウチナーンチュを熱狂させたと伝えられる。飼い主は「中頭のヨドリ与那嶺小」という人物。だが、その人馬の詳細はどこにも明かされていない。

何故、琉球の競馬は消えてしまったのだろうか。

これから、謎に包まれた名馬「ヒコーキ」の蹄跡を探しながら、沖縄各地の馬場跡を訪ねて歩き、それぞれの土地に残された競馬の記憶をつづっていこうと思う。

競馬は時代を映す鏡である。「ヒコーキ」の蹄跡を巡る旅は、激しく沖縄を揺さぶった時代の断片に触れる旅でもあった。

消えた琉球競馬

幻の名馬「ヒコーキ」を追いかけて

第一章　幻の琉球競馬

琉球競馬との出合い

樹齢を重ねた松の並木が馬場の中に深い陰影をつくっている。肌に突き刺す沖縄の強い陽光を遮るように枝葉を伸ばす老松は、琉球王朝の宰相・蔡温《さいおん》の時代に植樹されたことから、その名も蔡温松。しばし優雅な林相にみとれていると、潮の香りを含んだ西風が時折、松並木の間を足早に通り抜ける。

「戦争が起きる前はね、毎年初夏の季節になると、この松に囲まれた馬場の中で競馬が開かれたものです。琉球馬がきれいに飾り付けをして二頭ずつ美技を競い合っていました。今帰仁村《なきじんそん》はもちろん、名護《なご》や本部からも見物人が集まり、出店も並んで大変な賑わいでした」

往年の姿を今にとどめる沖縄本島今帰仁村の史跡・仲原馬場。松並木の下で聞いた古老の話は、琉球・沖縄史の厚みの中に埋もれていた琉球競馬の世界へヤマトの旅行者を誘ってくれた。着飾った馬たちの小気味良い蹄音、観衆の指笛、馬場の周りに立つにわか市の喧噪……。村祭りのような賑わいは今帰仁村に限らず、沖縄県内の各地で見られたという。

琉球王朝時代の一八世紀後半に作成された琉球国惣絵図を眺めれば、北は国頭間切桃原村（現国頭村桃原）から南は喜屋武間切福地村（現糸満市福地）まで本島内の大半の間切（現在の市町村にあたる）に馬場を示す長方形が標され、戦前の古地図を広げれば、大抵の集落に「ンマウィー」、つまり馬場の表示がある。戦後、馬場の多くは道路や公園、駐車場に姿を変えていったが、今でもそこだけが不自然なほど広い空間になっているのだ。かつて馬場だったことを自己主張するように……。

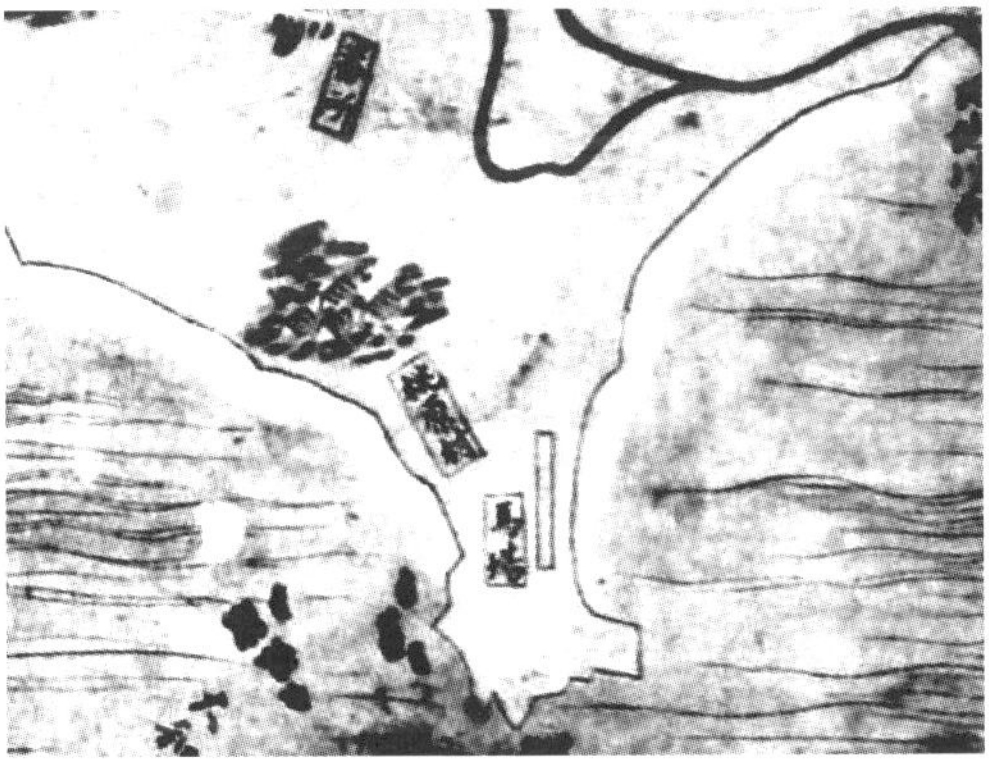

琉球国惣絵図 国頭間切桃原の馬場。中央の四角
（沖縄県立博物館・美術館所蔵）

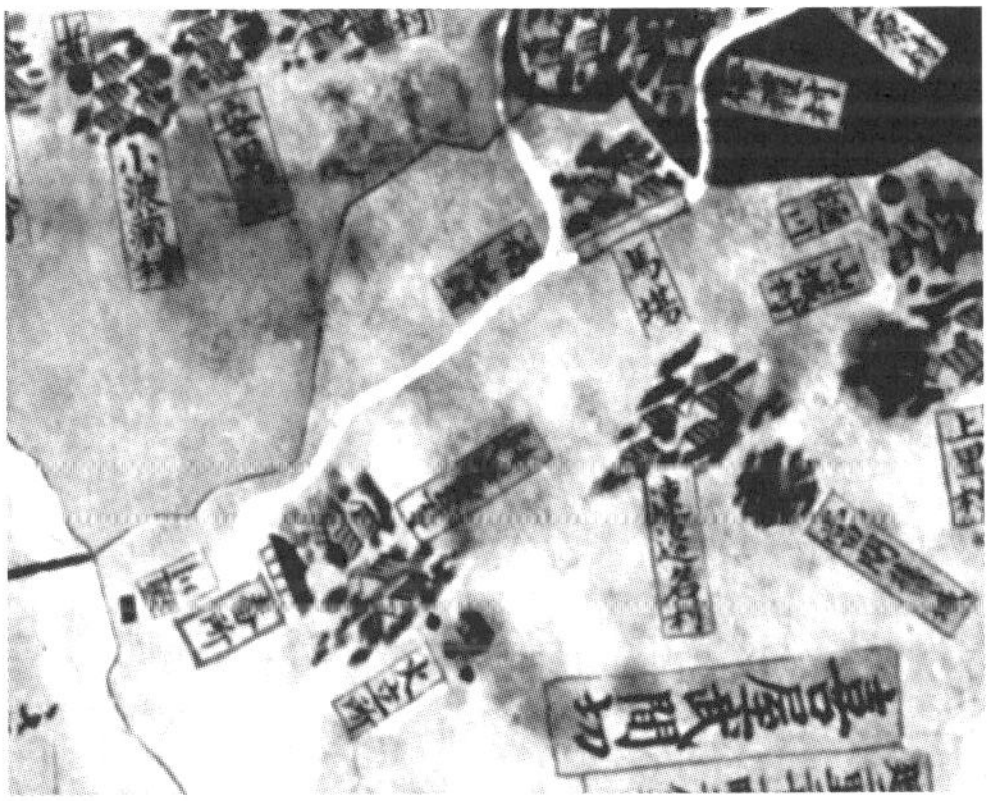

琉球国惣絵図 喜屋武間切福地村の馬場。中央上部に「馬場」の文字（沖縄県立博物館・美術館所蔵）

ヤマトンチュの私が琉球競馬に巡り会うきっかけをつくってくれたのもそんな馬場跡だった。沖縄旅行で「美《ちゅ》ら海水族館」（国頭郡本部町）に隣接する備瀬《びせ》の名所・フクギ並木を訪れた時のこと。レンタカーで備瀬集落に入った途端、道幅が突然広くなった。幅員三十メートル前後の国道のような広い道が二〇〇メートルも続き、その両端には大型ダンプや軽トラック、我々と同じ「わ」ナンバーも駐まっている。

「すいませーん、ここに車、停めてもいいんですか？　無料駐車場ですか？」。愚妻が通りがかりの地元のおばあさんに尋ねると、こんな答えが返ってきた。

「大丈夫ですよー。ここは、昔、海洋博にやってきたお客さん用の駐車場だった所ですからねー。もっと昔、戦争の前は馬場だったはずよー」

「馬場って？」。不思議そうな顔をする愚妻に、おばあさんは「馬場といったら、馬の競走、競馬をした所ですよ」と笑顔を向ける。

「ここが競馬場？　二〇〇メートルぐらいの馬場で競馬ができたのでしょうか？」。今度は私がおばあさんに尋ねた。

「どんなして競馬したかねー。私の生まれるずっと前の話だから……」

那覇に移動した翌日、沖縄県立図書館で備瀬の地誌『備瀬誌』をめくってみると、こう記されていた。

〈明治の末期頃までわが備瀬でも競馬を催したようである。アブシバレーの行事には決まって馬を走らせコサック兵にも勝る技を競い合って区民を沸かせたというが、今ではこのような行事は消滅している。馬場も無用の長物として利用されないままに放置され、馬を繋ぐために植えられたと伝えられるフパルシが葉を広げ、移り変わって行く時世を見守っている。しかし、海洋博が開かれた後は寸隙もないほど、駐車場と化し……〉（要約）。

備瀬のおばあさんから聞いた話が活字になっていた。「アブシバレー」とは、旧暦四月に行われる畔払い・虫払いの行事である。県立図書館の本棚に並ぶ他の地誌にも手を伸ばしてみる。〈馬勝負はナークー馬小（宮古馬）の競走で、馬の速さや到達点を競うものではなかった。地走り（ジーバイ）といって並足で美しく走ることを要求され、その足組み（足の運び方）の流麗さいかんが勝負に影響した。競走馬は派手な飾りだてで、それを見るのが一つの楽しみだった〉（『北中城村史』抜粋）。

〈勝負の方法は、直線馬場で速歩（四つの脚を交互に出して、細かく駆ける走法）の美と騎乗の美を競うものであった〉（『北谷町・上勢頭誌』）。

〈競馬は、馬勝負とかウマズリイと言い、全力でかけるということは少なく、馬の足の運び（足並）を見て、審査をした〉（『ふるさと糸満市再発見』）。

＊引用文中の（）は筆者による用語の説明。以後引用に際して随時説明のための（）を挿入する。

私は東京でスポーツ新聞の競馬記者を二十年以上続け、中央競馬、地方競馬はもちろん、北海道帯広のばんえい競馬、北米、欧州の競馬場も巡ってきた。だが、沖縄でも競馬が行われていたとは、寡聞にして知らなかった。しかも、世界のどこでも見られるような速さや馬力、持久力を競うレースではない。ゆっくり細やかに脚を伸ばして、流麗さを競う。「美《ちゅ》ら競馬」とも呼ぶべき沖縄独自の競走が戦前まで県内各地の馬場で繰り広げられていたのだ。なぜ沖縄だけが馬に美を競わせたのだろうか。舞踊、陶芸、漆器、織物、染物……美を追求してきた琉球の伝統文化に根ざす競技だったのだろうか。洗練された馬の走りはどれほど美しかったのだろうか。どうして途絶えてしまったのだろうか。疑問が次々とわき上がり、東京に戻ってからも沖縄県内各地の地誌を取り寄せ手当たり次第に読みあさった。

琉球の競馬は、沖縄の歴史、文化、地形が生み出した伝統競技……。伊波普猷、東恩納寛惇とともに戦前の沖縄研究を牽引した首里出身の歴史学者の真境名安興（一八七五〜一九三三年）は〈独り沖縄においてのみ観賞し得る光景である、誇りであると思ふ〉（『真境名安興全集』三巻）とさえ記していた。さらに、昭和三一年発行の真和志市（現那覇市）の地誌にはこんな一文がある。〈あれほど農村娯楽として盛んであった競馬が全く影をひそめ、ついに廃止となり、今では昔物語の中に時々出てくるに過ぎない〉（『真和志市誌』）。市誌の発行から本土復帰を挟んでさらに半世紀が過ぎ、今や昔物語にさえ聞かれなくなった琉球伝統の競馬。沖縄の誇りだった文化が歴史の厚みの中に埋もれているなら、誰かが掘り起こし、記録しておかなければならない。

「その役割を果たせるのは競馬と沖縄の歴史に詳しい人。沖縄のことしか頭になくて琉球史まで本格的に学んでいる、競馬専門記者のあなたしかいないじゃない。琉球競馬に関する書籍がこれまで一冊も発行されたことがないなら、あなたが出すべきよ」。愚妻に言われるまでもなく、私に課された役割だった。琉球競馬に触れた最後の世代がトーカチ（数え八八歳の米寿の祝い）、カジマヤー（数え九七歳の祝い）を迎える年齢に達している。逡巡している隙はなかった。

古老の聞き取りで沖縄へ旅立つ準備を進めながら、さらに県内の地誌を調べていくと、大正時代から沖縄戦の直前まで沖縄本島の代表馬決定戦ともいうべき大競馬が開催されていたことが分かった。舞台は西原村平良（現・那覇市首里大名町）の「平良真地《てぃーらまーじ》」と呼ばれる馬場。インターネットで同地の地図を検索すると、首里城から北へ約二キロ、末吉宮のすぐ脇を極端に幅の広い道が東西へ二〇〇メートルほど延びている。馬場跡だった。

ネットで偶然見つけた「信濃路」という馬場跡近くのおでんの老舗に電話をした。いきなりの電話で唐突な質問であったが、平良真地について尋ねると、店の主人・比嘉清さんからこんな答えが返ってきた。

「あの馬場のことなら、首里の歴史、文化の本を書かれている宮里朝光先生に聞くのが一番ですよ。近くにお住まいで平良真地の競馬もご覧になったそうですから。連絡先を教えましょうね」

忘れ去られた琉球競馬の記録作りは、NPO沖縄語普及協議会、御茶屋御殿復元期成会の会長も務める歴史研究家、宮里朝光さんの聞き取りから始まった。

平良真地の大競馬

「競馬ですか……随分遠い記憶になってしまいましたね。今からもう八十年ぐらい前の昭和初期のことですよ。競走馬は沖縄産で小柄でしたけど、とても綺麗で颯爽としていましてね。一度でいいから乗ってみたいと、ずっとあこがれていました。末吉宮に接したこの馬場は私の家から二〇〇メートルぐらいしか離れていないので幼少の頃から毎年、見に行ったものです」

大正十三年生まれの宮里朝光さんは、舗装道路に変わったかつての平良真地を標した古地図に視線を向けながら、懐かしそうに語り始めた。

「ンマスーブ（馬勝負）といってね、二頭の騎手が、ディー（さあ、行こう）、トー（よし、いいぞ）と互いに合図を交わして勝負が始まる。目上の人には敬語の『サイ』を付けて、『ディーサイ』、『トーサイ』と言葉を掛け合っていました。二〇〇メートルぐらいの直線の馬場で、西が出発点、東が決勝点。二頭が紅白に分かれて勝負する。決勝点の前に立った審判が白旗か紅旗を挙げて勝利を告げました。戦前の沖縄には拍手する習慣がなかったので見物人は指笛で感動や喜びを表したものです。勝負が終わると、ンマアミシグムイ（馬の水浴び用の小堀）で汗を流す。子供がちょっかいを出そうと、土手から馬場に降りてきては大人に怒られていました。何しろ、由緒正しい馬場ですからね」

廃藩置県の翌明治一三年に作成された沖縄県統計書（統計概表）の馬場一覧には、識名などとともに平良の記載もある。その規模は全長二町五五（約二七八メートル）、幅一〇間（約一八メートル）。宮里さんは遠い記憶の糸をたぐり寄せた。

「首里界隈には崎山馬場や松崎馬場など琉球王府の御用馬場がありましたが、『真地《まーじ》』の名がついたのは平良と識名だけでした。この二つは王府の直轄馬場だったのです」

琉球王府の正史『球陽《きゅうよう》』によれば、平良真地は、琉球王朝（第二尚氏）時代の一六九五年、尚貞王によって開場された。

球陽八巻・尚貞王二十七年

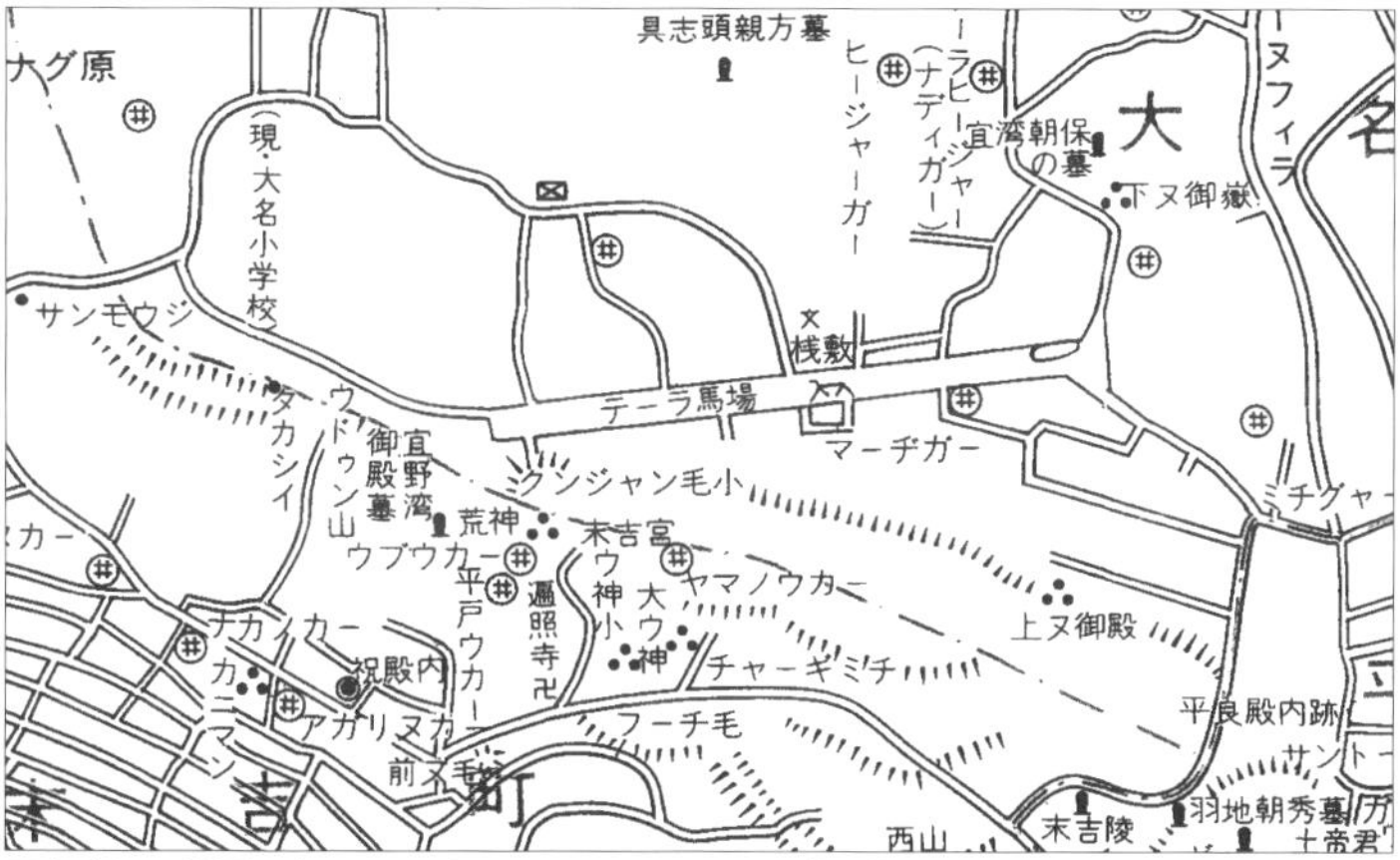

平良真地の位置。「テーラ馬場」と記されている。「旧首里の歴史・民俗地図」より（那覇市歴史博物館提供）

現在の平良真地の跡。住宅地の中の広めの道路となっている

闘馬場于平良邑地　首里無有戯馬場人皆行至各處習騎馬之法至于是年卜地平良邑西始闢馬場人民恆以騎馬俗名曰平良真地

（訳＝馬場を平良に開く。首里に競馬場はなく、人々はみな各地に行って騎馬の法を習う…中略…この年に至って、平良の西に初めて馬場を開き、馬に乗った。俗に名付けて平良真地という）

一八世紀後半の作成とされる琉球国惣絵図を見ると、平良集落の外れに「馬場」と標された長方形が東西に延びている。末吉宮の北隣に位置する平良真地の周辺は当時、原野で、民家はほとんどなかった。玉城朝薫《たまぐしくちょうくん》の組踊五番の一つ「執心鐘入」で美少年、中城若松が首里城までの道中、人里離れたこの地に一夜の宿を取ったことでも知られる。

「士族の開墾地を『屋取《ヤードゥイ》』といいますが、この地も琉球処分（一八七九年の廃藩置県）の後、無禄士族の開墾によって集落が形成されたところです。明治末までこのあたりは末吉宮の毛遊び《モーアシ》（唄三線と手踊りによる若い男女の宴会。夜明けまで続いたという）でにぎわったそうですが、それ以降の大々的な催しといえば、競馬でした。大正期に作られた沖縄神社の祭礼競馬として毎年十月二〇日に開かれていました。この日は中頭からも島尻からも見物人が集まり、大変な賑わいでした」

沖縄神社は、沖縄開闢《かいびゃく》の祖、舜天《しゅんてん》と、その父といわれる源為朝、琉球王朝最後の国王・尚泰《しょうたい》を祀った県社。琉球処分後、駐屯した熊本鎮台兵に踏み荒らされた首里城正殿にしめ縄を張り巡らせ、正面に賽銭箱を置いて拝殿とした。〈御城が兵士に荒らされたことに、かつて王城に出入りした人々の中には歓会門の前でこうべを垂れて泣く悲痛な姿もあったと語り伝えられている。鎮台の駐留は兵卒が正殿に寝泊まりし、国王の居室だった二階殿は病室とされた。使用されなかった建物の床や壁板がはがされ、炊事の薪にされた〉（『沖縄二〇世紀の光芒』真栄平房敬　首里城復元期成会副会長）。

宮里朝光氏

幼少の宮里さんが競馬に触れた昭和初期は、その正殿の改修工事中。周辺には柱として用いる檜の香りが漂っていたという。『那覇市史』（資料編第二巻）には当時の競馬の様子がこう記されている。

〈十月二十日の沖縄神社祭の奉納として平良真地での競馬は戦争直前まで首里を中心に沖縄を二分し、島尻方と中頭方で勝負する大競馬であった。祭礼の日は天界寺松尾に勢ぞろいした乗馬約二百が赤や紫の布で着かざり、よろい武者を先頭に二列になってしゅくしゅくと平良真地に乗り込んでいく姿は、琉球の往時をしのび実に壮観であった。午前十時ごろから午後四時ごろまで競馬が行われ、沖縄中はもちろん遠く離島からも見物人がおしよせ一日中にぎわった〉

「天界寺松尾」は、守礼門前にあった沖縄県師範学校の記念運動場で、戦後、琉球大学理学部ビルを経て現在は首里城レストハウスになっている。

こんな話を伝えると、宮里さんは寂しそうに笑った。「今の若い人は平良真地どころか、沖縄に競馬があったことさえ知らないでしょうね」。だが、沖縄には競馬が確かにあった。世界に類を見ない競走スタイルを持つ伝統文化として……。

琉球競馬とは

沖縄では、「ンマスーブ」（馬勝負）、「ンマハラセー、ンマハラシー」（馬走り）、あるいは「馬寄」と呼ばれた競馬が、琉球王朝（近世）の時代から沖縄戦直前まで連綿と続いていた。

競馬といっても、体高一メートル六〇超の大型のサラブレッドが十数頭一団となって一〇〇〇〜三六〇〇メートルの距離で極限の〝速さ〟を競うＪＲＡ（本土の中央競馬）のレースとは競走スタイルがまるで違う。ナークー（宮古馬）を中心に、シマジラー（本島島尻産馬）、クミー（久米島産馬）、エーマー（八重山馬）など一メートル二十センチにも満たない小柄な沖縄在来馬が、二〇〇メートル前後の短い直線走路で二頭ずつ足並みの〝美しさ〟を競った。

馬の後肢や肩先を赤や黄色の生地、花で飾り付け、朱塗りの唐鞍や和鞍に紅白の手綱。騎手は花織柄などの羽織袴に身を包み、紅白のたすき鉢巻き。馬も人もあでやかな衣装で馬場に入ると、地区別に紅白二手に分かれ、決勝点（ゴール）に陣取る数人のンマビットゥー（審判）に向かって、二頭で併走しながらブレることなく前後肢を伸ばす。

歴史家の真境名安興は〈鞍、鐙《あぶみ》を始め、樫、桑の三懸《さんがい》等、華麗を尽くしたる装束はひとしお愛らしく、凛々しさを添えて、観る者をして伺い恍惚たらしむるものがある〉（『真境名安興全集』三巻）と述べている。「三懸」とは面懸《おもがい》、胸懸《むながい》、尻懸《しりがい》の三種類の馬具の総称で、面懸はハミ（くつわ）を固定するため頭につけるもの、胸懸、尻懸はそれぞれ胸と尻から鞍を固定するための馬具であ

琉球競馬出場馬（ブール文庫　琉球大学附属図書館所蔵）

る。審判は脚並み（走り方）の美しさとともに、飾り付けも加味して勝敗を判定。二頭が決勝点を越えるのを待って、紅か白の手旗を揚げ、勝ち馬を告げた。真境名安興は〈普通の競馬のごとく一定の距離を定めてタイムにより勝者を決定する仕組みでないから、素人観者（一般の見物人）には何れが勝者か判断に迷ふ場合が少なくない〉と記している。ＪＲＡの競馬を時計勝負のスピードスケートに例えるなら、琉球競馬は美技を競う二頭立てのフィギュアスケートである。

独特な走り方

その走り方も独特だった。ウチナーグチで「イシバイ」（落ち着いた走り）、「ジーバイ」（地走り）、あるいは、「ジュンバイ」、「トントンバイ」と呼ばれる細やかでゆったりした脚の運びで、四肢のうち一肢を地面につけて進む。馬の走り方は、スピードの遅い順から、時速六〜七キロの常歩（並足、ウオーク＝四肢のうち二、三肢を常に地面につけた走り）、十五キロ前後の速歩（早足、駝駆《だく》、トロット＝四肢とも地面から離れた走り）、二五〜三〇キロの駆歩（駆け足、キャンター）、六〇キロ前後の襲歩（全速足、ギャロップ）に大別されるが、琉球競馬では、常歩と速歩の中間、「早常歩」と呼ばれる走りである。「ムルカキバイ」（全力疾走）をすると反則負け。「ヤマト走り」（本土風の走り方）といって笑いものにされた。そのため、騎手は「イシレー」、「イシーティドー」（落ち着けよ）と馬をなだめながら競走を進めた。

もう一つの大きな特徴は「側対歩・アンブル」と呼ばれる脚の運びである。通常、馬は左右対称の走り方、つまり右前脚と左後脚、左前脚と右後脚をほぼ同時に動かす「斜対歩」で走るが、

側対歩（サイト「八ヶ岳の東から」より）

沖縄では右前脚と右後脚、左前脚と左後脚を同時に繰り出す「側対歩」で競走した。人間でいえば、右足と右手、左足と左手を同時に前に出す「ナンバ走り」。陸上競技二〇〇メートル走の日本記録（20秒03）を樹立した末續慎吾が広めた飛脚のような走法である。馬がこの走り方をすると加速しても上下の揺れが少なく水平に進むことができる。馬上で弓を射るのに適しており、流鏑馬《やぶさめ》、笠懸などヤマトの古馬術もかつてはこの走法だった。戦国時代には合戦に備えて側対歩の調練を積んだという。荷車を引く馬も側対歩で推進しており、戦前戦後にヤマトで開催された繋駕競走（馬車を牽きながらスピードを競うレース）もこの走り方である。

だが、沖縄の競馬では、弓を射るためでも、馬車を牽くためでもなく、美しさを競うために側対歩を用いた。〈鞍の上に水を入れた茶碗をおいても、一滴もこぼさないような走り方は芸術的と言うよりほかに言いようがない〉（『琉球歴史物語』新屋敷幸繁）と賞賛された競走。真境名安興は〈騎手の「ハヨー」の掛け声とともに、巧妙な腰のひねりと熟達した手綱さばきで速歩にならないようにする。馬は水平に頭を伸ばし、馬体を伸長させながら躍進していく。馬場が狭く感じられるほどである〉（前掲書要約）とも伝えている。

それでもイメージが沸かなければ、世界公演を続けるフランスの騎馬芸術劇団「ジンガロ」の映像（ＤＶＤなど）が理解の助けになるはずだ。この騎馬劇団の公演では白馬による側対歩の華麗さが余すところなく表現されている。

競馬といえば馬券がつきもの。沖縄の競馬も賭け（チャンクルー）の対象だったのだろうか。平良真地の競馬を見てきた宮里朝光さんは「金を賭けたなんて話、聞いたことありませんよ。庶民同士のちょっとしたやりとりは金でなく物と物との交換でしたから。まあ、酒ぐらい賭けたかもしれないが、金を賭けるなんて戦前の沖縄ではあり得ません」と言う。金銭が絡まない競馬だけに、八百長事件も起きなければ、今日の沖縄で社会問題になっているギャンブル依存症もみられなかった。前述したように琉球競馬は「素人観者（一般の見物人）には何れが勝者か判断に迷ふ場合が少なくない」（『真境名安興全集』三巻）という審判眼で勝敗を定めた。着順や得点差など誰にでも分かる尺度がないため、そもそもギャンブルにはなり得なかったのだろう。

勝ち馬の馬主や騎手に贈呈されたのも賞金ではなく、賞品だった。最も多かったのがティーサージ（手巾）である。新年や引っ越しのあいさつ代わりに配って回るような日用品の手拭いではない。絣や花織りのティーサージ。愛情のあかしや魔除けとしても用いられてきた贈答用の逸品である。歴史家の新垣恒篤は著書『新編風土記』で、首里・綾門大道の競馬に出場した叔父・新垣筑登之親雲上恒貨が尚家（王家）から拝領した紫サージ（長い鉢巻き用の布）について触れ、〈（叔父・恒貨が）紫サージをくれたので、大喜びして正月帯として自慢したものである〉と記している。

もっとも、馬主には賞金や賞品にこだわる必要もないほど余裕があった。〈ヌインマ（競走用の乗馬）が飼える農家は、字でも有数のエーキンチュ（金持ち）で、広い農地を持ち、屋敷もそれにふさわしい外観であった。また、ヌインマを持っている者同士の交際が派手で、村内はもとより他村にまで及んだ。したがって、それに対応できるくらいの経済的なゆとりと農業労働に拘束されない条件が必要であった〉（『読谷村史』）。

そんなエーキー（資産家）にとって、競馬は門中（父系一門）の名誉と家運を懸けた勝負。〈乗馬は裕福な家庭が飼育したので勝負に勝つと親戚知友の人々が多勢集まって、酒肴をふるまい、家運の隆盛を祝った〉（『那覇市史』）という。

競馬の仕組み

次に、琉球競馬の仕組みである。勝負のスタイルは高校野球や空手の大会のような勝ち抜き（トーナメント）方式ではなく、大相撲や闘牛のような取り組み表に沿った対戦方式だった。

元騎手、馬主の長老から選ばれた審判が事前に出場馬の技量を見定め、同等の力を持った馬を組み合わせた競馬番組をつくる。平幕級の下位の取り組みから上位の取り組みへと進み、結びの一番は横綱級同士の対戦。沖縄の闘牛では結びの一番を「シーヌ一番（末の一番）」、横綱牛を「シー牛（末牛）」というが、競馬でも横綱級の馬を「シー馬」（シヒ馬とも表記）と称した。平良真地の大競馬のような全島規模、全郡規模の大会になると、取り組み（競馬番組）を数日前に決めて地元紙に掲載。地区別に紅白に分かれて競う対抗レースとして開かれたため、地域住民の応援合戦にも熱がこもった。

明治四〇年の四月二七日付の『琉球新報』には競馬の開催日について次のように記されている。

〈馬寄（競馬）は家畜奨励のひとつとして春秋二回、原山勝負の時、その余興として各地方に行はれ、その他は旧暦三月三日、四月虫払、八月十五日夜などに挙行するものにして、その地方の乗馬持（競走馬の飼い主）はすべて参集し、天気晴朗の日は、首里・那覇よりも謂集す（群がり集まる）。この三節句は、一年中（一年の中で）馬寄の定期の集会日にして、その他は臨時申し合せをもって日を期し、挙行するものとす〉。

「原山勝負《ハルヤマスーブ》」とは村の役人が各集落の耕作地、山林の管理状況を審査し、集落単位で優劣を定める農業振興行事である。山林のない島尻地区では耕作地の優劣を競う原勝負《ハルスーブ》が実施された。勝った村落には金一封や酒などの報奨が与えられ、負けた村落には雑務などの負担が課されたという。琉球王朝時代の一八一〇年代以降、全島に広まったとされ、競馬は農家の休日となる原山勝負の差分式（審査結果の発表、表彰式）の後に行われた。

沖縄は民俗信仰が各村落の中に深く息づいた土地柄である。台風や干ばつから農作物を守るため、あるいは邪気を払うため、季節の折り目、節目ごとに神々へ祈りを捧げ、収穫、健康に感謝する。こうした年中祭祀行事を人々は暮らしの中のウイミ（折り目）、シチビ（節日）として受け継いできた。祭祀行事の後にはお待ちかねの勝負が待っていた。競馬である。

旧暦三月三日の「浜下り」では北谷町の桑江馬場や宮古島下地町のサニツ浜。四月の「アブシバレー」（畔払い）では本島北部のほとんどの馬場、さらに読谷村・楚辺兼久、八重瀬町・具志頭馬場など。旧暦八月一五日の「十五日夜」は具志川村（現うるま市）の天願馬場、沖縄市の胡屋馬場。地域によっては一月二〇日の「二十日正月」＝北谷町の砂辺馬場、五月五日の「グングヮチ・グニチ」（男子の節句）＝北中城村の瑞慶覧馬場、八重瀬町の東風平馬場、五月一五日の「グングヮチ・ウマチー」（稲の初穂祭）＝具志頭村（現八重瀬町）の新城馬場、六月二五日の六月カシチー（新米でカシチー＝おこわを炊いて神仏に供える行事）＝読谷村の渡慶次カタノー馬場、八月十一日の「ヨーカビー」（悪霊払い）＝北中城村の和仁屋馬場、読谷村の喜名馬場、八月十日の「八月カシチー」（小豆入りのおこわを炊いて神仏に供える行事）＝沖縄市の知花弁当馬場、九月九日の「クングヮチクニチ」（重陽の節句）＝沖縄市の越来馬場でも開かれていた。

年中行事の当日も村落の完全休息日。この日に農作業をするとハブに噛まれるなどの言い伝えが各地に残っている。琉球競馬は休日の娯楽として花を咲かせたのだった。

沖縄の馬場

沖縄県内の馬場は、現在確認されているだけで一九八場にも及ぶ。琉球処分（廃藩置県）の翌年（明治一三年）発行の沖縄県統計概表は、唯一現存している戦前の馬場統計史料だが、それには七一の馬場が記載されている。

昭和六一年には民俗学研究者の長嶺操氏が、戦後初めて沖縄の馬場を本格的に考察した論文「沖縄の馬場に関する調査覚書・予察」（『球陽論叢』）を発表。道路や公園、宅地、商業施設に変わったり米軍基地に接収された馬場跡を調査し、本島と周辺離島合わせて約一一〇場が判明した。さらに平成一四年には、内閣府沖縄総合事務局から委託を受けたコンサル会社国建の調べ（『沖縄県における馬場跡の調査報告』）により、先島を含めて一七八場あったことが分かる。その後、国建の調査担当で民俗学研究家の西村秀三氏による追加調査で新たに二〇場が確認された。

西村氏が著した「馬場と馬勝負」（平成一七年、「沖縄文化」九九号）は沖縄の馬場や競馬を語るうえで欠かせない論文だが、同論文によると、一九八場の内訳は、沖縄本島一七二（北部三三、中部五一、南部八八）、本島周辺離島二〇、先島六（宮古三、石垣三）。市町村別では那覇市内が最も多く一九場、名護市内一六場、豊見城市内一四場、糸満市内一三場、具志川市内（現うるま市）一一場と続いている。

昭和三五年発表の論文「部落と馬場及び屋号」（「沖縄民俗」第二号）には、〈（沖縄本島の）南部地方は競馬とともに綱引き行事も盛んであったので、現在では綱引き行事をする為に作られたのではないかと思はれるほど、ほとんどの部落に大小さまざまな馬場が見られる。だが、実際に競馬行事が行われたのはごく一部である。村民が遊ぶための広場をも馬場と呼んだのではないか〉（要約）と記されている。

近世王朝時代から明治、大正中期まで、馬場は集会場や催事場、さらに運動場の役割も兼ねた唯一の地域コミュニティー。学校の運動会の舞台にもなった。それでも、競走に必要な二〇〇メートル前後の直線走路やンマアミシグムイ（馬の水浴び所）跡地の有無、地誌などから、一九八場の半数近く（本島南部は四分の一近く）の馬場が競馬の舞台だったとみられる。

後に詳述するが、戦乱が続いた古琉球（三山分立時代、第一尚氏時代）には、宗主国・明（中国）への進貢（貢ぎ物）用として優良馬の増産を図るとともに、軍馬調練を目的とした馬場がグスク（城）の周囲に造られていたという。近世王朝期（第二尚氏時代後半）に入って、これら古琉球以来の馬場に競馬用の新たな馬場が加わり、廃藩置県後の明治一三年の時点で七一場を数えた。大正以降に造られた馬場は、西原村営馬場（我謝から翁長に移転する形で大正二年新設）と佐敷・津波古馬場（大正一〇年に佐敷・浜端から移転）しか記録がないので、明治一三年〜明治末の間に七一場から二〇〇場近くまで膨れ上がったとみられる。王朝消滅後の近代・明治期に馬場が激増した背景について、西村秀三氏はこう語る。

「近代以降の沖縄の民衆は士族や士族文化に強烈な憧れを持っていたと考えられています。それは特に、王朝時代、士族しか持てなかった家譜（系図）や門中制度の広がりに象徴されるでしょう。あくまで個人的な見解ですが、近代の農民が士族文化への憧れという動機で馬勝負に肩入れしたのではないでしょうか。また、屋取農民（帰農士族）がかつての境遇、王朝時代の士族の身分）をしのぶ題材として馬勝負に精を出したとも想像できます」

　中国から伝わった旧暦三月から四月頃に行われる祖先供養、清明祭《シーミー》は一八世紀後半に首里王府の公式行事となり、その後、首里の地頭家へ奉公に出た地方役人の子弟や帰農士族たちの手で地方へ普及した。競馬も同じように近世王朝期から士族文化として地方へ広がり始め、近代に入ってその文化に憧れを抱く農民の手で飛躍を遂げたのかもしれない。

　競馬の担い手も潤沢だった。沖縄県内の在来馬は薩摩侵攻直後の一六一〇年に約八〇〇〇頭、廃藩置県の翌明治一三年も八一九八頭とほぼ横ばいだったが、その後、明治末にかけて激増していく。一六年には一万二四〇五頭に増え、二三年一万八五四〇頭、二五年二万一七二〇頭、三六年二万八九七〇頭、四三年には三万二三五頭とついに三万の大台を突破。容易に競走馬を集めることが出来た。

競馬場は①平良真地のような尚家（琉球王家）の所有、あるいは王府が管理した馬場、②間切（村）所有の馬場、③字（集落）所有の馬場―の三種類に大別できる。尚家所有の馬場は年中儀礼として、間切（村）所有の馬場は原山勝負の余興として、字（集落）所有の馬場はアブシバレーなど年中行事の娯楽として競馬が開かれた。間切所有の馬場は大規模だが人里離れた僻地に、字所有の馬場は小規模だが集落の中心地に作られたケースが多い。

三種類の競馬場とは別に、「ンマウィィーグヮー」（馬追小）と呼ばれる〝競馬の練習用馬場〟も設けられていた。調教や乗馬の稽古を目的にした直線五〇～一〇〇メートルの小さな馬場である。ウチナーグチでは、競馬場を「ンマウィィー」（馬追）というが、その語尾に「グヮー」（小）を付けて区別していたのだ。島尻ではンマウィィーとほぼ同数のンマウィィーグヮーがあったとみられる。ンマウィィーグヮーで練習を積んで、ンマウィィーに向かう。琉球競馬の舞台は伝統文化として十分に整えられていた。

しかも、さほど遠い昔のことではない。真境名安興は昭和初年、〈島内枢要な部落には必ず馬場の設備があって農村の公休日或いは縁日などに当たり遠近の飼養馬来集して、終日競走行はれ、老若男女群集し縁故関係馬ないし騎手を声援したる風習現今に及んでいる〉（『真境名安興全集』三巻）と記している。

沖縄学の祖、伊波普猷が著した『沖縄考』によれば、馬場を意味する琉球語は、「ウマバ」＝馬場、「ンマウィー」＝馬追、「カニク」＝兼久、「マージ」＝馬路、「ヂョー」＝門、「ンマナー」＝馬庭。ヤマトでは鎌倉時代まで「ウマバ」と発音され、その後、「ババ」に転じた。前述の「ンマウィー」

は語義通り、馬の追い比べ、つまり競馬を行う舞台である。「カニク」はもともと砂原の意味で、海岸沿いの砂地の馬場に用いられる名称。「マージ」は「真地」とも表記し、「平良真地」、「識名真地」で知られている。「ヂョー」は、語感から馬場をイメージしづらいが、伊波普猷は〈古代琉球語では原野の義を有していたのが、いつしか大通りの義となり、馬場の義にも転じて、今では門前の通りと門との二義を有する〉と説明している。「ンマナー」は具志川村（現うるま市）で使われた名称だという。

もっとも、明治後半から大正になると、ウチナーグチで話した生徒を罰する「方言札」まで用いた標準語励行運動の影響か、沖縄県民も馬場をヤマト風に「ババ」と発音するようになる。真境名安興によれば、人が大勢集まり混雑する様子を「ババナートーン」（馬場になっている）と言ったようだ。馬場が混雑の同義語になるほど競馬は盛況だった。

馬場がヤマト同様に「競馬場」と表記されたのは大正時代。大正六年二月一三日付の『琉球新報』では、辻町の遊郭で起こった女性用単衣着（価格六円）の窃盗事件で〈「犯人が」該着物を着込み潟原の競馬場附近を徘徊するを、同場取締巡査に押へられ目下取調中〉と報じている。これから触れる幻の名馬がババナートーン（大盛況となっている）平良真地の大競馬で頂点に立つ一〇年ほど前の事件である。

最後の名馬「ヒコーキ」

王朝時代から連綿と続いた琉球競馬のとう尾を飾る昭和初期の名馬の名を「ヒコーキ」という。私がその名馬を知るきっかけになったのは地誌に記載された一文だった。毎年十月二〇日、沖縄神社祭の奉納として首里・平良真地（旧西原間切平良村）で開かれた中頭、島尻両地区代表による馬勝負。本島を二分したその大競馬の頂点に立った馬を『西原町史』（第四巻資料編三）は、次のように記している。

〈中頭には〝ヨドリ与那嶺小〟の〝ヒコーキ〟という名馬がいる。昭和初期の沖縄神社祭の奉納競馬には、中頭はヒコーキとトヌバル、島尻は自動車小とマンガタミ馬、双方どっちも負けられない勝負が、平良馬場でくりひろげられた。万余の見物人が手に汗をにぎる見事な勝負を展開した結果、優勝の栄冠は中頭のヒコーキに挙がったという〉

琉球競馬は前述したように大相撲や闘牛と同じ番付方式で開かれる。小結級が対決する「シーぬ四番」（末の四番）、関脇級の対戦「シーぬ三番」（末の三番）あたりから見物席の歓声が熱を帯び、大関級の取り組み「シーぬ二番」（末の二番）、そして、「シー馬」（横綱級の馬）同士がぶつかる「シーぬ一番」（結びの大一番）で観衆の興奮はピークに達する。『西原町史』の記述から、平良真地の大競馬では中頭勢と島尻勢が紅白に分かれ、大関級の「シーぬ二番」で中頭代表のトヌバルと島尻代表のマンガタミ馬が対戦。結びの大一番でヨドリ与那嶺小のヒコーキと自動車小、中頭と島尻の「シー馬」同士が対決し、「ヒコーキ」に軍配が挙がったのだろう。

中頭郡に在住していた「ヨドリ与那嶺小のヒコーキ」が制した競馬の県大会とも言うべきこの馬勝負は、昭和初期と書かれているだけで開催年度は不明。ヨドリ与那嶺小とは屋号だと思われるが、その氏名も西原町史には記されていない。そこで、平良真地の競馬に触れた前出の宮里朝光さんに尋ねてみたが、「当時は幼少だったので馬や持ち主の名前までは覚えていないし、その馬が優勝した開催年度も分からない」と言う。『西原町史』の編集担当にも問い合わせてみた。

「この町史の発行は平成元年で、執筆された方は残念ながらすでに亡くなられております。せめて、〈ヒコーキ〉という馬も、中頭の〈ヨドリ与那嶺小〉という屋号も残念ながら全く不明です。せめて、住んでいた中頭郡の村名が分かれば、調査のしようもあるのですが、屋号だけでは…」と町史編集担当の城間義勝さんは言う。その一方で、「ヒコーキ」とともに出走した「トヌバル」については、町史に〈郡大会や県大会でも一、二を争う名馬と言われていた。しかし、昭和三年、中城北上原のヤナジャー馬場で中城村北上原の富浜の無名の馬に負けた〉との記述があり、飼い主は西原町池田の喜屋武武仁氏と明記されていた。「ヒコーキ」が優勝したのも昭和三年前後だったのは間違いないだろう。トヌバルの関係者に当たれば、ヒコーキの手掛かりがさらに得られるのではないか。城間義勝さんの協力で喜屋武氏の孫に当たる人物に連絡を取ることが出来た。だが、「トヌバル？　ヒコーキ？　申し訳ありませんが、祖父は沖縄戦で戦死しており、馬を持っていたかどうかも定かではないのです」と成果の上がる回答は得られない。

「ヒコーキ」の名は、西原町史以外の地誌にも記されていた。『浦添市史』『宜野湾市史』『嘉手納町史』『読谷村史』。さらに、『北中城村史』『豊見城村史』『糸満市史』『東風平村史』『今泊誌』（今帰仁村）『宮平誌』（南風原町）、『大里字古堅誌』（南城市）……。いずれの地誌にも琉球競馬の代表的な名馬に挙げられていた。そのうち、「ヒコーキ」の飼い主（馬主）を明記しているのは、『宜野湾市史』の〈屋号〝大謝名のスピ〟（姓は天久）〉と『北中城村史』の〈屋号〝比嘉の比嘉門〟〉だけで、その他の地誌は飼い主に触れていない。平良真地の大競馬を制した「ヨドリ与那嶺小」の「ヒコーキ」が沖縄本島各地の競馬を転戦し、地誌に名を成すような走りを続けたのではないだろうか。

西原町に隣接する浦添市を真っ先に当たってみた。『浦添市史』の記載のなかに、〈物持ちの農家では競馬専用の馬を飼っているのが多かった。中でも字当山の与那嶺小、字西原の仲程□□氏、字大平の与座□□氏、字前田の石川□□氏は名馬を持っていた（□は不明）〉との一文があったからだ。この四人のうち、唯一、苗字ではなく屋号名で表記されている、字当山在住の「与那嶺小」に「ヨドリ」の名が付いている可能性はないだろうか……。市内の屋号を掌握する浦添市教育委員会文化課に問い合わせると、精力的に調査を進めてくれたが、該当する屋号は存在しなかった。同課の安斎英介さんは「浦添市当山にはかつて与那嶺の屋号が三件ありましたが、いずれにも〝ヨドリ〟の名はついていません。念のため浦添の他地区の屋号も調べてみましたが、やはりヨドリの名はありません」と語る。

「ヨドリ与那嶺小のヒコーキ」はどこにいたのだろうか。手掛かりはあまりにも少ない。歴史に埋もれたその知られざる蹄跡を探すため、私は地誌に「ヒコーキ」が登場する沖縄本島各地の馬場跡を訪ね歩くことにした。

第二章　山原、中頭馬場巡り

蔡温がたたえた馬勝負 ―― 今帰仁

地誌に「ヒコーキ」の名が残る最北は、今帰仁村・今泊（旧・親泊）の「大道」とも呼ばれた馬場。琉球王朝時代、当地を訪れた三司官（執政）、蔡温《さいおん》（一六八二～一七六一年）が「戯馬台前会萬人　西風吹起馬蹄塵……」（馬場の前に万人集う。西風吹いて馬の蹄が塵を舞い上げる）と漢詩にした由緒ある競馬の舞台である。三山統一（一四二九年）以前の創設とされるから本島の馬場の中でも最古の歴史を持つが、平良真地同様、戦後、道路に変わり、当時の面影を偲ぶよすがはない。道の傍らには樹齢三、四百年の落葉樹クワディーサー（コバテイシ）の巨木。むらびとが木陰で涼をとりながら馬の走りに固唾をのんだと伝えられるこの老木が、競馬の光景を記憶にとどめているだけだろうか。

昭和三五年発行の琉球大学民俗クラブ編「沖縄民俗」第二号には、こう記されている。

〈今泊では部落の中心をなすものは、何と云つても馬場である。この馬場は昔から『ナチジンウエールマイ・ンマイー』（今帰仁親泊馬場）と云つて沖縄でも有名であつたと云うだけあつて実にすばらしい。那覇の国際通りが人工的に一瞬にして出来た奇蹟の一マイルであれば、この親泊馬場は自然的にとは言えないが、歴史の生んだ奇蹟の通りと云えそうだ。長さは二五〇メートル、巾は一二～一三メートルで米軍道路にくらべればそんなにまで大きくはないが、道路の小さい田舎では実に驚くばかりである。又その景観は那覇のビル街より一層高く鮮やかなフクギの大木が真直に、天空をも突き抜けるかの如く立ち並んでいる。馬場は競馬行事の時に使用された〉（「部落と馬場及び屋号」宮城右勲）

その奇蹟の二五〇メートルで行われた競馬について、今泊の元区長・新城元さんに聞いた。

「馬勝負が開かれていたのは戦前までで、僕が生まれたときにはなくなっていたが、当時はとても盛大に行われていたそうだよ。応援している馬が勝てば『シタイヒャー』（やったぜ）と指笛や口笛で大騒ぎしたんじゃないかねえ。〝ヒコーキ〟という昭和初期の名馬？ その名前は聞いたことがないが、王朝時代には三冠馬ディープインパクトみたいな名馬が走っていたそうだよ」

週末の夜になると今泊の競馬好きと浜辺で酒を酌み交わしながら、ＪＲＡのビッグレースをめぐって予想談義に花を咲かせる新城さんは、ヒコーキの代わりに今帰仁村に伝わる馬名を口にした。その名は「ヤキマーイヌオーギー」（焼け残りの青毛）。王朝の覇権が第一尚氏から第二尚氏に移って間もない一四七五年頃、今帰仁村で大火事が起きる。民家が全焼する中、一頭の青毛馬だけが奇跡的に生き残った。その青毛はだれの手にも負えない暴れ馬で、村中を荒し回っていたが、乗馬の名人として鳴らした王族に取り押さえられる。金丸（第二尚氏・尚円王）のクーデターで首里城から追われた尚武（第一尚氏・尚泰久王の六男）である。『今帰仁村史』などによれば、尚武が青毛馬の口をこじ開けて、四寸に切った竹を垂直にねじ込むと、馬は口を閉じることも噛みつくことも出来ず、ついにおとなしく従うようになったという。その後、青毛馬は尚武を背に今帰仁の競馬で無敵を誇った。好事魔多し。尚武の名手ぶりを妬んだ者が競馬の前日、人知れず馬場に深い落とし穴を掘る。だが、ヤキマーイヌオーギーはそんな罠も巧みに飛び越えて流麗に舞い、勝利を挙げたのだった。

後世、尚武の子孫は北谷・野国の地頭となったことで野国姓を名乗り、さらに、その末裔が嘉陽《かよう》（久志《くし》村・現名護市）の地頭に転じて嘉陽姓を名乗ることになるが、尚武が馬に命を救われたため、「子孫たちには「馬肉食すべからず」の家訓が残されているという。ヤキマーイヌオーギーが落とし穴を突破した馬場の名は村史にも記されていないが、三山統一前に創設された今泊の馬場だったのかもしれない。

「今泊の人間は昔から勝負事が大好きでね。沖縄の競馬では馬券こそ売ってなかったが、どの馬が勝つのか、島酒を賭けたりしたそうだよ。そうだ、仲尾次の長栄さんなら今帰仁の競馬を見ているかもしれない。車で一〇分とかからないところにご自宅があるから、行ってみなさい」。新城元さんに紹介されて、今帰仁村仲尾次の古老を訪ねてみた。

在りし日の今帰仁の競馬

「今帰仁の競馬はね、五、六歳の頃から親に連れられてよく見に行ったものです。大きくなってからは友達と行きました。アブシバレーの旧暦四月一五日がナーブル・シマウィー（仲原馬場）、一六日がウェルメー・シマウィー（親泊馬場）。同じ馬が馬場を替えて二日連続で走っていました。

渡名喜長栄氏

この二日間はアブシバレーで農家が休みだから村中から馬場に集まったものです。村の者が一堂に会したのは競馬の時だけでした」

大正二年生まれの渡名喜長栄さんは、当時の記憶をとどめていた。

「二頭による一騎打ちの競走でね、二人の審判があらかじめ同じような実力の馬同士を組み合わせておくのです。三〇〜四〇頭出場したので一五〜二〇組の競走でした。宮古馬はとてもおとなしくて力がありましたが、どの馬も布や花を耳の下に飾り付けて、それは綺麗だったですよ」。渡名喜さんのまぶたにはうりずんの季節を彩る競馬の光景が焼き付いていた。

アブシバレーは、旧暦四月上旬の吉日に開かれる農村の害虫除け祈願である。当日は祝女《ノロ》が稲の初穂で作った小さな舟に害虫を載せて海に流す。農作業が一切禁じられた完全休養日である。

明治三四年の『琉球新報』（六月五日付）には、農家の休息日にしても羽目を外しすぎた見物客の愚行が、今帰仁・天底馬場の競馬とともに報じられている。〈今帰仁間切のアブシバレーの初日は中原（仲原）馬場、翌日は親泊村、天底村の両方の馬場に於て競馬を為すの慣例にて（中略）今回、中原馬場は雨天にて、さほどの見物もなかりしが、親泊、天底両方は例年に劣らす賑かなりし〉。問題はこの後に続く記事だ。

〈天底の方は〇〇村横折帳精算発企者惣代等が遠方の料理屋の店より酒肴を取寄せ、顔の醜ひ酌

大正初期の仲原馬場での競馬風景（『望郷沖縄』より）

昭和三五年頃の仲原馬場跡（『なきじん研究』より）

婦等を引張り来り、得意顔に大勢の中にもはばからず、馬場の真中に円坐を作り、飲みつ喰いつ、甚しきは酌婦に戯むれ、懐の中に手を差入れつ乳房を掴みて嬉し顔するものもありし。当日第一の見物なりしと今帰仁通信に見ゆ〉（村名は著者の判断で伏せた）

一種の告発記事なのだが、多分に女性蔑視の表現が含まれている。それ以上に劣悪なのが横折帳精算発企者惣代という物々しい肩書きを持った方の行状だ。競馬はそっちのけにして、公衆の面前で女性を抱き寄せ胸元に手を入れる。見物人の間でそんな愚行も起きた天底馬場では〈競馬の後に角力も行われた〉（『沖縄県における馬場跡の調査報告』）というが、大正二年生まれの渡名喜長栄さんは記憶にないと言う。大正中期以前に廃止になったのだろう。今では道幅の狭い農道に変わり、昔日の風景を知るすべはない。

一方、今帰仁村越地の仲原馬場は沖縄で唯一、往年の姿をとどめている県の指定史跡。足を運んでみると、蔡温が林政の一環として植えたという松の大木が連なり、強い日差しを遮ってくれる。見物人にとってはアブシバレーの憩いの場だったのだろう。渡名喜長栄さんは当時の仲原馬場の風景も覚えていた。

「長方形の馬場（直線二五〇メートル、幅三〇メートル）を囲む蔡温松の下、土盛りして一段高くなっている所が見物席になっていて、周りには出店がたくさん並んでいたものです。売っていたのは、テンプラ、揚げ豆腐、ジューシーメー（雑炊）、ビービンサー（ブリキの豆ラッパ）、タンナファクルー（黒糖菓子）……。でも、私はそういう物はいっさい口にせずに、競馬を見ていました」

現在の仲原馬場跡

使用人を何人も抱える裕福な農家に生まれた渡名喜さんは出店で買い食いすることを許されなかったようだが、「昭和一五年頃に当時の値段で六〇〇〇円もした、喜界島の生まれで宮古馬より一回り大きな栗毛馬」を農耕用に育てていたのが自慢だ。鹿児島県に属する喜界島は明治から昭和初期にかけて、三〇〇〇頭以上を飼育していた一大馬産地。明治三〇年頃にトカラ列島の宝島へ移出した喜界島在来馬の末裔が現在のトカラ馬といわれるが、渡名喜さんの少年時代（大正末～昭和初期）には体高一一五センチと小柄だった喜界島在来馬の大型改良化が図られ、農耕用として本土や沖縄に移出されていた。

戦前の競走馬や農耕馬に触れてきた渡名喜さんに昭和初期の平良真地で沖縄の頂点に立った馬の名前をぶつけてみた。「〝ヒコーキ〟ですか？　覚えていません。持ち主は〝ヨドリ与那嶺小〟？初めて聞く名前です」。ヒコーキ探しの第一ラウンドは空振りだった。

だが、今泊の字誌に掲載された競馬の回顧録には「飛行機馬小」の名前が記されている。執筆したのは今帰仁村出身で八重山商工高校長などを歴任した教育者の新城紀秀さん。平成二二年に平田大一氏の舞台演出で六四年ぶりによみがえった史劇「北山」の原作者である。「紀秀先生は今でもお元気にしているはずよ。ご自宅の住所を教えるから今すぐ行ってみなさい」。新城紀秀さんの教え子の一人だった今泊の元区長、新城元さんに背中を押されて、うるま市石川曙町の自宅を訪ねると、九〇歳を過ぎているとは思えない、かくしゃくとした口調で競馬について語り始めた。

「沖縄には明治四一年まで四八の間切（現在の市町村に相当する行政区画）があって、ひとつの間切に五つぐらい馬場がありました。首里や那覇の競馬は士族の祭り、山原《やんばる》など田舎の競馬は農民のための祭りでした。走り方はどこの間切でも〝イシバイ〟です。〝イシ〟とは落ち着き、〝バイ〟とは走り、つまり落ち着いてゆっくり走りながら足並みの美しさを競ったのです。カキバイ（駆け足）は御法度。当時の沖縄は道が狭くて全力疾走すると危ないから、内法（間切ごとに定めた法律）でカキバイを禁じていたところがあったほどです」

今帰仁の競馬も鮮明に記憶していた。「私は大正七年生まれで、一二歳（昭和五年）に今帰仁を離れるまでこの地の競馬をずっと見てきました、今泊は砂の馬場、仲原は土の馬場でしたが、本部町からも見物人が詰めかけて、どちらも大変な賑わいでした。競馬の日になると、女性は着物の帯を後ろに留めていたのを覚えています。帯を後ろで留めるのは正月など特別な日に限られていましたから」と懐かしそうに目を細める。

当時の沖縄女性は普段、帯を使わなかった。襟の下方を脇腹で固定する「ウシンチー」（押し抜き）と呼ばれる着付け方。肌と衣の間に隙間をつくって風通しをよくするように工夫された沖縄の風土に適した着付けである。だが、競馬の時ばかりは帯を締めてめかし込んだという。

「今帰仁の競馬は王朝時代、〝国師〟と呼ばれた蔡温にも感銘を与えたほどの大行事でした」と言う新城さんは、『今泊誌』で蔡温についても触れている。〈尚敬王の三司官として敏腕をふるった蔡温は若い頃、馬で山原の一人旅をしているが、たまたま親泊で馬パラシー（競馬）のすばらしさに触れ、深い感慨を漢詩に託している。一七一〇年の秋、蔡温二九歳の若かりし頃である〉。

戯馬台前会萬人　（親泊馬場には黒山のような人が集まっている）
西風吹起馬蹄塵　（ミーニシが吹いて馬が駆け去った後はチリが立ちこめている）
群英従此決勝負　（優れた騎手たちが馬勝負に闘志を燃やす）
恍似楚王破大秦　（その雄姿は強国秦を破った楚の剛勇項羽の姿に似ている）

「馬勝負に勝った騎手は、弓なりの松にぶら下げてある手拭いを取っていきます。賞品といえばそのぐらいのものでしたが、勝負には物品ではなく誇りや名誉が懸かっていました」と言う新城さんは、数学の元教諭らしく競馬の見物人を五通りに分類した。

〈①馬を見る人、②騎手の見事な手綱さばきに〝シッタイヒャー〟とヤグイ（気合い、声援）をかける人、③晴れ着を着て、見られに来るアングヮーター（お姉さんたち）、④うの目たかの目で馬を見ないで女ばかり見てまわるニーセーター（青年たち）、⑤人垣の後ろでガチマヤー（食いしん坊）だけしてまわるワシタ ワラバーター（私ら少年）。〃遊びぬ美らさや、人数ぬしなわい〃（遊びが楽しく美しく感じるのは人数が多いからで、少人数では盛り上がらない）であった〉（『今泊誌』）。

新城紀秀氏

今帰仁の競馬について思い出話に花を咲かせた後、新城さんは「ところで、君が探している馬のことだが……」と往時を思い返すように遠い目をした。思わず身を乗り出す。何しろ、「ヒコーキ」が活躍した昭和二、三年頃に今帰仁の競馬を観ていた古老である。「コージャー馬（白地に黒のまだらが入った馬）だったか……」。ヒコーキは白い馬だったのか。「いやいや、申し訳ないが、どの馬だか、覚えていないのですよ。我々、当時の少年は馬場の脇に立った出店でガチマヤー（食いしん坊）していたから」。肩の力が抜けた。「ただし……」。再び身を乗り出す。「〃ヒコーキマーグヮン、コウリヨー〃と親によく言われたものです。名馬ヒコーキを買えるぐらい立身出世しなさいという意味ですよ」。親が子に言い聞かせるユシグトゥ（教え）に用いられるほど「ヒコーキ」の名は今帰仁でも知れ渡っていたのだ。

平良真地で沖縄競馬の頂点に立った「ヒコーキ」は、中頭から今帰仁まで遠征し、ヤキマーイヌオーギーのような破竹の勝利を挙げて、その名を広めていったのだろうか。あるいは、中頭代表となる以前に今帰仁村で走っていたのだろうか。それとも、同じ名前を持つ駿馬がたまたま今帰仁にもいたのだろうか。今帰仁に限らず、本島各地の地誌に「ヒコーキ」の名が残されていることから、前者である可能性は捨てきれない。

今帰仁村のある本部半島は古《いにしえ》から馬の往来が盛んな土地柄である。今帰仁村歴史文化センターの仲原弘哲館長は「古琉球の時代、健堅《けんけん》（本部町）の名馬が久米島を経て中国に渡ったと伝えられているように、馬の行き来は当時からあったと考えられます」と言う。

中国に渡った健堅の名馬……。三山分立時代の一三九四年、健堅の農地が馬に荒らされる事件が起こった。だが、問題の馬がどこにいるのか分からない。そこで、同地を治めていた健堅之比屋（健堅の領主）が正体を突きとめようと、馬の足跡をたどってみると、海辺で消えている。畑荒らしは、海を泳いで上陸してくる「渾身純黒の馬」だった。俊敏に動き回る純黒の馬を村民総出でようやく捕縛。その後、船の遭難で本部に滞在していた明国の商人がこの馬を気に入り、明の皇帝へ献上するよう勧める。健堅之比屋と親交の深い堂之比屋が治める久米島を経由して明国へ輸送したという。明の皇帝は「中華において未だかつて、かくのごときの良馬を見ず」と感激したことが琉球王府の正史『球陽』に記されている。

この時代、中山王は浦添・牧港から、南山王は糸満・照屋城近くの入り江から那覇経由で中国へ馬を送ったとされるが、北山では本部・健堅から出港させたという。健堅の浜を「唐港」、「唐泊」と呼ぶ由来である。

仲原館長は「古琉球期の伝説はともかく、戦前の競馬では勝負に勝つと、馬持ちの名声が村中に響き渡りました。さらなる名声を求めて、今帰仁の優れた馬が他の馬場へ出向いたこともあるでしょう。あるいは他所から今帰仁へ競馬をしにきたこともあるでしょう。馬の交流は盛んでしたから」と語る。

仲原馬場のある謝名（現・越地）の字誌には〈馬好きの人々は自分の飼馬にまたがって遠く名護方面からやってきて出場させた〉と記されている。剣豪が全国各地で道場破りを重ねてその名を広めたように、平良真地の大競馬を制した中頭の「ヒコーキ」が名護へ遠征し、さらに今帰仁にも脚を伸ばして名声をとどろかせたのかもしれない。

ヒンプンガジュマルは馬場だった――名護

名護の大兼久
馬走らちいしよしや
舟はらちいしよしや
わ浦泊
(名護の大兼久馬場は馬が走って活気がある。
　舟が走って活気があるのは我が名護浦の港だ)

「ヒコーキ」の蹄跡を探し求めて、馬が走って活気があると歌われた沖縄本島北部の中心都市、名護の大兼久《おおがねく》の馬場跡を訪ねてみた。

　名護の中心街を南北に延びる県道八四号線の真ん中には、見上げるようなガジュマルの老木が堂々たる枝ぶりを四方に張り、気根と呼ばれるヒゲ根を垂らしている。樹齢三〇〇年、国の天然記念物に指定されているヒンプンガジュマルである。ヒンプンとは門と母屋の間に建てられるついたて代わりの塀で、魔よけの意味も持つ。この地が名護の玄関口にあたることから名付けられたという。そのヒンプンガジュマルから名護十字路までの直線二四〇メートルがかつての大兼久馬場だった。

大兼久馬場跡　ヒンプンガジュマル

　名護市内（旧名護町、旧羽地村）には、民謡「本部ナークニー」で「まじゃがにくまでぃや、二里ぬちむい」（真喜屋兼久までは名護町から二里ぐらいだろうね）と歌われた真喜屋兼久のほか屋部、伊差川、仲尾、仲尾次、屋我地島の済井出などにも馬場があったが、最も盛んに競馬が行われたとされるのが、大兼久馬場。開催時期は今帰仁村同様、アブシバレーだった。

『名護市史』にはこう記されている。〈四月アブシバレーはかつて間切全体の行事だった。まず、ナングシク（名護城）への遙拝が神女によってヒンプンガジュマル前の香炉でおこなわれたあと、大兼久馬場から先駆け馬二頭を先頭に、馬三十頭ほどを連れて、西にむかう。屋部川を渡り、屋部の古島の前からプーミチャー(大神原)を遥拝した。そこから引き返し、東江浜まで行き、喜瀬のシガマムイ(聖地の森)を遥拝する。そうして大兼久馬場に戻る。このあと馬場でウマハラシー(競馬)をした〉。遥拝の馬行列に加わったのは、名護の地頭代などの役人。早朝に斎戒沐浴、禊《みそ》ぎをしたうえで務めたという。

だが、現地を歩いても競馬の名残を探すのは容易ではない。

「アブシバレーの競馬? ここでやってたんですか? まさかーっ!」。ヒンプンガジュマルの前で園児の手を引いた若い主婦グループに聞いてみたところ、こんな言葉が返ってきた。「ヨドリ与那嶺小のヒコーキ」についてはは尋ねるまでもなかった。大兼久馬場の前に建っていた名護間切番所(村役所)は名護博物館に変わっている。この博物館で馬場の歴史を調べてみた。〈大兼久馬場の競馬は明治半ば(明治二二年)になってナンガニク(名護兼久)の馬場に場所を移して行われた〉と『名護市史』に記されていた。昭和五三年に当地を取材した国吉真永氏のルポ集『やんばる路を往く』にも、〈大兼久馬場で競馬をみたという人に会ったことがない。八十八歳(明治二三年前後の生まれ)の玉城賀清さん(名護市名護在住)も記憶にないそうだ〉と書かれている。昭和五三年当時の古老でさえ記憶していないのだから、園児の手を引く平成生まれの主婦たちが驚くのも無理はない。

競馬の廃止は、名護に蔓延していた伝染病が契機だった。〈明治一九年頃にコレラが流行したため、衛生上の問題から馬場の機能を移転したという話がある〉(『沖縄県における馬場跡の調査報告』)。この報告を裏付けるように、同年、県庁に届け出た名護間切の内法(村の掟を定めた条文）第五九条附則で大兼久馬場を憩いのための特別地区に指定し、その後、清潔さを保つため牛馬の繋留を禁じている。名護市史編さん係に問い合わせると「大兼久馬場周辺に住宅などが増え、多くの人が暮らす環境として衛生上良くないことから、馬場を移転したという話です。馬糞などが原因だったようです」という。名護の街にコレラが蔓延したため、衛生面にことさら神経をとがらせたのだろう。

沖縄ではコラレを「ハチャイ フィッチャイ」と呼んで恐れていた。明治一九年には県内で一五〇〇人余が発病し、一〇〇〇人余が死亡。特に名護では猛威をふるい二〇〇人以上が亡くなった。当時、コレラの発生は魔物の仕業だと信じられており、魔物払いの祈願で生け贄として捧げた豚を食べたため、伝染がさらに広がったという。『名護市六百年史』によれば、この年、名護ではコレラに加えて農地を焼き尽くす大火事が起こった。米はおろか、主食だったイモさえ手に入らない深刻な飢饉が襲う。伊平屋島から移入した有毒成分を含む石のように硬いソテツと名護湾で捕獲したイルカ（ピートゥ）で飢えをしのいだ。いわゆる明治の「ソテツ地獄」である。競馬を楽しむどころではなかった。

現在の名護市役所周辺にあった名護兼久《ナンガニク》馬場へ舞台を移して競馬が再開されたのは、明治二二年のこと。明治三四年五月二九日の『琉球新報』は〈精糖並びに田草取り払いの骨休みとして、名護間切に於いては来月一日より二日迄（旧四月十五、十六両日）、人民一般休業して畦払祭（アブシバレー）を行ふ由なるが、その余興として名護馬持ちの方は、名護兼久馬場に於て、東西の二分に馬を分け競馬を催すはずなり〉と告知したうえで、全二〇組（四〇頭）の取り組みを掲載している。ここでもアブシバレーに競馬が行われたのだった。

そんな名護兼久の競馬の様子を、『やんばる路を往く』はこう書いている。〈出場する馬は在来種だが、農耕用ではなく、競走馬用に育てられたものだったという。裕福で競馬好きの農家が道楽として飼育するのがふつうだったらしい。そのせいか、騎手は飼い主がつとめることが多かった。でも、手綱さばきのうまい騎手をとくに頼むこともしたようだ。見物人もそうとう集まったようで、名護・城区の比嘉道善さん（七〇）は「母からパッタイコウ（麦粉に黒砂糖をまぜたもの）を菓子がわりに紙袋いっぱいもらい、きょうだいや友人といっしょに見物にいったものですよ」と、なつかしそうに話していた。しかし、大正時代には名護兼久馬場の競馬も姿を消してしまった。その理由は、当時、不景気が沖縄を襲い、農家が競走馬を飼育する経済的ゆとりがなくなったからといわれる〉。

大正期の不景気とは、大正一〇年の糖価暴落に端を発した恐慌。食糧難からソテツを食べて中毒死する事故も起きた。またしても「ソテツ地獄」である。生活苦から、糸満売り《イチマンウイ》（網元への年季奉公）、尾類売り《ジュリウイ》（遊郭への年季奉公）、さらに海外移民、紡績女工として阪神、京浜工業地帯へ出稼ぎに行く娘も後を絶たなかった。沖縄本島の中でも北部の困窮は著しく、羽地村（現名護市）は県内で出稼ぎ、移民者を最も多く出した所である。親と子の別れの合図だった「白い煙と黒い煙」は当時を伝えるエピソードとして語り継がれてきた。名護から那覇港までは遠すぎて、娘を見送りにいけない。黒い煙を上げる汽船に乗って本土へ向かう娘にせめて別れの合図だけでも送ろうと、名護沖通過を見計らって両親が名護城《ナングシク》の中腹で松の青葉をたき、白い煙をあげた……と記した大正時代の碑文が当地に残っている。競馬に興じている余力はない。馬が織りなす〝アブシバレーの風物詩〟は別れの煙に送られることもなく、いつの間にか姿を消していった。

それから二〇年近い歳月を経た太平洋戦争開戦の直後。名護兼久で再び競馬が開かれたことを伝える回想録がみつかった。〈昭和一七年七月一七日、ナンガニクで、当時の県知事、早川元閣下ご臨席のもと、国頭、中頭、島尻三郡の競馬大会があった。国頭の岸本号、中頭からは私の照宮号、島尻の豊見城コージャー（毛が白と黒のまだら模様の馬）と代表馬が出場した〉（明治四一年生まれの宮城太郎さん［具志川・田場出身］、『大正・昭和戦前の具志川を語る』収録）。早川元《はじめ》知事は昭和一六年一月から一八年七月までの在任中、名護など県内の行事に頻繁に出席したとされる。だが、この時期の文書は戦災でほとんど焼失しており、競馬の詳細を伝える資料は見つからない。名護市史編さん係も把握できていないという。第六章で後述するが、日中戦争が泥沼化したこの時期、沖縄本島中北部の競馬はすべて廃止になっており、この回想録にある競馬大会とは、伝統の美競馬とは似て非なるもの……昭和一五年前後に軍部の要請で始まった〝国防競馬〟だったのだろう。

大兼久と名護兼久。アブシバレーに美しさを競った伝統競馬の蹄音は、昭和初期の名馬「ヒコーキ」の出現を待たず、どちらの馬場からも消えた。センダン並木が枝葉を伸ばした大兼久馬場は県道八四号線に変わり、〈伊達に染まる燦《きらび》やかな数多《あまた》騎手共が男を競う〉（『名護六百年史』）といわれた競馬の記憶は完全に失われてしまった。

名護の大兼久
馬走らちいしよしや

ヒンプンガジュマルから少し離れた沖縄銀行名護支店の脇にひっそりとたたずむ大兼久節の歌碑だけが、昔日の記憶を今に伝えている。

〝馬所〟読谷の宮古馬《ナーク》

読谷は七万七〇〇〇坪もの広大な琉球王府の直轄牧場・牧原《まきばる》が設けられた本島有数の〝馬所〟だった。直轄牧場の歴史は不明だが、比謝川北側の丘陵には牧場を囲っていた土手の一部が、当地の字名「牧原」とともに今でも残されている。大正一一年には村内の比謝橋に常設の家畜市場が作られ、県内外から移入された馬の取引が盛んだったという。

村民の競馬熱も高く、残波岬の南東に位置する渡慶次カタノー馬場では旧暦六月二五日の六月カシチー（稲の収穫祭）に、都屋漁港南東の楚辺兼久（スピガニク）馬場では旧暦四月一五日のアブシバレー（畔払い）に、いずれも昭和一五、一六年頃まで盛況に開催された。また、民謡「いちゅび小」で唄われる喜名番所（役所）の前には喜名馬場が設けられ、明治時代の末期まで旧暦八月一一日のヨーカビー（悪霊払い）に開かれた。沖縄戦で米軍の上陸地点となる渡具知の馬追毛《ンマウィーモー》、古堅、宇座にも馬場があったという。

「山内《やまち》ナークニー」で戦後の琉球民謡界に新風を巻き起こした〝一〇〇年に一人の美声〟山内昌

徳氏は楚辺兼久の競馬に接してきた一人だ。大正一一年、読谷村牧原の生まれ。知己の音楽プロデューサー、備瀬善勝氏（キャンパスレコード社長）に案内されて自宅を訪ねると、山内氏は七〇年以上前の思い出を昨日の出来事のように生々しく語り始めた。

「父（山内昌蒲）の飼っている馬が、ンマハラシー（競馬）に出るというので、楚辺兼久や嘉手納の屋良ンマウィーによく応援に行ったものです。家族で重箱を持ってね。私の実家はサトウキビや芋畑の農家で、農耕馬と競走馬《ヌインマ》を一頭ずつ飼っていたんですよ。農耕馬は雑種のジジャーグヮー（本島産馬）やエーマー（八重山産馬）、競走馬《ヌインマ》はナークー（宮古馬）。ンマハラシーではナークー同士が勝負して、どちらの走りが上等か、競い合うんです。もっとも、父は馬主だから出場しません。ナークーを家からンマウィーに連れていって、ンマハラシーでは騎手に乗せていました。ところが、競走が終わると、比謝橋近くの料亭で慰労会があるからと、さっさとそちらへ遊びに行ってしまってね。家に真っすぐ帰りません。仕方なく私が父に代わってナークーを家に連れて帰りました。小学校五、六年の時（昭和九〜一〇年）の話ですよ」

山内昌徳氏は懐かしそうな顔で競馬の思い出話に花を咲かせると、左手をこちらへ突き出してみせた。何かに噛まれたような傷跡が残っている。

「一七、一八歳の時に、クーヤー馬（咬癖＝噛みつく癖のある馬）にかぶりとやられました。忘れもしません、家で飼っていた農耕用のエーマーでしたよ。ハブの首を警察に持って行くと五〇銭もらえた時代に一三円出して買ったんです。昔は〝まつげが長い馬は人を噛むから気をつけろ〞と言われたものですが、このクーヤー馬もやっぱりまつげが長かった。馬の特徴は外見にも表れるもので、よく走る馬は足首が細いんですよ。だから、競走馬《ヌインマ》を買うなら、まず足首を見ないといけません」

馬の足首とは繋《つなぎ》という部位。全力疾走で速さを競う本土の競馬では故障リスクのある細い繋は敬遠されがちだが、半面、細やかな動きを可能にする。中間速で美技を競う沖縄の競馬では細い方が華麗さを表現できたのだろう。琉球舞踊の踊り手の細い手首のように。ともあれ、琉球民謡の大家が馬にも一家言持つほど、読谷は競馬熱の高い土地柄だった。

読谷楚辺伝統の菓子「楚辺ポーポー」は競馬がきっかけで県内に広まったという。アブシバレーに行われた楚辺兼久の競馬について、大正一二年生まれの比嘉恒健さんは「広報よみたん」三五〇号にこんな回想談を寄せている。

〈楚辺のアブシバレーは旧暦四月一五日と一六日に行われました。特に一六日の〝後アブシバレー〟は盛大でした。畑でひと仕事終えて家に帰ると、アンマー（母）がポーポーを作っているんです。午後は楚辺兼久へ、ウマハラシーを見物するために、老若男女、字中の人が弁当を持って出かけていくんですよ。楚辺兼久は今のように砂浜はなく青々と芝生がいっぱい生えていて、とても美しい緑の広場でした。一方、カニクヌチビ（兼久の尻）といった広場の西の方では見物人目当てに比謝矼はじめ那覇のあたりからも玩具やお菓子の出店が立ち並び見物人の目を楽しませたものでした。その日、楚辺の各家庭では他シマから知人、友人の訪問を受け、ポーポーなどのご馳走で接待しました。そのおかげで楚辺ポーポーが有名になっていったようです〉

明治三三年五月一三日付（旧暦四月）の『琉球新報』も〈読谷山間切（現読谷村）楚辺兼久の

馬勝負は古来有名にて首里周辺より見物に出掛けるものありとのことなるが、昨日は同馬場の馬勝負にて見物人は朝から晩迄、引き続き往来し居りたるが、これを目当てに嘉手納辺の小店はオモチャを売り出し、ひと儲けをなしたるものの如し〉と報じている。

〈渡慶次（読谷）では、昔、首里の侍が残波岬に狩猟に来た時、屋号・名嘉を休息所にした。そこで競馬の稽古をしたのがトゥキシ（渡慶次）カタノーの始まり……〉。『読谷村史』にこんな由来が記されているのが渡慶次カタノー馬場。琉球王朝消滅と相前後して、侍の稽古場からムラ人の競馬場に変わったというが、競馬の盛況ぶりは楚辺兼久にも負けていない。〈若者にとって恋愛の場ともなった。正月の晴着は作らなくとも、競馬の日に間に合わせて着物を作った。その着物をカタノージンと呼んだ〉（同村史）という。

競馬は村挙げての一大イベント。馬主にとっては門中の誇り、家運まで懸かっていた。晴れ舞台を目指して飼育にも自然と熱がこもったという。読谷・渡具知の馬主だった又吉初作さん（明治九年生）の子息・中村文さんと又吉徳盛さんは同村史に次のような回顧談を寄せている。〈父は農地を一万坪ぐらい所有していた。ヌインマを使役に使うことはなく、時々、乗馬の練習をし、終わったあとは一キロほど離れた比謝川上流沿いにある泉で水浴びさせていた。それは海水より真水のほうが馬の健康に良いからだということであった。父自ら草を刈り与え、草以外のハミ（餌）は甘藷と豆腐粕がおもで、ときどき豆腐も与えていた〉。

競走馬にシマ豆腐を与えた話は各地で耳にしたが、この回顧談には昭和初期、平良真地で開かれた沖縄神社の奉納競馬にも読谷から出場したこと、さらに、読谷村史の別項には〈当時の名の知られた馬としてヒコーキグヮー、カーナジグヮー、マーチムシャーなどがいた〉と、あの「ヒコーキ」の名前が記されていた。

　北谷村屋良（現嘉手納町）の豪農として知られた屋号「伝道《リンドー》」家の伊波剛さんの回想録『八十路にたどりつくまで』にも「ヒコーキ」の名が登場する。〈毎年、アブシバレーの日に、楚辺の馬場に北谷、読谷、具志川あたりの方が乗って競馬をしているのを、父と一緒に馬に乗って見に行った記憶がある。あの時、うちで飼育していた馬の名前はフクターコージーといって、なかなか足の早い馬で、競馬のある時はいつも優勝して、賞品をもらってきた。その他、ヒコーキ小という名のついた馬もいました〉。

渡慶次カタノー馬場跡

　生前の伊波剛さんからこの少年時代の思い出話を聞くことはできなかったが、同氏は大正四年生まれだけに楚辺兼久で「ヒコーキ」を見たのは大正後期から昭和初期にかけてだろう。そして「ヒコーキ」の持ち主「ヨドリ与那嶺小」も中頭の人である。時期と場所が合致した。大正一一年生まれの民謡の大家・山内昌徳氏はヒコーキの名を知らないというが、伊波剛さんと同世代（大正初期生まれ）の当地の古老ならその馬名に心当たりがあるかもしれない。読谷村立歴史民俗資料館に依頼して調べてもらった。

それから一カ月、同資料館から調査結果が届いた。「〝ヒコーキ〟という馬は楚辺の字誌にも名前が載っていましたが、残念ながら……。ヒコーキの持ち主だったという〝ヨドリ与那嶺〟という方についても情報は得られませんでした」。館長の仲宗根求さんは申し訳なさそうに切り出した。「読谷の村民がこの名馬の走りを観たのかどうかも、今となっては分かりません」。またしても空振り。ヒコーキの蹄跡は見つからない。

渡慶次カタノー馬場跡の碑

渡慶次カタノー馬場を訪ねてみた。直線二〇〇メートルの走路はサトウキビ畑と採草地に挟まれた農道に変わっていた。傍らには馬場跡を示す石碑。説明書きが付されている。「馬場の西側には松の大木が立ち並び……その木陰にむしろを敷き、壮観なヌイウマの勇姿や特長、騎手の技法等一部始終が尽きず、展開されるドラマに感嘆したものである」。壮観な競走馬《ヌイウマ》として『読谷村史』に名を残した「ヒコーキ」が、あの平良真地の大競馬で勝った名馬を指しているとしたら……。村民はその華麗な走りにどれほど感嘆したことだろうか。読谷競馬のもうひとつのメッカで、ポーポーも広めた楚辺兼久は、戦後、米軍の通信基地トリイステーションに接収されたという。いまやその面影さえ追うことはできない。

琉球競馬の名人・屋良朝乗――読谷

競馬といえば、騎手が馬主の依頼を受けて手綱を取るものである。琉球競馬も前出した民謡の大家・山内昌徳氏の父（馬主）のように騎手に頼んで乗ってもらうケースが多かった。ただし、若い騎手は少ない。歴史家の真境名安興は〈騎手は年齢概ね三、四十歳の中老〉と記している。全力疾走する大型馬を力任せに追うのではなく、中間速（早常歩）で走る沖縄小型在来馬を美しく舞わせる競走。騎手に必要なのは力よりも熟練の技だった。

北谷村で無敗を誇った「与那覇のターリ」（現嘉手納町）、馬を走らせながら地面からウシザシ（かんざし）を拾い上げたという「幸地のタンメー」（現嘉手納町）、観客から常に拍手喝采を浴びた人気騎手「ミーヤの松田清英」（名護市仲尾次）、三国志に登場する関羽の生き写しと言われた今帰仁・屋取士族の豪傑「上謝名のブッセーカナヤッチー」、島尻では〝原山勝負競馬の名手〟佐敷村兼久の当真嗣吉らの名人が各地の地誌に登場する。

王朝時代最高の名人と言われたのが、「馬乗・真喜屋《マージャ》」。歴史家・新垣恒篤の『新編風土記』にはこんな逸話が残されている。

〈この名人の飼い馬が突然暴れだし、島添アザナの登り口から、ピョンピョンと跳ねながら南の石垣へ突進したのである。馬は登るまでは良かったが、一番高い所まで来てから下を見て、戻る事もできず震え上がってしまった、サア大変なことだと御役の面々はただアレヨアレヨと云うばかりであった。馬は前へ進む事もできず、後へ進む事もできず立ち往生したまま震え上がっているのである。急を聞いた真喜屋は現場へ駆けつけた。この石垣のテッペンは五尺である、馬は大地でも五尺ではカーブをまがる事はできないのである。真喜屋は自らその名馬に鞍を置き、充分に腹帯を締めてから馬に乗り、後足を立てたまま手綱を引き絞り、回れ右をしてから、後足だけでパカパカと見事に石垣から下りた〉

名人・真喜屋の指導を受けた嘉手納の豪農「伝道《リンドー》」家の伊波孫次郎、伊波孫六氏が嘉手納・屋良集落に馬術を伝え、その後、同集落から前出の「与那覇のターリ」が出現したという。

真境名安興は名手たちの騎乗ぶりを、〈老騎手の秘術磨きに磨き、練りに練りたる乗御（騎乗）の神技〉と賞賛している。走っている馬の上から地面に落ちたかんざしを拾ったり、馬を後ろ脚だけで歩かせたり……にわかには信じがたい逸話まで残す名手たちが馬の美しさを競ったのだ。

『読谷村史』には、屋良朝乗という騎手の凛々しい乗馬姿が掲載されている（次頁参照）。紺地の着物、白の乗馬袴、琉球競馬ならではの竹の地下茎でこしらえた二尺五寸（約七六センチ）前後のムチを手にし、頰に房を飾り付けた小柄な在来馬に騎乗。写真説明には昭和一五～一六年頃の撮影とある。戦前の騎手の姿をとらえた貴重な写真である。村史によると、この屋良朝乗氏は明治二五年生まれで、残波岬の南東、渡慶次カタノー馬場に隣接した瀬名波の住民。屋号は「西《イリ》屋良《ヤラ》」。それ以上の情報は読谷村も掌握していないという。だが、昭和五二年に採集された『瀬名波の民話』に、屋良朝乗氏が話者として登場し、騎手らしく「馬の荷」という伝承を紹介している。

〈昔《んかし》ぬ馬ぬ、昔ぇ橋んねーらん、川《かーら》から渡ちさぐとぅ、川んかい転《るげー》やーに、転たぐとぅ、塩積《まーすち》れー

屋良朝乗氏の騎乗姿（『読谷村史』より）

ぬ馬ぬ川んかい転てぃ、塩ぉ汁なてぃ軽くなたぐとぅ、馬ぁふくてぃし。又うぬ後、又ん馬んかいカマジー積り､うぬ馬ぁ又うまんかい転りわる軽くないるりち､牛ぬ水《みじ》んかい転らちゃぐとぅ、カマジーやぐとぅ、水ぬらーに、重《うぶ》くなやーに立ちゅーさんたんりぬ話〉

（訳＝昔の馬の話だがね。昔は橋もないから、川から馬を渡そうとすると、川の中で転んでしまったものだ。塩を積んだ馬も川で転んで、塩がとけてしまって軽くなったので、馬は喜んだ。その後、また馬にカマス（ムシロの袋）を積んで川を渡そうとした。馬はまたここで転べば軽くなると思っていると、牛が水の中に馬を押し倒した。カマスだから水を吸い込み、かえって重くなり、立つことができなかったという話）

イソップ童話の「塩を運ぶロバ」とよく似たストーリー。ずるいことをするとかえって辛い目に遭うものだという教訓話だが、ロバがいない沖縄では馬が主人公になっている。

また、屋良朝乗氏は「柳と蛙」という民話の話者もつとめた。垂れ下がった柳の枝に登れるまで落ちては飛びつき、また落ちては飛びつこうとする蛙のように、苦労を惜しまず学問の道を進んで大成した話だ。

沖縄にはこの「柳と蛙」を体現したような人物がいる。苦学の末に沖縄県民として初めて海軍の提督になった漢那憲和《かんなけんわ》。もう一人は、苦労して教員となり、沖縄教職員会長から琉球政府初の公選主席､さらに本土復帰後最初の県知事に就任した屋良朝苗《ちょうびょう》である。屋良姓は名前の最初（名乗り頭）に「朝」を付けるケースが多いとはいえ、「朝乗」と「朝苗」には何らかの関わりがあるのではないか。屋良朝苗元知事の略歴を調べてみると、読谷村瀬名波の出身。兄に朝乗という人物がいた。

「いやー、初耳ですよ。早速、詳細を瀬名波に問い合わせてみましょうね」。ヨドリ与那嶺小のヒコーキに続いて、再び調査を依頼した読谷村立歴史民俗資料館の仲宗根求館長からほどなく連絡が入った。

「村史に載せた屋良朝乗さんの写真は弟の屋良朝苗知事が若い頃に撮影されたものだそうです。実は朝乗さんのお孫さんが瀬名波に住んでおられて、この資料館においでくださるというのですが、お会いになりますか」

屋良家はもともと首里士族だったが、明治一二年の廃藩置県とともに読谷村瀬名波に移り住んだ。朝乗、朝苗の父・朝基の代には瀬名波の北部に位置する川平屋取に二町歩半の田畑と山林を所有する裕福な農家だったという。だが、農作業の人手が足りず、朝苗は渡慶次小学校に通いながら兄・朝乗氏とともに畑仕事や薪運び、まぐさ刈りに汗を流した。その後、朝苗は沖縄師範学校の入学試験に合格したが、両親は進学を許そうとしない。そのとき、「畑仕事は私が何とかするから、おまえは師範学校へ行け」と教員の道を進ませてくれたのが朝乗氏だった。

「私の母、つまり朝乗の娘から聞いた話では、教員として台湾の中学に赴任していた朝苗が実家に戻った（一時帰郷）時に撮ったのが、家族の集合写真とこの乗馬姿の写真です」

朝乗の孫、屋良朝一さんはこう切り出すと、母親からの伝聞と幼少時代の断片的な記憶を頼りに、騎手・朝乗について語り始めた。

「家では競走用のナークー馬（宮古馬）と農耕馬を一頭ずつ飼っていて、祖父はこのナークー馬で競馬に出場していました。馬主兼騎手です。昭和一一年生まれの私が幼い頃ですから、昭和一五、一六年頃でしょうか、読谷村内の馬場、渡慶次と楚辺へ応援に行ったのを覚えています。競馬が終わった帰りには私を馬に乗せてくれましたが、競馬に向かうときは、私はもちろん、朝乗本人も馬には乗らず、手綱を引っ張りながら馬場まで歩いて行きました。競馬の前に馬を疲れさせてはいけない、という勝負へのこだわりがあったからでしょう。瀬名波には競走馬を持っている家が二、三軒ありましたが、祖父はいつも優勝して賞品をもらってきたようです」

『読谷村史』によると、勝者への賞品は今帰仁村同様に手拭い一枚だけ。金品ではなく、誇り、名誉を懸けた勝負だった。

「祖父・朝乗は読谷村内だけではなく、旧暦八月一五日の十五夜には胡屋馬場、一一月には那覇の潟原《カタバル》、さらに名護兼久馬場の競馬にも愛馬とともに挑んだそうです。大正初期生まれの母に物心がついた時にはすでに騎手をしていたというので、三十代から五十歳前後まで競馬に出場していたことになります。乗っていたのは、この写真の馬です。とてもおとなしいナークー馬でね、当時子供だった私でさえ瀬名波井戸《ガー》で水浴びさせて家に連れ帰ることができたほどですよ。農耕馬が少ないときはサトウキビの圧搾にも応援に向かわせていました」

朝乗氏が足を運んだ胡屋馬場は、現在の沖縄市役所付近にあった。『字胡屋誌』によると、〈胡屋の馬場では昭和初期まで旧暦八月十五日の日、多くの乗馬愛好家が県下から馳せ参じて馬馳せ（競馬）で賑わった〉という。那覇・潟原は現在の那覇市松山、前島周辺にあった丁潟の馬場で、中頭と島尻の代表馬による頂上決戦の舞台だった。朝乗氏と写真のナークー馬は中頭代表だったのだろう。

私が探している「ヨドリ与那嶺小のヒコーキ」も昭和初期、中頭の代表として平良真地の大競馬を制し、本島各地の地誌にその名前を残している。屋良朝一さんは「ヒコーキ」の名に心当たりがないというが、読谷を拠点に北は名護、南は那覇まで遠征したというから、「ヒコーキ」とひと勝負交えていたかもしれない。

「朝乗は戦後の一時期、家族と共に石川収容所で過ごしましたが、再び瀬名波に戻ると、九十過ぎまで生きました。とても働き者でした。ただ、戦争が近づいた時に家財道具とともに愛馬も人に売ったようです。その後、ナークー馬はどうしたものか……」

『読谷村史　戦時記録編』によると、村は昭和二一年、村内の波平にテント張りの初等学校校舎を造ろうとして米軍集積所からテントを譲り受けたが、テントを張る支柱がなかった。その時、朝乗氏は魚つき林（魚をおびき寄せる影をつくるための林）として育てたモクマオウの木を惜しげもなく寄贈している。戦後の生活は楽ではなかったが、〈収容所から帰村した児童たちの教育には変えられない〉と語っている。朝乗氏から支柱の提供を受けて、初等学校は青空教室からテント小屋で授業が行われるようになった。屋良朝苗の兄は馬に乗せれば中頭の代表を務めるほどの一流騎手。馬を下りても一流の人物だった。

馬場は基地の中――嘉手納、北谷

「私が競馬を見たのは日中戦争の前でした。野国の隣にあった野里という馬場です。このあたりの裕福な家には乗馬用の馬具があって、競走馬を飼っていました」

「ヒコーキ」の蹄跡を探すために立ち寄った嘉手納町で、同地の競馬に触れてきた古老の話を聞くことができた。

同町野国出身の津嘉山正弘さん（大正一五年生まれ）。「原山勝負の余興として開かれていましたが、全郡大会のような大きな規模で、各村の代表馬が対戦して大変盛り上がったものです。たしか、昭和一五年頃まで続いていたはずです」と言葉を継いだ。〈十二ケ村の本馬勝負が野里馬場に於いて催される〉（『琉球新報』明治三二年一一月一九日付）と報じられた全郡規模の競馬が昭和まで開かれていたのだろう。

『嘉手納町史』にも著名な競走馬として「ヒコーキ」の名が挙げられている。「ヨドリ与那嶺小のヒコーキ」は平良真地ばかりではなく、この野里馬場の大競馬にも蹄跡を残したのか。「昭和二～三年頃に活躍した馬ですか……。その頃、私はまだ小学校二、三年生でしたから、馬の名前や飼い主まではさすがに覚えていません」。「ヒコーキ」の目撃談は、またしても得ることができなかったが、津嘉山さんの口ぶりから昔日の光景が浮かび上がる。

「リュウキュウマツに囲まれた馬場でね、大人たちが夢中になっていました。出場できるのは小さな在来馬だけで、大型の雑種は出られませんでした。馬体には赤や黄の布をまとって、それは綺麗な姿でした。確か、岩手県には馬に装飾を施して行進する祭りがあったと思いますが、野里馬場でもそんな美しい衣装をつけて競馬をしていました」と懐かしそうに目元を緩めた。

馬に装飾を施して行進する岩手の祭とは、国の無形民俗文化財に選定されている「チャグチャグ馬コ」だろう。旧暦五月五日（現在は六月の第二土曜）に五穀豊穣を祈願して岩手県滝沢村の蒼前神社から盛岡市の八幡宮まで一五キロの道程を馬とともに練り歩く行事。歩を進めるたびに

北谷・ンマイームイ　砂辺馬場公園

馬に飾り付けた鈴の音色がチャグチャグと鳴り響くことが名前の由来という。また、鹿児島県隼人町には旧暦一月一八日前後に「初午の鈴懸馬」という行事がある。馬を美しい布で飾り立て、背中には造花、胸には帯状の鈴を着けて、三味線、鉦、太鼓の囃子《はやし》に合わせて踊らせながら町を流す。現在は鹿児島神宮（隼人町）の境内で行われている豊年と牛馬の安全を願う神事だ。沖縄では脚並みの美しさを勝負する競馬のために馬を飾りつけた。

津嘉山さんが育った北谷村（戦後、嘉手納基地拡張により分村となった嘉手納を含む）には野里のほかに五つの馬場が北谷、砂辺、桑江、野国、屋良に設けられており、競馬の盛んな土地柄だった。「馬模合」という馬主による模合（本土の無尽、頼母子講に相当）まで行われていた

ほどだ。その詳細は後述するが、『嘉手納町史』には〈集落では馬模合を起こして希望者にその模合を優先に当て乗馬奨励した〉と記されている。

北谷馬場があったのは現在の国道五八号・北谷交差点付近。番所（村役場）に面した公道を兼ねており、競馬の他に原山勝負や大綱引きの舞台になった。明治三八年六月二七日付の『琉球新報』は〈北谷馬場の馬勝負。道路修繕の結果として見物人は例年より多かりし〉と報じている。戦後、那覇軍港と嘉手納基地を結ぶ軍用道路（一号線）に変わり、復帰後は県内で最も交通量の多い片側三車線の国道。馬場の面影は残っておらず、蹄音の代わりに車のけたたましい騒音が聞こえてくるだけだが、東シナ海に沿って南北に延びる砂辺馬場は馬場公園としてその姿を一部、今日までとどめていた。

競馬の観戦場所だったンマイームイ（馬場の森）という小高い丘。『北谷町文化財調査報告書第二四集・北谷町の地名』には、

〈(砂辺馬場）北側にはンマイームイという丘が隣接していた。その東側斜面にはたくさんのソテツが生えていた。ンマイー（馬場）では、旧暦一月二〇日（二十日正月）にンマスーブ（競馬）が行なわれていた。ウィーシードゥヤードゥイ（上勢頭屋取）、シチャシードゥヤードゥイ（下勢頭屋取）、宜野湾村、越来村などから出場馬が集まった。馬はきれいに飾られていて、どれぐらい美しい足並みで走れるかを競い、速さよりも美しさが重視された。馬は北側のムイ（森）の麓《ふもと》から出発して南の方へ向かって走った。観客はンマイームイから競走を観戦していた〉

と記されている。馬場を彩る一七本の大松が日よけになってくれたというが、訪れてみると、

今はモクマオウの木々がその役割を果たしていた。ンマイームイの傍らには「第二次世界大戦米軍上陸モニュメント」と「砂辺の浜」の歌碑。この地は嘉手納基地の滑走路の延長線上に位置するため、離発着する米軍機が轟音を響かせながら上空を過ぎていく。

また、桑江馬場は現在のキャンプ・レスター(キャンプ桑江)第二ゲート(南ゲート)に隣接する在日米軍学校のあたりにあったという。戦前の地図をみると、沖縄県営鉄道(通称・軽便鉄道)の線路沿いに広がる「桑江ヌ中」という屋取集落(帰農士族の開墾地)を横切るように走路が南北に延びていた。『北谷町の地名』には〈昭和一七年頃まで、年に一度、朝一〇時から昼を挟んで夕方まで馬勝負が行われていた。ひげを生やし、クンジー(藍染めの着物)を着た年寄りが審判をしていた。鞍や馬の首などに飾りをつけ、きれいだった。話者によると、北谷村外の人、嘉手納、読谷、中城からも来ていたのではないかと言う。金持ちしか競走馬を持っておらず、クェー(桑江)では屋号イリー(伊礼)が持っていた〉と記されている。旧暦三月三日には恒例の競馬が催され、近隣の村々からも人々が集り賑わったという。

キャンプ・レスター全域一〇七ヘクタールのうち、九九ヘクタールの返還がSACO(日米特別行動委員会)で合意。平成一五年に北側の三八ヘクタールの返還が実現したが、桑江馬場のあった南側六一ヘクタールは返還予定の一九年を過ぎても地権者の元に戻されていない。

津嘉山さんが記憶していた野里馬場は、琉球王府の直轄牧場があった牧原《まきばる》にも近い中頭の競馬のメッカ。村主催の競馬は原山勝負の後に年二回、春は北谷馬場、秋は野里馬場で行われた。『字野里誌』には〈村の南のほうには人々が愛してやまなかった野里馬場があった。馬場周辺には樹形の美しい老松が林立し、典型的なウマイーに風情を添えていた。（中略）ウマスーブのときは、他村からも見物客がどっと押し寄せ、老松のつくる木陰を利用してそれぞれに座を成し、大歓声に包まれたものである。台地をかむ蹄の音が響きわたり、人びとの熱狂が老松を揺るがした〉と記されている。

嘉手納基地を一望できる「道の駅かでな」。

「野里馬場はあそこです」

案内してくれた嘉手納町教育委員会の宮平友介さんは四階のテラスから眼下に広がる滑走路を指さした。ヒコーキの蹄音のかわりに戦闘機の爆音がとどろいた。戦後の米軍支配のなか、野里馬場は銃剣とブルドーザーで村落ごと嘉手納基地に接収されていたのだった。

歴史に翻弄された松並木――宜野湾

沖縄随一といわれた普天間街道の松並木は、馬でさえ歩くのに苦労した浦添・当山の急坂「ウマドゥケーラシ」（馬転ばし）を越えて宜野湾・嘉数にさしかかったあたりから普天間宮まで途切れることなく続いていた。並木道の道程六キロ。松の株数はおよそ三〇〇〇本。昭和七年に国天然記念物に指定された「宜野湾《ジノーン》並松《ナンマチ》」である。琉球国王として尚賢が初めて普天間宮を参詣した一六四四年以降、歴代国王による普天間詣でが毎年九月の恒例行事となり、信仰道路として整備された。並松は尚賢から二代後の国王・尚貞の長男・尚純が植樹させたと伝えられる。

「私が宜野湾並松を歩いたのは昭和一五年前後のことでした。兵隊にとられた同郷（玉城垣花）の者の武運長久を祈願するため、土地の者たちと連れだって普天間宮に参詣に行ったのです。沖縄は松が多いところですが、あの立派な松並木の美しさは七〇年たった今でも忘れられません」と、当時を振り返るのは、南城市玉城垣花在住の比嘉新栄さん（大正一三年生）。後に触れる本島南部の馬場巡りで知り合った古老である。

「行きは玉城から普天間まで徒歩、帰りは軽便（県営鉄道）で宜野湾の大山駅から那覇に出て一泊した後、また軽便鉄道に乗って与那原まで行き、そこから歩いて玉城まで帰ったものです」

肌に突き刺す夏の日差しさえ柔らかな陽光に変えてくれる優雅な林相。戦前、その目もくらむような景観に、比嘉さんは普天間宮へ急ぐ足を何度も止めた。「このあたりでは年に何度か馬勝負があるらしい」。同行した仲間から宜野湾の競馬について教えられ、並松の下で宮古馬が華麗に舞う姿を想像したという。一度でいいから宜野湾競馬を見てみたい……。そんな願いも軍事一色となる時代にかき消されてしまった。「普天間参詣からほどなく海軍兵としてフィリピンに渡ったので、競馬を見られずじまいだったのが今でも心残りです。私の村にあった玉城垣花馬場では、その頃競馬は途絶えており、陸上競技の練習場所になっていましたから」と比嘉さんは言葉を継いだ。

地域に運動場や公民館のない時代、馬場は唯一のコミュニティー。綱引き、モーイ（踊り）、小学校の運動会の舞台にもなっていた。名馬「ヒコーキ」の名が『宜野湾市史』に残る宜野湾《ジノーン》馬場《ンマウィー》でもかつては競馬とともに綱引きが行われた。綱引きに先だって夕刻から始まる道行列《ジュネー》（パレード）では、「豊年」「並松」と大書された旗頭を先頭に、鼓《チヂン》を手にしたメーモーイ衆（踊り手たち）、ドラ、ショーグー、ホラ貝のチンク隊が鳴り物を響かせる。後続には「ハルヤイ」「ハーイヤ」の掛け声とともに綱を担ぐ男衆。勇壮さで知られた「じのーん大綱引き」は戦時体制下の昭和一六年を最後に途絶えていたが、平成一九年になって六六年ぶりに復活した。古老の記憶を頼りに雄綱と雌綱を高く持ち上げたまま貫抜棒《カヌチ》で連結しての一本勝負。勝敗が決すると、勝った方が綱を担いで蛇行する「戻り綱《ムルイヂナ》」など宜野湾独特の綱引きスタイルを再現した。会場は沖縄国際大学のグラウンド。馬場跡は嘉手納の野里と同様、米軍基地の中にあるという。

宜野湾市教育委員会で馬場跡の正確な位置を尋ねてみた。男性職員がパソコンにデータ化している宜野湾馬場周辺の古地図を現在の地図上にかぶせる。「馬場はここです」。パソコンをのぞくと、普天間基地の滑走路だった。野里馬場は朝鮮戦争が起こった昭和二五年、嘉手納基地の拡張に伴い米軍に接収されたが、宜野湾馬場は昭和二〇年六月、沖縄戦の最中に集落ごと接収されていたのだ。

当時の馬場の姿を鮮明に伝える写真が東大総合研究博物館に所蔵されていた。馬場の左右には宜野湾並松がうっそうと茂り、馬場の中に深い陰影をつくっている。中央には屈んだ婦人の姿。手押し車で地面に線を引いているようにみえる。松の下には人力車。写真説明には一九一〇年（明治四三年）頃の撮影とある。

そんな松並木の下で、県下の名馬を集めた競馬が一月一七日、七月一七日、八月一一日の年三回、昼過ぎから夕方まで行われた。二町三間（二二三メートル）の直線走路が舞台。昭和初期に競馬がなくなるまで開催日になると、天ぷらなどの屋台が並び賑わったという。『宜野湾市史』には〈一九二〇年代、飛行機・自動車小などの綽名《あだな》で知られた良馬が駿足を競った時代があった〉と記されている。市史によれば「飛行機」の飼い主は〈大謝名のスピ（姓は天久）〉。私が探している「ヨドリ与那嶺小のヒコーキ」とは別の馬だが、「大謝名のスピ」という馬主ゆかりの人物に当たれば手掛かりが得られるのではないか。宜野湾市の文化課に問い合わせた。だが、「市史には飛行機の記載が確かにありますが、詳細は全く分からないんです」（同文化課・島田みさきさん）と言う。

同じ名前を持つ駿馬。「大謝名のスピ（姓は天久）」が飼っていた「飛行機」は赤い毛並みの宮古馬だった……と市史に記録が残されている。〈出場する馬は松並木に括り付けられた。松の木々は、高く鬱蒼と生い茂り、太陽が照りつけても、松の下は日陰で歩きやすかった〉という深い緑の中に、赤い宮古馬はどんな蹄の音を響かせたのだろうか。名馬の蹄音を聞いた人は見つからない。

「大謝名のスピの飛行機」の走りを見守った並松も昭和一九年、防空壕の支柱にするため日本軍の手で一部が伐採。その後、米軍の本島上陸が迫ると、再び切り倒された。首里攻略を目指す米軍の戦車の走行を妨げようと、道に投げ出して障害物にしたのだ。わずかに残った並松も米軍の普天間基地建設で根こそぎ伐採されたという。

戦後は宜野湾馬場の競馬に代わって、駐留米兵による西部劇まがいの「貸し馬競走」が横行した。週末やペイデイになると、米兵が付近のバー街から普天間で五〇頭前後繋養《けいよう》している数カ所

明治 43 年頃の宜野湾馬場（東京大学総合研究博物館　動物部門所蔵）

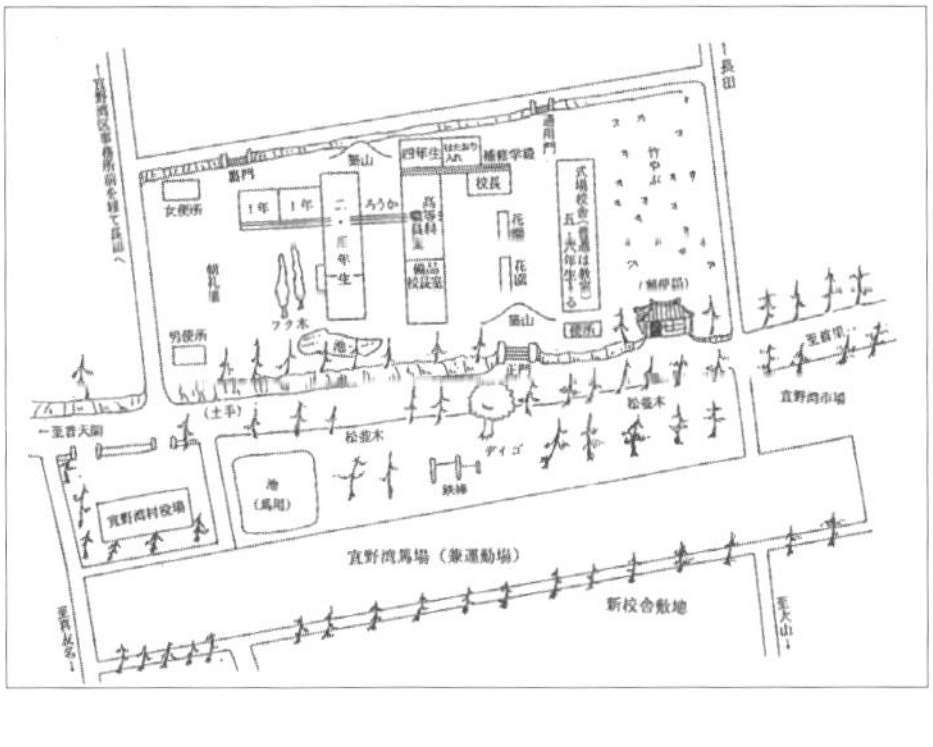

大正 13 年頃の宜野湾馬場周辺（『ぎのわん　字宜野湾郷友会誌』より）

の貸馬所に集まり、景気づけに酒をラッパ飲みして一時間一ドル五〇セントの貸し馬に騎乗。人通りの多い街道を疾走した。審判もルールもない、酔っぱらいジョッキー四、五人が一団となって奇声を上げながらのホースチェイスである。住民を巻き込む事故が多発した。

昭和三二年一一月一〇日付の『沖縄タイムス』は、普天間でその年に起きた乗馬事故を伝えている。〈六月二日昼三時頃、宜野湾村上原区の一九歳の女性は友達と二人で普天間新開地・琉球モーター前路上を歩行中、後ろから走ってきた白人兵の乗った馬に突き飛ばされ転倒。顔、両ヒジに負傷〉〈八月四日昼一時頃、野嵩区の七歳の少女は普天間二区一班路上で、マリン兵(海兵隊員)の扱う馬に突き倒され、後足で右ヒザを踏みつけられ、全治四週間の重傷〉〈一一月三日夕六時前、普天間一区五班の五歳の少年は自宅前で米国人の乗った馬に蹴られ、左大腿部骨折、一カ月余の重傷〉。

馬には元来、攻撃性がなく、目の前に人間がいれば避けようとするものだ。米兵は酔いに任せて、よほど無茶な乗り方をしたのだろう。馬術精神のかけらも持ち合わせてない者が乗った時、馬は凶器と化した。

道交法六一条では「馬の練習は繁華街など交通頻繁なところではしてはならない」としているが、罰則はなかった。民警察は米兵に対して検挙の権限もないため、口頭で注意するか、MPに通告するしか手立てがない。貸し馬業者では組合を作り、飲酒している者には貸さない、貸し馬に番号札をつけ借り手の身元を記録しておく……などの事故防止対策を講じたが、組合未加入の業者もいて徹底できなかった。同紙によると、昭和三二年一月から一一月までに八人の幼児が馬

普天間の貸馬業　（「写真集　ぎのわん」より）

に蹴られて負傷。三三年一月から三五年四月までの二年四カ月に貸し馬による事故は一五件で、うち死亡事故三件、負傷一〇件、物件損壊一八〇〇ドル。市は普天間マリン通信隊に路上での乗馬禁止を申し入れたが、効果はなく、復帰前の昭和四三年頃まで事故が繰り返された。悪質な場合は住民にケガを負わせて、そのまま逃亡しようとする。Yナンバー（米軍関係車両）によって今日まで繰り返されてきた事件が当時の普天間では貸し馬によって引き起こされたのである。

昭和四五年一二月二〇日未明、コザ市（現沖縄市）の中心部、胡屋十字路付近でYナンバーによる人身事故をきっかけに「コザ騒動」が発生する。米軍の圧政、人権侵害に耐えてきた住民の怒りが沸点に達し、米軍車両八二台を炎上させた復帰前の歴史的な事件である。その九年前には貸し馬事故を巡って、コザ騒動の予兆のような事件が起きている。『沖縄タイムス』によると、昭和三六年九月三日午後五時半頃、宜野湾村普天間の中通りでキャンプフォスター（瑞慶覧）に所属する米海兵隊員の乗った貸し馬が暴走してタクシーと正面衝突。運転手と海兵隊員は無事だったが、タクシーのフロントガラスが大破し、貸し馬は首から腹をガラスにえぐられて重篤に陥った。現場には住民五〇〇人が集まり、止むことのない馬の暴走事故に怒りの声を上げたという。

沖縄随一といわれた並松の下で華麗な舞いを競った戦前の宜野湾競馬が、戦後は酒に酔った米兵のホースチェイスに変貌する。馬が時代を映す鏡だとすれば、暴走する貸し馬は人権を蹂躙する米軍統治の一断面を如実に映し出していた。

本土復帰からすでに四〇年。宜野湾住民を苦しめてきた戦後の貸し馬競走さえ忘れられた今、戦前の競馬、並松の景観を記憶にとどめる人はほとんどいなくなった。『宜野湾市史』には当地の住人、比嘉タケさんが忘れがたい昔日の風景を偲んで詠んだといわれる琉歌が残されている。

音《ウトゥ》にとゆまりる　宜野湾並松《ジノンナンマチ》や　今《ナマ》や沙汰すゆる　人《フィトゥ》ん居らん

（名声の高かった宜野湾並松ですが、今では話題にする人もいません）

馬場に陰影をつくる並松があった場所には有刺鉄線のフェンスがそびえ立ち、その向こう側から米軍ヘリの不気味な低周波音が聞こえてくるだけだ。

第三章　琉球競馬の歴史

世界に類のないスタイルを持つ琉球競馬はどのような生い立ちで花開いたのだろうか。名馬「ヒコーキ」がその頂点に立つ昭和初期までの流れを『琉球動物史』（伊波盛誠）はこう記している。〈（尚巴志が）一年に数回馬揃え（馬の調練）をなし、馬牧と併せて中国向き馬匹の購入に便ならしめた。各間切（現在の市町村）の中農以上に乗用馬を飼育せしめ、武士と同様に乗馬の訓練や競馬等を奨励した。これがため乗馬熱が勃興し中農以上はあらそって優良馬を飼育するようになり、以後、各馬場で競馬をするようになった。この風習が昭和までつづき、かの有名な飛行機小とか自動車小等のような名馬が出て競馬ファンを熱狂させた〉（大略）。

ここで琉球競馬の歴史をさかのぼってみたい。

琉球馬の進貢

馬が琉球列島に渡来したのは一一世紀頃といわれる。琉球大学名誉教授・新城明久氏の唱える九州からの南下説が有力だ。馬を琉球から初めて輸出したのは、三山（中山、北山、南山の沖縄本島三大勢力）が統一される以前の一四世紀後半、中山の王となった察度《さっと》である。三山はいずれも、元（モンゴル）に代わって中国大陸に王朝を樹立したばかりの明と冊封関係（名目的な君臣関係）を築き、宗主国の明から譲り受けた大型船で硫黄とともに馬を進貢（貢ぎ物として輸出）。なかでも中山は「牧」と呼ばれる直営の牧場を本島中部（読谷、嘉手納周辺）に設け、明からの求めに応じて察度在位中（一三四九〜一三九五年）に一五〇〇頭以上の馬を浦添の牧港《マチナト》から那覇港経由で明国へ送った。牧港は、この地の港から船出した源為朝の帰りを妻子が〝待ち〟続けたという為朝伝説に由来するとされるが、その一方で〝牧〟の馬を送り出したからだという説もある。

〈察度が王位について二三年後の一三七二年に、明国の太祖皇帝はあらかじめ楊載という人を琉球に派遣して、明国とよしみを結んで入貢するよう察度に進言すると共に楊載自らも琉球の産物を調査した。その結果、琉球国内には名馬が多いことを知って帰国後、太祖に上申したのでその後の琉球からの入貢はかならず馬と硫黄にするよう決定された〉（『琉球動物史』）という。

『球陽』（第一巻）には、〈（察度）三十七年（一三八五年）に、馬一二〇頭、硫黄一万二〇〇〇斤を明国に貢いだ〉と記録されている。宮古馬など琉球産馬は小柄でも頑丈で従順。琉球石灰岩の土壌で代を重ねるうちに蹄が大理石のように強固になり、険阻な道でも蹄が傷むことはない。明は当初、南京に帝都を構え、馬産に適していない揚子江沿岸一帯（中国中部）を本拠地としていた。そのため、馬が質量とも不足し、琉球産馬の需要が高まる。特に軍馬の確保は急務とされた。北方に逃れたとはいえ、元の脅威は消えておらず、北の備えに琉球馬が求められていた。

一六八三年の冊封使（中国が琉球国王を任命するため派遣した使者）の汪楫は〈（琉球の）馬は川馬（四川省の馬）と比べると、やや大きい。だが、辺馬（北方の大型馬）には遠く及ばない。

洪武・永楽年間、例（恒例）として琉球は馬を明に朝貢していた。そして、明は常に人を琉球へ渡海させて、馬を買い付けさせた〉（『琉球使録』原田禹雄訳）と述べている。明の内官・梁珉が大船団を繰り出して琉球馬を買い付けにやってきたのは一三八三年。『明実録』（太祖実録）には〈内官・梁珉が貨幣をもって琉球に行き、馬と取り替えて帰る。馬九百八十三匹を得る〉とある（『明実録の琉球史料』（一））。一度に九八三頭もの大量購入。琉球からの進貢にも拍車がかかり、中山王は一三八六年に一二四頭、八七年三七頭、九四年九〇頭。中山と競うように南山王は、九六年に五二頭、北山王も同年に三七頭を、いずれも那覇港経由で明へ送った。

察度路線を継承したのは三山を統一した尚巴志《しょうはし》（一三七二―一四三九年）。一四〇六年に中山・察度王朝を滅ぼし父・思紹を中山王に即位させると、その四年後には一一〇頭を進貢している。一四一六年に北山を、一四二九年には南山を討伐し琉球王朝（第一尚氏王朝）を確立したが、その間も琉球馬と硫黄の進貢を欠かすことはなかった。進貢に向けて優良馬の増産を図るため各地に馬場を設け、馬の調練を奨励したともいわれる。

馬の進貢に大きな変化が起こったのは明朝の第三代皇帝・永楽帝が南京から北京に遷都した一四二一年。馬産不毛の地とされる中国中部から馬づくりに適した中国東北部に本拠地を構えたことで、この地に広く分布する蒙古馬など北方系の大型馬を確保できるようになる。琉球馬の軍馬としての需要は減少。強固な蹄がなければ務まらない山岳地に用途が限られ、進貢は先細りしていく。長濱幸男氏（宮古島市史編さん委員）が試算した進貢頭数表（論文「宮古馬のルーツを探る」宮古島市総合博物館紀要16号掲載）によると、一四二五年まで一回当たり平均三八頭を進貢していたが、一四二六〜一四八七年には二四〜三三頭に減り、その後いったん三五頭と増えた後、一五〇六〜一五六六年には一〇〜一七頭、一五六七年以降はわずか五頭。明から清へ王朝が替わった一六八〇年にはついに進貢品から外された。中国への輸出ラッシュに沸いたのは察度から尚巴志までの五〇年余に過ぎなかったが、その間に琉球馬の生産、育成の土台が作り上げられたのだった。

琉球競馬の記録

現存する文献の中で、沖縄の競馬についての最も古い記録は、英国人ウイリアム・アダムズ（和名・三浦按針）の『琉球諸島航海日誌』とみられる。按針が長崎・平戸港からシャムへ向かう途中、暴風雨に遭い、船を修理するため那覇に一六一四年一一月から一六一五年六月まで逗留した。その八カ月弱の日誌の中に「競馬」が一行だけ記載されている。

〈一六一五年　陰暦（旧暦）三月三日、ユリウス暦（旧太陽暦）三月二一日、火曜日　首里は祭日で闘鶏と競馬が催される〉（「南島史学」九号、比嘉洋子訳）。

旧暦三月三日「浜下り」の競馬を伝えるこの日誌は、薩摩の琉球侵攻から六年後に著されたものだ。

清国（中国）から来琉した冊封使の日記（琉球滞在レポート）の中に競馬が登場するようになるのも、薩摩侵攻後の近世王朝期である。一六六二年の冊封使、張学礼は『中山紀略』に〈八月中秋節王設宴（中略）鼓樂有走馬……（八月の中秋の節に琉球王は宴を設け（中略）音楽とともに走馬（競馬）〉と記した。平良真地開設から三二年前の記述である。

第四章の那覇、首里編で詳述するが、王朝末期になると正史『球陽』に那覇潟原《カタバル》の競馬が登場する。また、琉球王府の絵師・泉川寛英（唐名・慎思九、一七六七～一八四四）の屏風絵にも那覇の競馬が描かれていた。

時代をさかのぼって、薩摩侵攻前の古琉球時代（一六世紀以前）に残された競馬の記録はないだろうか。沖縄最古の歌謡集『おもろさうし』（一六二三年完成、全二二巻）には一二世紀から一七世紀初頭にかけて沖縄本島、周辺離島で歌われた叙事的古謡「おもろ」が収録されている。競馬に触れた歌詞はないか、おもろさうし研究の第一人者として知られる波照間永吉氏（沖縄県立芸術大学教授）に尋ねてみたところ、「馬が走っている様子を歌ったおもろなら、おもろさうし第九巻にあります」と言う。

差笠《さすかさ》が国守りぎや／げらへ屏風　鳴響《とよ》めば　見物《みもん》／又　大里の鳴響《とよ》み杜／又　三郎子《さぶろく》が　真ころ子が／又　馬の形　走り合う様に／又　牛の形　突き合う様に（後略）

（差笠、国守り神女が、お祈りをします。大里の鳴響《とよ》み杜にある屏風の絵は、三郎子様、真ころ子様が描いたものだ。馬の絵は疾《はや》く走り合うようである。牛の絵は鋭い角で突き合っているようである）（外間守善校注『おもろさうし』）

波照間氏によると、馬の走りを歌ったおもろはこの一首だけで、競馬については皆無だという。一六世紀以前の冊封使の記録にも「走馬」、「競馬」の文字は見当たらない。

一方、ヤマト（本土）の競馬が文献に登場するのは奈良時代である。『続日本紀』（七二七年）

賀茂競馬図屏風（馬の博物館提供）

には、大宝律令の完成した七〇一年に「走馬」が宮中の端午の節会行事として行われたと記載されている。この宮中の走馬が平安時代に入ると、藤原家など貴族（公家）の私邸で開かれた娯楽、勝負事としての競馬と、京都・上賀茂（賀茂別雷）などの神社で行われた五穀豊穣を占う神事としての競馬に発展していく。貴族の競馬は鎌倉期以降、武士に引き継がれていった。貴族、武士の競馬も神事競馬も、沖縄同様、直線走路を舞台にした二頭による一騎打ちの競走である。ただし、競ったのは美しさではなく、速さだった。ゆったり細やかに走る琉球競馬とは対照的な全力疾走による勝負とあって直線距離はおよそ二四〇間（約四三六メートル）と沖縄の二倍程度。競走中に馬上で相手の騎手と取っ組み合いをしても反則にはならない。むしろ胆力を示す行為として称賛されたという。そんな格闘技のような馬勝負も鎌倉中期以後は減り、騎射、流鏑馬《やぶさめ》、笠懸、犬追物など馬上から弓を射る武技が主流となっていく。

織田信長の京都御馬揃え（一五八一年）や徳川家光の江戸郊外・品川宿馬揃え（一六三三年）で知られる「馬揃え」（軍馬の閲兵式）の折には、軍馬の品評、検分や馬術が披露されたが、競馬が行われた形跡はない。馬事文化に詳しい長塚孝氏の著書「日本の古式競馬」によると、江戸では一七二八年に本郷の馬場で競馬五番（五組の勝負）、愛宕下馬場で競馬七番（七組の勝負）

が開催されたが、その後の記録はないようだ。古式競馬はすたれ、上賀茂神社などごく一部で神事として受け継がれただけだった。競馬がヤマトで隆盛を取り戻すのは、居留外国人が横浜に西洋式競馬（今日の原型となる近代競馬）をもたらす江戸末期まで待たなければならなかった。

沖縄では平安時代の貴族競馬から遅れること七世紀余、近世琉球王朝期に士族を中心とした競馬が登場し、農民に広がる。その盛況ぶりを示すように王朝期後半から明治時代にかけて競馬の舞台は飛躍的に増えていった。

琉球競馬の背景

沖縄ではなぜ全力疾走で競走しなかったのだろうか。琉球競馬の成り立ちを探るうえで興味深い一文が、近世王朝期の一六八三年、冊封使として清国から来琉した汪楫の著作『使琉球雑録』の中にあった。

〈琉球国中に馬は多いが、走りにくい石畳の坂道ばかりなので馬を宙に飛ばし砂煙を上げて走らせるようなことはしない〉（『琉球使録』原田禹雄訳）。

この一文を歴史家の新屋敷幸繁は、次のように解説している。

〈琉球の競馬が鞍を飾って、その走法も四肢を交互にこまかくふんでかけさせる〝カケバイ（カキバイ）・ジュンバイ〟であることは、世界中どこにも無いと思われ、私は、それを琉球文化全体に一貫するものとして理解しているが、それについて汪楫も気がつき、その馬の走法の理由を石道に原因づけていることには、少なからず興味を覚えた。前脚をならべて前に突き出し、後脚をうしろに蹴って伸ばし、宙を飛ぶが如く、塵埃の上に超然たる、中国の大陸的走法に対して、琉球の、こまやかな中山的な精神に、さすがの汪楫も微笑を禁じ得なかったのであろう〉（『新講沖縄一千年史』）。

汪楫が滞在した那覇から首里にかけては平坦地が少なく、石畳が敷き詰められた坂道ばかりだった。そんな地形が中間速で、速さを追求する代わりに美を凝らす競馬を生み出す一因になったと考えられているのだ。汪楫から三六年後の一七一九年に来琉した冊封使の徐葆光は『中山傳信録』で〈琉球の鞍は黒塗りや赤塗りといろいろあり、鞍の前後に紅帕（赤い鉢巻き）を四本垂らして飾りにしている。鐙は木製で朱や黒の漆塗り〉と、馬に華美な装飾を施す習慣に言及したうえで、こう記している。

〈手綱……貴族の多くは五色縞の芭蕉布の全幅を用いる。両手にまいて垂らしても、まだ馬の脇に届くほどである〉（『中山傳信録』原田禹雄訳）。馬の脇に届くほどの長手綱を用いるのはゆったりと走らせる時に限られる。全力疾走させる時は手綱を短く握らなければ操作できないからだ。馬を全力で走らせる清国（中国）の徐葆光には琉球の長手綱が不思議に映ったことだろう。また、同書で〈この国の人は馬に乗るときは誰も鞭《むち》は使わない。馬の達者な人は手綱なしで走らせる。そうでない人は枝を折って鞭（の代わり）にし、馬から下りると捨てる〉とも述べている。これも革など強固な鞭で馬を叩いて全力疾走させる習慣がなかったからだろう。沖縄では鞭が昭和の時代になっても改良されず、竹の地下茎を用いていた。ゆっくりと走る琉球競馬ならではの鞭である。

農民の競馬

琉球王朝時代には農民（平民）に禁じ、士族だけに許していたものが無数にあった。土地所有や転居、姓、家譜、学問、唄三線から、瓦屋根、樫木（チャーギ）作りの家屋、亀甲墓、金・銀・銅のジーファー（かんざし）、絹の着衣、履き物、傘に至るまで……。一七世紀後半、琉球王府が打ち出した士農分離政策の影響である。乗馬や競馬も士族の特権だったのだろうか。

ヤマト（本土）では江戸時代初期から明治三年まで農民の乗馬を禁じていたことが『徳川実紀』、『聚法規』などの史料で明らかになっている。ところが、沖縄では王朝時代にも農民（平民）に乗馬を認めていたふしがある。近世琉球の研究で知られる真栄平房昭氏（神戸女学院大学教授）は「近世の競馬についての史料は極めて乏しく、本土諸藩のように琉球の農民が乗馬を禁止されていたかどうかは、はっきりしていません」と前置きしたうえで、ヒントになる材料を示してくれた。琉球王府の法令集『琉球科律』に、「乗馬中の人身事故」について具体的な罪科が規定されているという。『琉球科律』とは一七八六年に成立した琉球王国の刑法典である。琉球の法律書は一六七九年に「法式」、一七三五年に「間切公事帳」、一七六八年には宮古、八重山を対象にした「規模帳」が作られたが、体系的な刑法典は琉球科律が初めてだった。その「巻之十、人命」には次のように書かれている。

〈馬を馳人を殺傷　通路其外多人数群衆之所より牛馬差通候節ハ尤可慎儀ニ候、然処何卒之故もなく馳通し……失明させせ候ハ、流十年申付候……〉（『琉球科律』宮城栄昌編）

「意訳すると、人々が群衆する往来において理由もなく馬を馳せることは、慎むべきである、もし人を〝失命〟させた場合、一〇年間の流罪に処する、という意味です。今風のイメージでこれを読めば、道路を疾駆する馬ならぬ自動車が人をはね飛ばすような交通死亡事故ですね」と真栄平教授は解説する。一〇年間の流罪。米軍属が酒気帯び運転で交通死亡事故を引き起こしても、免停五年の軽罰で済ませようとする今日の日米地位協定よりもよほどまともな条文である。「この刑法典が士族、農民を問わず一般の人民すべてを対象にしていることからみて、乗馬の風習が農民にもあった可能性が考えられます」（真栄平教授）。

琉球王国が日本に統合される二年前の一八七七年、明治政府の琉球在番・伊地知貞馨（旧薩摩藩士）が著した『沖縄志』にはこんな記述がある。

〈乗馬ヲ好ミ農人モ善ク馬ヲ馳ス各間切ニ馬埒アリテ二三月間ニハ群馬ヲ會集シ之ヲ駆馳シテ娯樂ス是ヲ馬寄ト称ス〉（沖縄では乗馬が好まれ、農民も盛んに馬を走らせている。各地に馬場があって二、三カ月ごとにたくさんの馬を集め、娯楽として競走を行っている。これを馬寄＝競馬＝と称している）。

江戸時代、農民に乗馬を禁じたヤマトと異なり、沖縄では王朝時代から農民にも乗馬が認められていたようである。第五章で詳述するが、本島南部の具志頭村（現八重瀬町）では首里、那覇の士族競馬とはひと味違う農民競馬が王朝時代から続いていたという。

馬の事件

馬は断じて処分してはならない。食用にするなど、もってのほか。たとえ、馬が老衰しようとも、重病に罹ろうとも殺すことを禁じる。

琉球王府が「那覇横目條目」（条文）で馬の殺処分を厳禁したのは一七三二年だった。〈牛は年老いて使役に堪えられなくなったもの、もしくは七十歳以上の老衰の人や病人の滋養食料として必要な場合、届け出れば処分してもよい。馬は絶対に処分してはならない〉（意訳）。牛には条件付きで処分を許可したが、馬には例外を認めなかった。さらに、馬が自然死した場合、捌庫理（間切役人）、掟（村役人）立ち合いの元で埋葬することまで義務づけている。当時、琉球産馬はすでに中国への進貢品ではなくなっていたが、馬の需要は増すばかりだった。

畑地には馬耕、水田には牛耕が適しているとされるが、保水力に乏しい琉球石灰岩土壌では畑作が主流。とくに沖縄本島中南部、宮古島、伊江島には畑地が多く馬耕が盛んだった（水田の多い本島北部と八重山は牛耕中心）。一六八三年の冊封使・汪楫は〈中山（琉球王国）には馬が大いに繁殖している。それゆえ、耕作にはすべて馬を用いる〉（『使琉球雑録』）と記している。しかも、唯一の輸送手段である。役畜としての価値が牛以上に高かったため、琉球王府は馬の処分に監視の目を光らせたのだった。

殺生禁断の仏教から肉食が忌避され、馬肉を「桜」と隠語で呼んだ本土と異なり、沖縄にはもともと肉食に制約がなかった。〈桜肉（馬肉）は察度王代（一三四九～一三九五年在位）より牛肉と共に住民の栄養源として愛好され、尚真王代（一四七七〜一五二六年在位）には食肉市場開設と共に牛肉、馬肉、猪肉等が販売されていた。（中略）ところが、尚穆王代（一七五二〜一七九四年在位、厳密には尚敬王代の一七三三年＝著者注）から牛馬の屠殺が禁止（牛は原則禁止、馬は例外なく禁止＝著者注）されたので、それより以降、琉球住民は、馬は家族の一員として愛情を持って接し、例え骨折等で倒れても懇に介抱して、それが死ぬと丁重に葬ってやり、決して馬肉は食用に供しなかったという。この風習が戦前までつづき現在でも馬肉を食した人は他県に比し少ないと思われる〉（『琉球動物史』）。馬の殺処分禁止令はウチナーンチュの食習慣まで変えてしまったようだ。

ただし、時には馬を食用に処分しようとする者、食用にするため他人の厩《うまや》からこっそり盗み出す輩も現れる。琉球王府は「牛馬畜類盗律」という法令で馬泥棒を厳しく裁いた。

一八七一年には平等所（琉球王府の司法機関）が馬泥棒に流罪判決を言い渡している。『沖縄の犯科帳』（比嘉春潮・崎浜秀明編訳）によると、帰農士族（俸給がないため都を下り地方農民に転じた士族）の放蕩息子、大城子が具志川・上江洲に住む帰農士族の民家二軒から馬を一頭ずつ盗み出した。一頭は東風平・当銘に連れ去った後、「蹄が弱っていて役に立たないから」と殺処分して、馬肉を売りさばいた。もう一頭は大里・目取真に隠しておいた。後日、被害に遭った両家の主が馬泥棒の大城子を捕らえて、目取真にいた馬を奪還。当銘で処分された馬については大城子の兄が飼育していた馬で弁償させた。被害者側は〝示談〟が成立したため平等所に訴えなかったが、目撃者の通報により御用となったのである。

大城子に対する判決は、宮古島へ流刑二年。

判決理由……二頭合わせて銅銭一四〇〇貫文に相当する馬を盗んだため本来、流刑四年のところだが、持ち主に弁償しているので罪二等を減じて慶良間諸島へ二年の流刑が相当である。ただし、大城子の父親が放蕩息子を懲らしめるため宮古島へ流刑にしてほしいと願い出ており、流刑地を慶良間諸島から宮古島に替える。

処罰を受けたのは馬泥棒当人にとどまらなかった。監督不行届として父親は寺入り一〇日（罰金一〇貫文）。さらに泥棒の被害に遭った二人も平等所に訴え出なかったのは不届きであるとして寺入り一〇日（罰金一〇貫文）が言い渡された。

馬泥棒に重罪が下されたのも馬の価値がそれだけ高かったからである。

平等所の判決から二七年後、廃藩置県を経た明治三一年六月の『琉球新報』には馬泥棒に関するこんな広告が掲載された。

「牡馬一頭、宮古島産、三歳の大型、毛色は真鹿毛、身体合格、代金七〇円ぐらい……。右に記した馬、旧暦五月三日夜、那覇区字西前の毛より盗み取られました。お心当たりのある方は警察分署や駐在所などご都合のいい所へ、何とぞご通知ください。そのための旅費や日当については、なにぶんにも当方が申し受けますので、よろしくお願い申し上げます」（意訳）。

明治三〇年の教員初任給が八円（現在約二四万円）だから、七〇円といえば今日の二一〇万円に相当する。沖縄在来馬の中でも値の張った乗馬用（競走用）の宮古馬だろう。広告主は那覇区字西二一〇番地（現在の那覇市西）在住の士族。盗難に遭った二日後の旧暦五月五日「グングヮチ・グニチ」（男子の節句）には、北中城村の瑞慶覧《ずけらん》馬場や八重瀬町の東風平《こちんだ》馬場などで競馬が開かれており、直前練習の帰りに自慢の愛馬が盗まれてこんな広告を掲載したのかもしれない。

　馬をめぐる感情のもつれを〝ンマイクン〟（馬遺恨）という。王朝時代には乗馬熱が高じて名馬を巡るンマイクンが、盗難よりはるかに物騒な強奪事件に発展した。

　田里朝直の作品で知られる組踊「万歳敵討」。義臣物語、大城崩と合わせて田里の仇討物三番と言われるこの作品は名馬を巡る刃傷から物語が始まる。士族の高平良御鎖は同輩の大謝名之比屋が所有している駿馬の誉れ高い乗用馬を譲ってくれと頼み込むが、断られる。ンマイクンを募らせた高平良御鎖は名馬を手に入れるため大謝名之比屋を闇討ちにする。殺された大謝名の遺児と弟は、敵討ちのため道化師の万歳（京太郎《チョンダラー》）に扮装し、浜下りの宴を催す高平良に近づいて本懐を……という筋立てである。馬をこっそり盗み取るどころか、刀にかけて奪い取った事件。敵役の高平良御鎖は実在の人物だったようである。

　昭和初期の名馬「ヒコーキ」が沖縄神社祭の競馬を制した舞台、平良真地周辺を巡っているうちに、当地のおでんの老舗「信濃路」の比嘉清さんからこんな話を聞いた。「この平良の地では万歳敵討を一切演じません。仇討ちされた高平良御鎖の墓があるからです」。王朝時代の名馬にまつわる士族の眠る地に昭和の名馬が鮮やかに舞う。不思議な因縁である。

　「万歳敵討」の作者・田里朝直は糸満・真壁を舞台にした組踊「月の豊多」も残したことから、田里の生誕三百年記念顕彰碑が平成一五年、真壁グスク跡（現・真壁公園）に建てられた。この真壁グスクにも、ンマイクンの伝承が残されている。

琉球王朝が統一される以前の按司時代（一三～一四世紀）。城の主・真壁按司《あじ》（豪族）が名馬の誉れ高い白馬を持っていた。近隣を支配する国頭按司が譲り受けたいと申し入れるが、断られたため戦となり、ついに真壁按司は殺されてしまう。国頭按司の手に渡った白馬は何も口にしなくなり、元主人の後を追うように衰弱して死んだ。真壁では後世、白馬を飼うことがタブーになったという。歴史文書に記録されていない、本島南部の口頭伝承である。

馬の商売

サラブレッドは庶民にはとても手が届かないほど高額だが、沖縄の競走馬も高嶺の花だった。〈ヌイ馬（競走馬）はその馬の走力にもよるが、普通の農耕馬の一〇倍内外の値段〉（『嘉手納町水釜史』）という。『浦添市史』に掲載された戦前の回顧録には〈(馬車で塩、石炭を運搬する仕事の)一日の収入は四円、馬（荷役用）の値段は最高で三〇〇円位。競馬用の名馬になると二六〇〇円もした。三〇坪の瓦葺住宅がその位で建てられた時代だから大変な値段だった〉と記されている。

〝馬と三線や相場ねーらん〟（馬と三線の値段には相場がないものだ）。これは沖縄の有名な格言である。数十万円もする八重山黒檀（黒木《クルチ》）から数万円の花梨《カリン》まで竿の材質によって値段が全く異なる三線と同じように、競走馬の値段も品種、産地、体形、気性、健康状態によって〝ピンキリ〟だった。しかも、血統証明書がない時代である。馬の適正価格など三線同様、素人目にはとても判断できない。そのため、信頼できるバクヨー（馬の仲買人）から購入するケースが多かった。〈馬や牛の売買が成立すると、買い手と売り手の双方で費用を折半し、ソーミンイリチャー（素麺炒め）或いはジューシーメー（雑炊）等のご馳走が出された。このことをムイスーまたはムスビーと称していた。ムイスーでソーメンを使うのは、白い糸のように、みんなが見ているところで契約を結ぶという意味であった〉（『沖縄の豚と山羊』島袋正敏）という。

それにしても、一頭の競走馬が三〇坪の瓦葺住宅に相当する値段だったとは……。当時の二六〇〇円を今日の価格に換算すれば、一〇〇〇万円超になる。

歴史家の真境名安興は〈競走馬価格は百円ないし二百五十円ぐらいで売買せられてあるも、往年好景気時代には、県内で優勝馬として有名なりしヒコーキ号、ジドウシャ号の如きは千金以上も唱へられたる由である〉（『真境名安興全集』三巻）と述べている。また、『琉球動物史』にも〈立派な家屋一棟を買えるような高値の飛行機小〉と記されており、二六〇〇円の高値を呼んだのは、「ヒコーキ」のような競馬史に名を残す駿馬に限られていたのだろう。

八重山黒檀作りの三線にも匹敵する馬の最高ブランドは県内屈指の馬産地で知られる宮古島産の宮古馬。王朝時代には首里の琉球王府、薩摩藩、さらには徳川将軍家への献上品だった。廃藩置県後も移出が続き、大正時代には宮古島の年間生産頭数（五〇〇〜七〇〇頭）に近い大量の宮古産馬が沖縄本島に渡っている。〈年間四〇〇〜五〇〇頭に及ぶ宮古馬の移出は島内五九名の家畜商によって行われ、平良村（現・宮古島市平良）に常設された家畜市場で主に取引されている。平良家畜市場における大正九年の馬の取引き状況は、入場頭数四六〇頭、売買成立頭数四〇八頭、馬（農耕用、雑種含む）一頭当たりの価格は七五円となっている。翌一〇年の成績は、入場頭数四四四頭、売買成立三九九頭、一頭価格五二円である。こうして移出された宮古馬は、島尻郡の佐敷村、具志頭村、中頭郡の宜野湾、浦添、中城、北谷、具志川村で育成された後、農用、または乗用として本島各地、離島まで売却された〉（「宮古の在来馬」宮古研究第四号）という。

大正九年には平良家畜市場で四〇八頭の売買が成立し、四七五頭が移出。大正一〇年は売買成立三九九頭に対して移出五〇九頭。市場取引頭数よりも移出頭数の方が多いのは、家畜商が市場を介さず生産者から直接購入（庭先取引）した馬も移出されていたからだ。

「私の曽祖父も生前、宮古島で育てた在来馬を三〇頭ぐらい船に積み込み、沖縄本島に売りに行っていたそうです。父から聞いた話ですが、本島に運んでから、馬を売り込むために馬術を披露してみせたといいます」と語るのが、那覇の出版社・ボーダーインク社で営業を担当する宮古島出身の金城貴子さん。家畜商だった曽祖父は宮古馬を育てながら、宮古島競馬の騎手もしていたという。馬を売り込むために披露した馬術とは、宮古馬を華麗に走らせた競馬の技だったのだろう。

宮古島から沖縄本島への馬の移出は当時の地元紙からもうかがえる。

〈過日、宮古島へ向け出帆したる山原船のうち六艘は牛馬を搭載して一昨日、入港せしが、例年の通り通堂の埋地にて販売し居れり〉（『琉球新報』明治三二年六月一五日）。同年七月の同紙には牛馬を積んだ馬艦船《マーラン》が宮古島から那覇港に到着したとも報じている。

埋め立て地である通堂《とんどう》は那覇の玄関口で、現在の那覇港フェリーターミナル周辺。宮古島から船で運ばれた馬は他の貨物とともに通堂周辺の市場で取引された。

「私の曽祖父は那覇ではなくて、久志（現名護市）あたりに売りに行ったそうです。でも、馬の移出を続けているうちに、台風で船が遭難してしまって……。馬はもちろん、曽祖父の弟まで亡くしてしまったのです。曽祖父は遭難事故をきっかけに馬の売買から手を引いたそうです」と金城貴子さん。あまりにも痛ましい結末だが、家畜商の生活ぶりなど詳細は分からないという。

そこで、父親が浦添で家畜商をしていたという善平朝俊さん（浦添・伊祖）の回顧談を『浦添市史』から、一部抜粋し引用してみたい。

〈父は去る大戦で死亡しましたが、明治九年生まれで、十二歳頃から馬を飼育し、馬とともに生きぬいた人でした。『善平の馬好きタンメー』と言われていました。私が都合で中学を中退すると、すぐに家庭の家畜係を言い付けられました。馬は本土では口輪をはめて扱われましたが、沖縄では『ンムグェー』（木製のくつわ）を顔にはめて飼育されました。当時の馬の種類はヂジャ馬（土地の馬）と呼ばれ、その中にイヒヤ馬（伊平屋島産馬）、イラブ（伊良部島産馬）、ナークー（宮古馬）等があり、特に宮古馬はおとなしくて力持ちで、値段も高く売買されておりました。父は昭和一〇年頃まで、伊江島から馬を買ってきて、本島内で商売する『馬バクヨー』をしていました。大正の初期、伊江島から渡久地（本島北部の本部町）までは、人は刳《く》り舟で渡り、馬は泳がせて上陸させ、そこから引っ張って歩かせ浦添まで来ました。後に発動機が運航するようになり、那覇の渡地まで五時間ぐらいかかりました。私は父が買ってきた馬を毎日のように近くの立津井《タチチガー》につれて行き、水浴びをさせ足の爪を手入れし、おいしい飼い葉を腹一杯に食わせ、二週間ぐらいたつと、噛みついたり後ろ足で蹴飛ばしたりする荒馬の悪癖もなおり、見違えるほど良馬に変わり、良い値で売れました。馬も人間と同じで腹一杯の食物を与え、可愛がれば、どんな悪癖も

なおり、人の言うことをよく聞いてくれます。やはり馬好きは馬もよく知ってくれます〉
　馬は人間の愛情を裏切らない。善平朝俊さんの最後の一言は、馬と触れ合う機会がほとんど失われてしまった今日まで生き続けている黄金言葉《くがにことば》である。

伝説の名馬　野国青毛と仲田青毛

　琉球王朝時代、中国から沖縄へ甘藷《いも》を持ち帰った野国總管の故郷で知られる北谷村（現嘉手納町）野国。この地は広大な琉球王府の直轄牧場を構えた読谷村牧原とともに本島の　大馬産地だった。昭和七年発行の美術誌「国華」（第四九五号）は野国について「昔から名馬の産地で有名で、日本や明に馬を献上してゐる」と記しており、比謝川を挟んで北に牧原、南に野国の牧場が広がっていたという。

　琉球王朝時代の本島を代表する名馬「野国青毛」、「仲田青毛」もこの地で産声を上げた。近世以前のヤマトの名馬といえば、宇治川の合戦（一一八四年）で木曽義仲追討軍の先陣争いを制した「池月」や、川中島の合戦（一五六一年）で上杉謙信が武田信玄と一騎打ちをした際に騎乗した「放生月毛」など、戦功を立てた軍馬が多い。琉球の「野国青毛」と「仲田青毛」は、支配者・薩摩の罠を突破した英雄として伝承されてきた。

　昔、野国の牧場に火災が起こった。ほとんどの牛馬が焼け死んだが、生まれたばかりの青毛馬が牧草をはむ厩《うまや》にだけは火が回らず、奇跡的に生き残った。その青毛馬は近くの農家に引き取られ、荷役馬として育てられる。真喜屋《マージャ》という当代随一の馬術家と出合ったのは、市場に出荷する野菜を積んで野国から首里平良町へ出向いたときだった。平良の市場につながれていた青毛馬の姿に名馬の相を見いだした真喜屋は農家から譲り受け、乗馬として鍛え上げる。やがて希代の優駿として名声をとどろかせ、薩摩藩に召し抱えられた。だが、この「野国青毛」は名うての悍馬(気性の強い馬)でもあった。薩摩の馬役人がなだめても暴れるだけで、その背にまたがることすら出来ない。そこで真喜屋を呼び寄せたところ、喜び勇んで四肢を弾ませたという。琉球に馬乗りの名手あり。真喜屋の評判はたちまち薩摩に知れ渡ったが、面目をつぶされた馬役人は腹の虫が収まらない。人知れず馬場に深い落とし穴を掘り、真喜屋に青毛馬を走らせるよう命じる。だが、そんな策謀を事前に察知した真喜屋は落とし穴にさしかかる直前でムチを入れ、掛け声とともに手綱を絞った。その途端、青毛馬は鳥のように跳躍し、死の罠を飛び越えたという。

この野国青毛の逸話を掲載した『北谷村誌』に具体的な年代は記されていないが、薩摩の献上馬となったエピソードから一六〇九年の薩摩侵攻後、つまり近世王朝時代だったのは間違いない。真喜屋とは、石垣の上に登った馬を後ろ脚だけで歩かせた逸話を持つ馬術の家元・馬乗真喜屋である。

琉球王朝時代を代表するもう一頭の名馬が「仲田青毛」。少し長いが『那覇市史』から引用してみる。

〈寛永年間(一六二四〜一六四五年)に出た仲田青毛は有名である。この馬は北谷牧場から出た馬で、かん(悍)は強かったが、首里城の石垣を飛び越えたり、石垣の上を歩いた良馬で名高く、鹿児島の島津公に献上された。だが、乗りこなせる者がなく、沖縄から調馬(調教)のできる人の招来があって、旧主である仲田殿内の二男仲田親雲上が上鹿して見事に乗りこなし面目をほどこした。そのため薩摩の馬術指南役の反感を買い、底にやりぶすまをほどこした落し穴のある馬場で調馬させられたが、馬のひづめの音で落し穴を知り、良馬の跳躍のおかげで難をまぬがれ、馬をつれて無事沖縄に帰国できた。この馬は主人の指示に良く従い、死ぬまで走り続けて倒れた。そこで主家の墓地の側にほおむったが、どんなあばれ馬でも末吉町にあるこの馬の墓まで来ると静まると言い伝えられている、今次大戦の直前に旧屋敷跡に幽霊となって出るといううわさが出た。調べたら、びろう（クバの木）の影であった〉

野国にちなんで名付けられた「野国青毛」と、旧主である仲田殿内（首里）から命名された「仲田青毛」。両馬の伝承を読み比べた読者はすでにお気づきだろう。物語の骨子がほぼ同一である。沖縄で名馬の評判が立つ↓薩摩へ献上↓暴れて薩摩の馬役人には乗りこなせない↓沖縄から元飼い主の名騎手が呼ばれて鮮やかに乗りこなす↓薩摩の馬役人が逆恨みして落とし穴を掘る↓名騎手の手綱に応えて死線を乗り越える……という筋書きだ。

民俗学者の福田晃氏が論文「沖縄の『馬の家』英雄譚」（『伝承文学研究』第五七号）で指摘しているが、実は、これと同じ筋書きの伝承が騎手や馬の名を変えて本島各地の地誌に記されていた。『具志川市史』によれば、薩摩藩主・島津光久（一六一六〜一六九五年）から尚賢王（一六二五〜一六四七年）に馬の献上が要請され、薩摩へ送り出された中黒馬《ナカグルー》という名馬が当代随一の馬術家・野国親雲上宗保とともに死の罠を突破したという。『嘉手納町史』は、野国青毛が野国親雲上宗保の手綱で薩摩の罠を脱したと記している。また『屋部の民話』には、仲田青毛と野国里之子という騎手の組み合わせで伝えている。

民間伝承（民話）は世相を表す鏡である。琉球が生んだ名馬を通じて、支配者・薩摩の鼻を明かす。こんな痛快な物語は、薩摩に対する不満や反発に満ちた世相から生まれ、馬や騎手の名を変えながら本島各地に広まったのだろう。名馬は古今東西を問わず、人々の夢や願いが託されたヒーローである。地方から単身、中央へ挑み、エリートホースを破ったハイセイコーやオグリキャップに列島が沸いたように……。野国青毛、仲田青毛にも当時の琉球人の思いが託されていたはずだ。そんな王朝時代を代表する名馬の姿が琉球絵画の巨匠の筆で今日まで残されていた。

二つの馬の絵画の謎

琉球王朝時代に描かれた馬の絵図をみつけたのは、県内外の古書店、図書館巡りをしているときだった。昭和七年発行の美術誌「国華」（第四九五号）に掲載された一枚と、昭和一三年発行の「日本生物地理学会会報」に収められた二枚の絵図。そのうち「国華」のほうは巻物に描写したものだろう。横長の紙の上に二頭の馬が左右に並んで描かれており、それぞれの上部には毛筆で「野国馬」と記されている。（次頁のA図、B図参照）その姿は短躯で胴の詰まった琉球在来馬の体形ではない。どちらもスラリと長い背中と脚。当時の琉球では極めて珍しい西洋馬の姿である。絵の左隅には、「白澤之図」などで知られる琉球王朝最古の宮廷画家「自了」（城間清豊の雅号、一六一四〜一六四四年）の署名と捺印。散文（漢文）も付されており、「野国馬」絵図の由来を次のように説明している。

A図　野国馬（「国華」掲載）

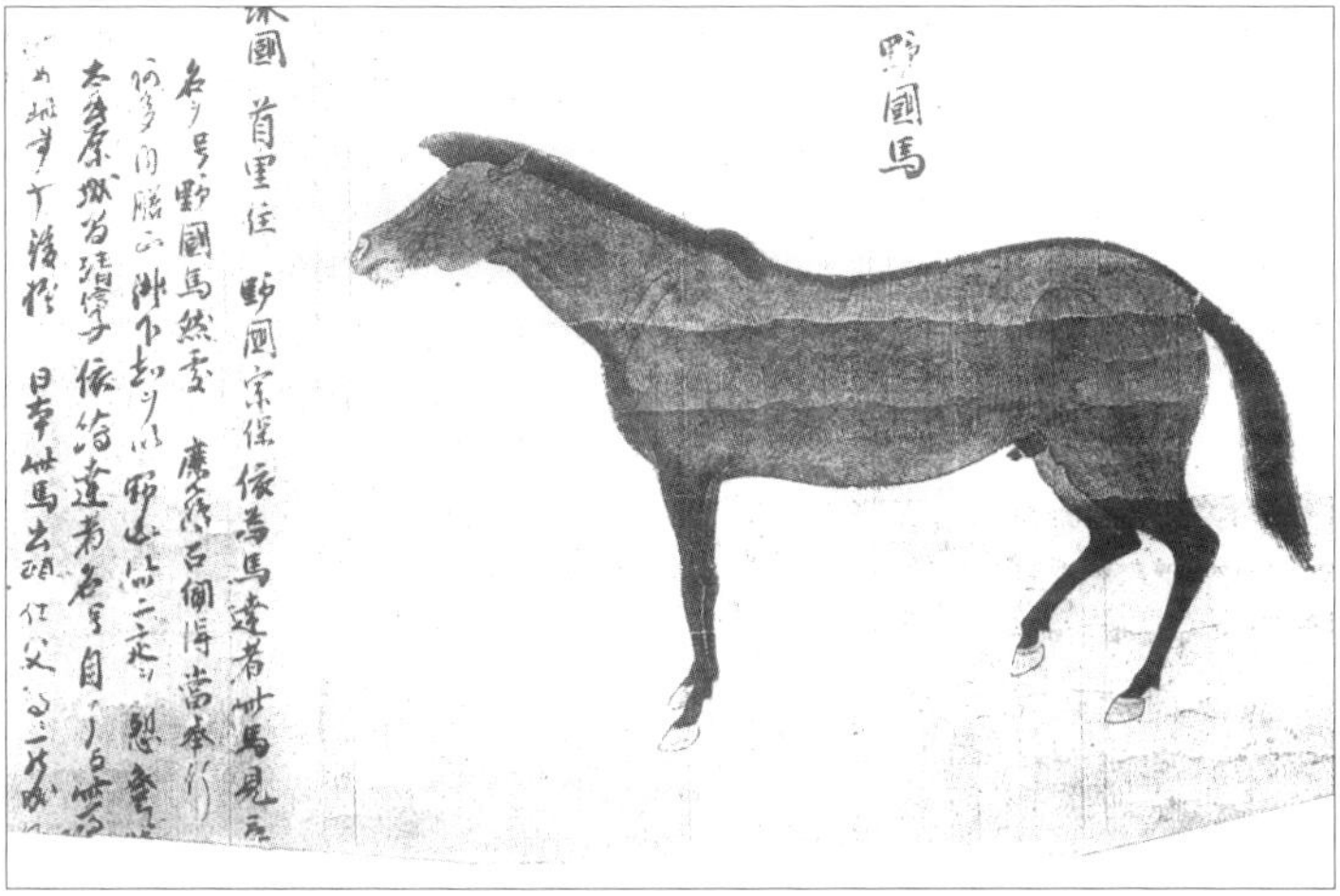

B図　野国馬（「国華」掲載）

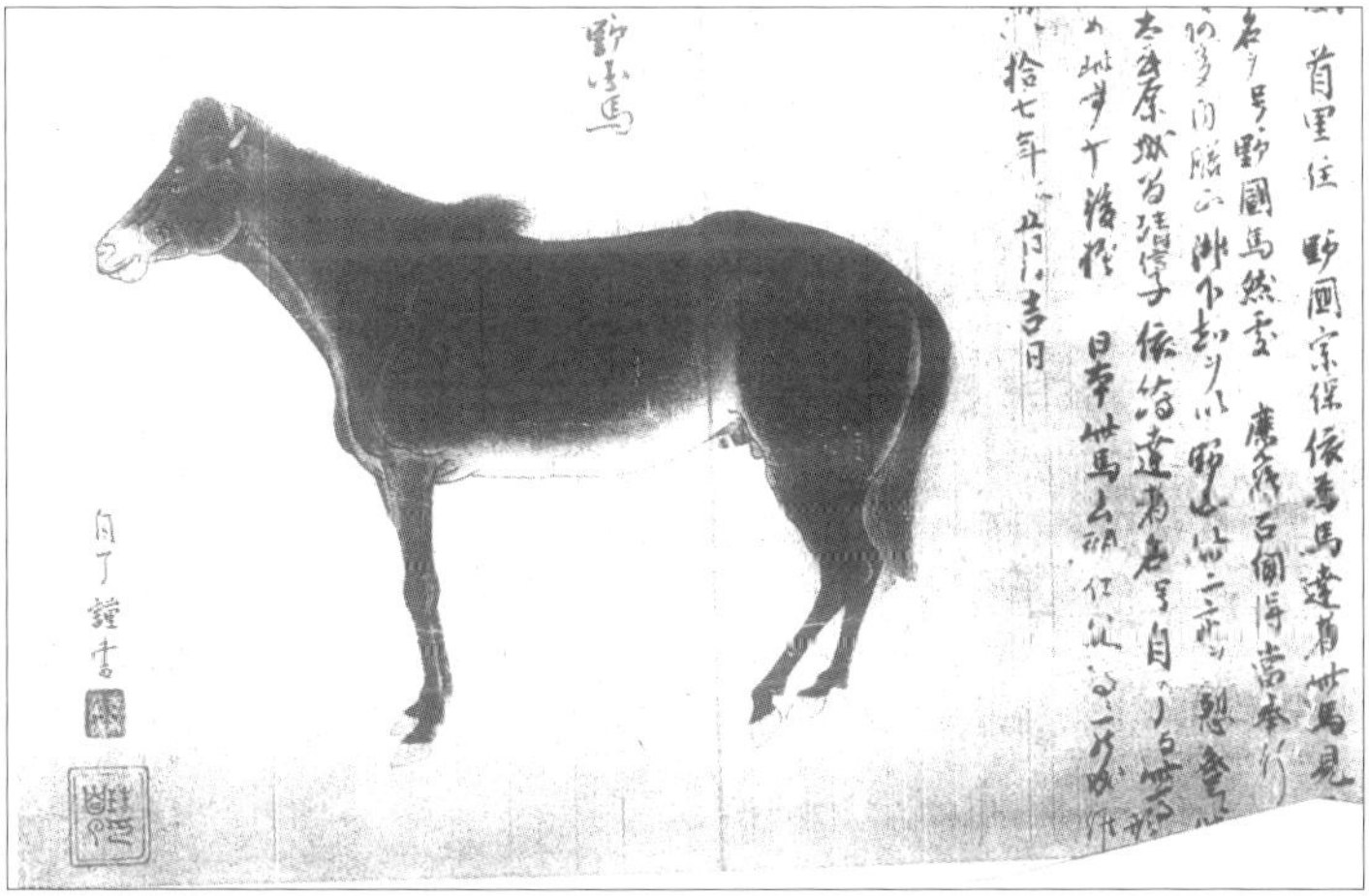

〈野国宗保は馬術の名人である。二頭の名馬を育て、いずれも野国馬と呼ばれていた。二頭の名声が薩摩にも伝わり、薩摩藩の琉球在番奉行・阿多内膳正に薩摩へ召し出させた。その時、自了に描かせたのがこの絵である。野国馬は日本で種牡馬となった。寛永十七年五月吉日〉（意訳）。

野国宗保とは、薩摩の罠を野国青毛とともに突破した……と、『嘉手納町史』に記された野国親雲上宗保（一五九九〜一六七五年）である。宗保の家譜（武姓六世家譜）によると、宗保が鹿児島へ渡り、だれにも乗りこなせなかった薩摩藩献上の名馬を藩主・島津光久（一六一六〜一六九五年）の前で飛ぶように走らせたのは一六四一年。一方、自了は三十年の短い生涯を通じて沖縄を離れた形跡がないので、この絵を描いたのは野国馬が鹿児島へ船出する直前だろう。散文に記された寛永十七年（一六四〇年）と年代も合致する。野国青毛は伝説上の名馬ではなく、琉球画の巨匠が画材にした歴史上の名馬だったのだ。

自了が描いた野国馬二頭のどちらが野国青毛なのか。絵図を見ると、毛色の違いに気がつく。A図は全身がくまなく色づけされているのに対して、B図はアジア大陸の野生種モウコノウマのように鼻口部が白色で、腹の下部も白い。これは斑毛《ぶちげ》と呼ばれる毛色。野国青毛の「青毛」とは、全身が黒一色、季節や健康状態によっては毛の先が褐色にも見える毛色である。この絵図をモノクロで印刷した戦前の美術誌から色合いまでは判別できないが、同誌には「著彩（着色）は左（B図）が墨色、右（A図）は褐色」との解説も付されている。全身がくまなく褐色に塗られたA図が野国青毛であろう。

一方、昭和一三年発行の「日本生物地理学会会報」に収められた二枚の絵図（次頁のC図、D

C図　尚穆王代　仲田青毛（『日本生物地理学会会報』より）

D図　尚穆王代　野国名馬　鹿毛急車（『日本生物地理学会会報』より）

図参照)。

　こちらは絵の上部にそれぞれ「尚穆王代　仲田青毛」、「尚穆王代　野国名馬　鹿毛急車」と記されている。仲田青毛……。野国青毛とともに王朝時代を代表する名馬の絵図である。その姿は自了の描いた北方系の馬体とは明らかに異質だ。太い首、短い脚、胸前と後肢は筋肉でせり上がっている。人間で言えばボクサーのマイク・タイソンを思わせる頑丈そうな体つき。典型的な沖縄在来馬の姿だった。ただし、『那覇市史』によれば、仲田青毛が出現したのは寛永年間（一六二四～一六四五年）なので、絵図に記された尚穆王代（一七五二～一七九四年）とは一〇〇年以上の隔たりがある。作者名も書かれていない。そこで、沖縄県立博物館美術館にこの二枚の絵図「尚穆王代　仲田青毛」＝C図＝、「尚穆王代　野国名馬　鹿毛急車」＝D図＝を見てもらった。対応してくれたのは、琉球絵画の専門家で同館の学芸員を務めた平川信幸さん（現沖縄県教育庁文化財課）。

「仲田青毛の方は、うちの博物館でお預かりしています」

　平川さんから思いがけない答えが返ってきた。「作者は佐渡山安健、唐名で毛長禧といいます」。佐渡山安健（一八〇六～一八六五年）といえば、歴代国王の肖像画（御後絵《うぐい》）を描いたことで知られる琉球王朝末期の絵師である。尚灝王（一八〇四～一八三四年在位）の命を受けて描いた花鳥図も同博物館に所蔵されており、こちらは国宝級。「写実に優れていた佐渡山安健の特徴が仲田青毛にも表れています。王朝時代の画家は線で表現するのがうまかったのですが、安健は線とともに墨の濃淡で表現しました。この馬の絵も尻から尻尾にかけてしっかりグラデーションされています」。同博物館に保管されている現物の画像を見せてもらった。全身が黒　色の馬体。一世紀半に及ぶ歳月を経ても極上の漆塗りのような光沢を放っている。紛れもなく青毛だった。

この絵図が、作者・佐渡山安健が生まれる前の尚穆王代（一七五二～一七九四年）の名馬と記されている理由は不明だという。ともあれ、安健は、仲田青毛が出現した寛永年間（一六二四～一六四五年）から数えて一五〇年以上も後に生まれた画伯。後世になって何かを元に描写したはずだ。

「王朝時代は元の絵を後世になって彩色し直し、もう一度、世に送り出すということが行われていました。価値の高いものを伝えようとしたのでしょう。元の絵とは別に、〝粉本〟と呼ばれた絵の創作過程が分かる下書きを琉球王府が保管しており、宮廷画家たちは元の絵やその粉本を見ながら絵の具で彩色し直して世に伝えたのです。ただ、安健の仲田青毛に関しては、元になった絵もその粉本も残っていません。記録の裏付けがないため、私の立場からは〝元の絵があった可能性も否定できない〟という言い方しかできないのです」

専門家の平川信幸さんは慎重な言い回しでこう語るが、元絵はあったのだろう。そうでなければ、一五〇年以上もの年代差が説明できない。

平川さんによれば、王朝時代の絵画や粉本の大半が行方不明になっているという。多くは一八七九年の琉球処分後、ヤマトの寄留商人が没落した士族から買い上げて県外へ持ち出した。県内に残された絵も沖縄戦で大半が焼失。前出の昭和七年発行の美術誌「国華」に掲載された自了の野国馬二頭の絵図も戦後、所在が分からなくなっている。

「絵を保管していた士族の屋敷は、沖縄戦で激戦地となる首里にありましたから被害が大きかったのです。仲田青毛の絵図は安健のご子孫が県外で所有されていたため、沖縄戦の被害を免れました。戦後になって絵だけが沖縄に里帰りし、沖縄県立博物館（現沖縄県立博物館美術館）に預けられたのです」

その安健のご子孫と連絡を取ることが出来た。安健から数えて六代目にあたる、横浜市在住の佐渡山安彦さん。仲田青毛の絵図＝C図＝がヤマトに渡り、再び沖縄へ戻ったいきさつを、安彦さんは次のように語った。

「母から聞いた話ですが、この絵は末吉家（首里士族）が所有していました。私の祖母、末吉ヨシ子が祖父の佐渡山安勇（安健の曽孫）に嫁ぐ際、〝この絵は元来、佐渡山家のものだから〟と持たされたそうです。ヨシ子と結婚後の大正一二年、祖父・安勇は名古屋の内務省土木出張所に転職しましたが、その際、この絵を持って沖縄を離れたため、沖縄戦の被害を免れました。祖父の死後、父・安正（安健の玄孫）は岐阜県土岐市に移りましたが、この貴重な絵を個人で保存していくのが困難になったため、三〇年ほど前（昭和五三年）に沖縄県立博物館に寄託したのです」

仲田青毛の絵図を末吉家から佐渡山家に戻す橋渡し役となった末吉ヨシ子は沖縄の文人として知られた末吉麦門冬の妹だったという。

ところで、「日本生物地理学会会報」に収められたもう一頭の絵、「尚穆王代　野国名馬　鹿毛急車」＝D図＝も佐渡山安健の作品なのだろうか。佐渡山安彦さんには心当たりがなかった。平川信幸さんも「この絵は私も初めて目にしました。現存しているかどうかも分かりません」と語るが、やはり安健の作だと推測できるという。「戦前の出版物（日本生物地理学会会報）に掲載された縮小サイズの絵からでは作者を特定できませんが、（馬の名を記した）字体が仲田青毛のものと極似しています。絵にタイトルや散文を添えるのは中国画の影響で、絵の作者自身が文字も書いた可能性があります」。

王朝時代の画家は自身の作品にタイトルや散文を添えたうえ唐名で署名することが多く、いったん県外に流出すると、中国画と勘違いされてしまうという。「野国名馬　鹿毛急車」＝D図＝も中国画として扱われたとすれば、もはや探し出すのは困難だろう。戦前の「日本生物地理学会会報」が唯一、今日に伝えるその姿は、首と背がスラリと長い典型的な北方系の体形である。個性的な目と尻尾の描き方こそ異なるが、体形は自了が褐色の著彩を施した「野国馬」（野国青毛）＝A図＝によく似ているように見えた。

「王朝時代は元の絵を後世に彩色し直して、もう一度世に送り出している」

平川信幸さんの言葉を思い出し、二枚の絵（A図とD図）を比べてみる。顔、首の形、胸前、腹、背中、腰の曲線、前脚、後脚の角度と立ち位置、たてがみの形状……いずれも同じだった。「尚穆王代　野国名馬　鹿毛急車」＝D図＝は自了の「野国馬」（野国青毛）＝A図＝を元絵にして描かれたのではないか。

平川信幸さんに「野国馬」（野国青毛）＝A図＝と「野国名馬　鹿毛急車」の絵＝D図＝をもう一度見てもらった。

「記録がないため断定はできませんが、尚穆王時代の『野国名馬　鹿毛急車』が自了の『野国馬』

仲田青毛之図　(沖縄県立博物館・美術館所蔵)

を元にして描かれた可能性は確かにあると思います。『野国馬』の絵の著彩が褐色というからには、当時中国から伝わっていた絵の具を使って描いたのでしょう。その褐色の馬を鹿毛の色に彩色したのが『野国名馬　鹿毛急車』だったのかもしれません。自了の絵は琉球王府の貝摺奉行所に保存されていた可能性があるので(佐渡山安健が)粉本とともに絵の実物を見ながら描いたのかもしれません」。

名画を元に新たな作品を生み出す。その作品は元絵をただ模倣したものではなく、墨と絵の具を用いた彩色で独自の画風を築いた安健のように作者の個性をも映し出す。元絵と造形は同じでも別個の作品である。そのため、安健は野国名馬の絵図＝D図＝にタイトルをつけるとき、元絵が創作された尚豊王代(一六二〇～一六四一年)の名馬とはしなかった。もちろん、安健と同時代(尚灝王代)の馬でもない。そこで、少しだけ時代をさかのぼって「尚穆王代」（一七五二〜一七九四年）の名馬としたのだろう。尚穆といえば、〈御愛馬を御二階御殿の御玄関まで引入れられて、御手づから御菓子などを遣られた〉（新崎盛珍『思出の沖縄』）との逸話が残されているほど馬好きで知られた国王である。

「野国馬」（野国青毛）の〝青毛〟が黒色、あるいは褐色にも見える毛色なら、『野国名馬　鹿毛急車』の〝鹿毛〟は赤褐色――。褐色で描いた自了と赤褐色に彩色し直した佐渡山安健。野国にまつわる名馬は、琉球王朝初期と末期の絵師が色の違うバトンをつなぐようにして、その姿を後世に伝えたのだった。

平成二三年一一月、沖縄県内の新聞、テレビはこんなニュースを報じた。「琉球王朝五大画家の一人、佐渡山安健の『仲田青毛之図』県立美術館に寄贈」。昭和五三年から沖縄県立博物館（現・沖縄県立博物館美術館）に〝寄託〟という形で預けられていた名画の所有権が同館に移され、名実ともに里帰りを果たした。

「あなたの取材がきっかけで佐渡山安健のご子孫（佐渡山安彦さん）から寄贈していただきました」と沖縄県立博物館美術館から知らされた。

琉球競馬の伝道者

琉球王国の馬術界をリードしたのは、薩摩役人の仕掛けた落とし穴を野国青毛とともに突破した名手・野国宗保と、「馬乗真喜屋」こと琉球馬術の家元・真喜屋家である。

琉球王朝の馬術指南役は「御馬当」と呼ばれた。この職に就く者は、当時、琉球を支配していた薩摩藩に伝わる馬術を学ぶため鹿児島に〝留学〟した。琉球馬術界のエリートコースである。琉球最古の地誌・琉球国由来記や家譜等の史料から野国宗保の履歴にも触れた民俗学者・福田晃氏の論文「沖縄の『馬の家』英雄譚」などによると、野国宗保は一六三六年に野国地頭となり、一六四一年、薩摩藩献上の名馬を藩主・島津光久の前で飛ぶように走らせ褒賞を得て帰国する。さらに一六四三年には将軍・徳川家綱誕生の慶賀使（江戸上り）に随行。江戸で島津光久の所有する暴れ馬を乗りこなし、光久公から島津家に伝わる馬術の秘法「御家流《ごいりゅう》」を薩摩で習得するよう直々に招かれる。一六五五年、初代「御馬当」に就任した野国宗保は翌五六年に薩摩入りし、秘伝の「御家流」を授かって帰国したという。

宮古在番、冠船奉行なども歴任した宗保がその後、高齢を理由に引退すると、代わって御馬当に就任したのが真喜屋実継だった。実継以降は真喜屋家が代々御馬当職を世襲していく。歴史家・真境名安興によると、実継は一六六四年に、その子・実清も一六九二年に薩摩に渡って御家流を学んだ。

島津氏久が著した馬術伝「嶋津流騎書」はこの御家流の名を「鎌倉流」と記している。〈元来昔より国にあり来り候《そうろう》一流あり、これ鎌倉流と申し候〉。馬術を含めた武芸の流儀は一つの藩にとどまらず、全国へ広まっていくものだが、鎌倉流は他藩に伝わっていない。「キエーイ」の絶叫とともに激しく初太刀を振り下ろす一撃必殺の剣法・示現流同様、門外不出とされてきた。『琉球国由来記』によると、野国宗保に馬術を伝えたのは島津家臣の川上芳菴。「鎌倉流」を家伝にしていた薩摩藩馬術指南家（川上家）の当主・川上十郎左衛門久慶（一五七三―一六六五年）を指しているとみられる。真喜屋実清に伝えたのも久慶の直系、川上十郎左衛門日利。琉球馬術界のエリートたちは門外不出の馬術を薩摩藩の指南役から直伝されたことになる。〈御家流は秘密の馬術にて薩摩の大宗なり、異国に渡すべきに非《あら》ず、といえども薩琉両国の重宝なるを以っての故《ゆえ》に汝に授ぐ〉（「真姓・真喜屋家譜」『真境名安興全集』収録）と、特別の計らいで琉球の馬術家たちに伝えられた。

この御家流「鎌倉流」とは島津義弘の提唱した決死の戦闘馬術である。義弘公といえば、豊臣秀吉の九州平定軍と根白坂で激突、朝鮮出兵では「日本の鬼」と呼ばれ、関ヶ原の合戦の際にはわずか三〇〇の兵で徳川方の大軍を相手に敵中突破を敢行した猛将だが、同時に鎌倉流の達人でもあった。その義弘が家久に家督を譲って隠居した後、吉野牧という林野で馬追（馬術訓練）を開いている。

〈関ヶ原合戦より六年目、惟新様（島津義弘）七十余の御年にて（中略）安きにも危きをな忘れぞ（太平の世でも非常時に備えよ）とて軍陣の調練をぞ御講じ遊ばされ候〉（「舊傳集」）。この馬術訓練で島津義弘は世継ぎの家久を御桟敷に座らせ、自らは馬上で将兵を鼓舞。山林に放った一〇〇〜二〇〇頭の野生馬（野馬）の群れを敵将に見立て、騎馬で追い込み生け捕りにした。〈馬上より墜落し、集馬（野生馬の群れ）に踏まれて往々死者を生じる事あり。したがって駒取（馬の生け捕り）は家を出づる時、親戚知人、その行を盛んにするため、大いに酒を酌みてこれを励まし、一面、暗に決別の意を表したりとなん〉（「三國名勝圖會」）。出発前に別れの盃を交わした命懸けの戦闘馬術だった。江戸時代は各藩とも実戦的な馬術を奨励したが、薩摩藩ほどの熾烈な馬追は他に例がない。後の藩主・島津吉貴は家督を継いだ一七〇四年、太平の世が続いて馬術が様式化、芸能化していく風潮を戒めるため、国家老に命じて次のような布告を出している。〈美しい体形の馬が好まれているようだが、脚が強いことを重視しなければならない……馬具についても美麗が好まれているようだが、全く無用である……〉（要約『鹿兒嶋縣畜産史』）。薩摩武士の戦意を高揚させるため、馬追は倒幕へ動く江戸末期まで続いた。

だが、そんな戦闘馬術は、琉球の国情にそぐわなかったのだろう。一六六六年に真喜屋実継、一六九二年には真喜屋実清も薩摩留学で鎌倉流馬術を持ち帰ったが、普及した形跡は見られない。当時の琉球は独立国の体裁を保ちながら、薩摩藩の支配を受ける一方、宗主国・明国（のちに清国）とも冊封関係を続けていた。両属体制を生き抜くため、武力の代わりに文化を前面に押し出した時代。一六六七年、琉球王府の摂政、羽地朝秀が仕置（令達）で士族に奨励した一二種の諸芸を列挙すると……。

官人の職務に必要な「学文」（和学と漢学）、「算勘」（算数）、「筆道」（作文）、「筆法」（習字）。社交上必要な「謡」（謡曲、舞踊）、「唐楽」（中国音曲）、「茶道」、「立花」（華道）。専門的技能として必要な「医道」、「包丁」（料理）、「容職方」（理容と着付け）。そして最後に、「馬乗方」（馬術）。いずれも文人としての素養で、武道は含まれていない。薩摩流の戦闘馬術は琉球王府が士族に求めた諸芸の域をはるかに越えていたのだ。

〝文化立国〟琉球に広まった馬術は、真喜屋実清の子・実良が「鎌倉流」の代わりに薩摩から持ち帰った「神当流」（新当流）である。この流儀は暴れる馬や癖のある馬の矯正に重点を置いた馬術で、別名「悪馬神当流」（新当流）とも呼ばれた。開祖は大坂の陣で武功を挙げ彦根藩の馬術指南役に就任した神尾織部。江戸初期に彦根藩から薩摩へ伝わり、一七一四年、薩摩藩士・比志島隼人範房が真喜屋実良とともに馬術教則「神当流馬責乗方之儀」、「神当流教諭之巻」などを著して、琉球士族に普及させたという。

歴史家の真境名安興は〈宝暦十一年（一七六一年）には神当流を川田彦七、村上彦八（いずれも薩摩藩士）について学び、秘伝を得たやうな次第で真喜屋家は代々その道の師範役たるの家名を継いで来た様である。そして、この秘伝は沖縄でも篤志の者には授けても差し支えないといふ事になっていた〉（『真境名安興全集』三巻から抜粋）と記したうえで、馬具の装着法から乗馬の仕方、馬の病気の治療法まで六〇項目を超える秘伝を列挙している。

暴れて手に負えない悪馬を矯正するための秘伝は「口攻め」である。馬の口は敏感に出来ており、馬を動かしたり、止めたりするときには、手綱からハミ（くつわ）を通じて口に合図を送る。その馬の口に制裁を加えるのが神当流の矯正法。

「宮古島では、悪さをして始末に負えない馬がいると、言うことを聞かせるために口を引っ張り回したものです。たいがいの馬はそれでおとなしくなりました。誰がそんな方法を思いついたのか……人間の知恵でしょうね」。宮古島城辺で農耕馬を飼っていた島尻照男さんはこう語る。神当流の奥義「口攻め」は、先島にも伝わり、今日まで受け継がれているのだろう。

琉球競馬の騎乗法も神当流が元になったとみられる。馬術指南役の真喜屋家は実良以降、代々神当流を〝篤志の者〟に伝えてきた。真喜屋家が馬術を地方の豪農に教え、競馬が始まった具体例も散見できる。たとえば、『嘉手納町史』にはこう記されている。

〈屋良集落で最初にヌイウマ（乗馬用）が飼われたのは伊波孫次郎さん（屋号リンドー）と伊波孫六さん（屋号リンドー小）であった。二氏は、首里の真喜屋という馬術師より指導を受け、調練をし、集落の若者たちにその馬術を教え広めた。ヌイウマを所有する家が次第に増え、屋良ウマイー（馬場）において、年に数回ウマスーブ（馬勝負）が行われるようになった〉

リンドー（伝道）家は北谷村屋良の豪農として知られており、伊波孫次郎さんは王朝時代末期から明治時代にかけてのリンドー家の当主だったという。

これに対し、ヤマト流の戦場で役立つ乗馬を提唱した者もいた。豊見城親方盛綱は一八七一年、最後の琉球国王・尚泰の年頭使者として薩摩に滞在した際、島津の御家流（鎌倉流）を習得して帰国。真喜屋家の神当流に異を唱えて、戦闘的馬術を指導したが、ほとんど広まらなかった。

決死の戦闘馬術ではなく、士族のたしなみとして広まった馬術は。近世琉球の国情を反映した非武の文化とも言えるだろう。明治以降、その馬術は美しさを勝負する沖縄独自の競馬として本島各地で百花繚乱に咲き誇り、やがて一頭の名馬が出現する。いまでは手掛かりさえつかめなくなった幻の馬「ヒコーキ」を追う旅に戻りたい。

第四章　那覇、首里馬場巡り

昭和初期の名馬「ヒコーキ」の蹄跡は、沖縄本島の山原《やんばる》から中頭《なかがみ》を旅しても探し出せなかった。その馬主「ヨドリ与那嶺小」の正体もつかめない。それどころか、地誌にその馬名が残る土地からは、かつてウチナーンチュを熱狂させた琉球競馬の記憶すら失われようとしていた。

那覇市内には東シナ海沿いの干潟から首里の高台に至るまで本島最多の馬場が存在したという。国建・西村秀三氏の調査によると、確認されているだけで一九場……。本島の中心都市で開かれた競馬は、王朝時代に士族の手で始まり、やがて激動の歴史に翻弄されていく。

今はむかしとなった那覇の馬場跡を巡り、「ヒコーキ」の痕跡を探ってみた。

馬主必勝祈願――上間

沖縄在来の小柄な競走馬とその手綱を取る当主を真ん中に、三〇人前後の門中（父系一族）が並んでいる。パナマ帽をかぶった着流しの紳士や、学生服、軍服、国民服姿の青年たちに混じって、ウシンチーと呼ばれる琉球伝統の着付けの老婦人、セーラー服の少女も見える。背景には大きな鳥居と社殿、灯籠。真和志村上間の馬主「二男真地家」（屋号）が愛馬を連れて普天間宮に参詣した時の写真である。

この記念写真を掲載した『上間誌』には〈競馬用の馬は荷役用の馬とは別に飼育されていて、とくに大切に育てられた。太平洋戦争前、上間で競馬用の馬を持っていたのは二男真地家と屋比久小家の二か所である。競馬が近づくと必勝を期し、普天間神宮へ参拝に行ったという〉と記されていた。一族総出の競馬必勝祈願を撮影した年や出場した馬場は不明だが、集合写真には昭和一五年に制定された国民服が見られる。那覇周辺でこの年代まで競馬が開かれていた馬場といえば、あの平良真地。「ヒコーキ」などの名馬が集った一〇月二〇日の沖縄神社祭奉納競馬に出走したのだろうか。いずれにせよ、最晩年を迎えた琉球競馬の馬主一族の姿である。

二男真地家が住んでいた真和志村は現在の那覇市中央部にあたる地域。昭和二八年から真和志市となり、三二年には那覇市に合併された。戦前は畑作を主とした農村地帯だったため、各農家で馬が当たり前のように飼われていた。『真和志市誌』によると、大正元年の飼育頭数は牡馬三六五頭、牝馬一二頭。馬の生産は行わず、宮古島、伊江島、喜界島などの馬産地から「バクヨー」と呼ばれた家畜商を通じて農耕馬、荷駄馬、競走馬を買い入れていたため牡馬が圧倒的に多い。〈馬は農家として、なくてはならぬもので、農耕はもちろん、農作物や堆肥の唯一の運搬具が荷馬車であった関係上、手広く農業を経営している農家では必ず馬を飼育していた。その他、真和志村は競馬が盛んだったので競馬用の馬（競走馬）も相当いた〉（同誌）という。競走馬の馬主についてはこんな記述がある。〈馬持ちといって一般から名声を博するほど、馬を寵愛し、本人もまたそれを誇りとした〉。馬持ちは富の象徴であると同時に、愛馬精神を持った誇り高い名士。

二男真地の競争馬（普天満神宮参拝記念）

普天間宮で行われた競馬必勝祈願（『上間誌』より）

古今東西変わらない馬主の姿は、普天間宮必勝祈願の集合写真からもうかがえる。

二男真地家の在地、上間といえば、棒術と対峙しながら演じる獅子舞が伝統芸能として有名だが、「上間ヌイ馬」と呼ばれた競馬も王朝時代に始まった。『上間誌』によれば、クヮディーサー（落葉樹コバテイシ）に囲まれながら、集落南端を東西に延びる長さ約一〇〇メートルの馬場が舞台。平良真地と同じように御桟敷《ウサンシチ》があったというから王族が臨席していたのだろう。旧暦三月四日には美童《ミヤラビ》総出の上間踊り《モーイ》、六月二六日には綱引き、そして、競馬は春秋二回の原勝負差分式（田畑の優劣を競う原勝負の発表会）の後に開催された。だが、地誌に昭和初期の名馬「ヒコーキ」に関する記述はない。上間ヌイ馬は原勝負とともに大正以前に姿を消し、近くの古波蔵に舞台を移していた。

昭和初期に古波蔵の原勝負差分式と競馬を見物した大城ウサさん（大正一〇年頃の生まれ）は『上間誌』でこう回想する。〈その頃は各字では（原勝負は）行われず、真和志村は古波蔵馬場で催した。（中略）その日は各字、字旗を持って老若男女、字民そろって参加し、終日、原勝負を楽しんだ。持参した弁当を食べながら、余興の競馬や角力を観戦するのだが、日頃、米の飯は食べられないので、米の弁当は大変なご馳走で楽しみだった〉。また、上間の北側に位置する繁多川在住の知念繁雄さん（大正一一年生まれ）も「小学校に入る前後の頃だと思うが、古波蔵馬場まで原勝負を見に行った記憶がおぼろげに残っている」と言う。古波蔵馬場とは、次に詳しく述べるが、真和志村の馬勝負（村大会）とともに島尻郡の馬勝負（郡大会）が開かれた舞台。本島南部における琉球競馬のメッカだった。

古波蔵の祝賀競馬

沖縄にはグループ内で定期的に一定の金額を出し合い、集まった金を順番に受け取る「模合《もあい》」の習慣が広く浸透している。本土では無尽講、頼母子講と呼ばれる金銭相互扶助である。その種類も親族、友人、職場、近所の住民同士による親睦模合から、会社経営者が事業資金を調達し合う金融模合まで多彩だ。競走馬の馬主たちによる互助組織は「馬模合」と呼んだ。

明治四四年の『琉球新報』（四月二七日付）によると、馬模合は乗馬奨励のために組織され、会員になると、月何度か定められた日には必ず馬に乗って馬場に集まり、調教を行う。その後、料亭などに場所を移して模合へ。集まった金は新たに競走馬を購入した馬主が優先的に受け取れる決まりだが、辞退した場合は全員で抽選となる。受け取った馬主はその場で焼酎の一升瓶を差し入れてご馳走する習わしだった。

だが、明治末には先細りしていたようで、〈馬模合は旧藩県の頃（廃藩置県前）には広く各地方に行はれしも、今は或る三、四ケ村に過ぎず（中略）敢えて弊害を認めさるも有益とも云ふへからず〉と同紙は報じている。その数少なくなった馬模合が戦前まで古波蔵で行われていた。

那覇市楚辺《そべ》の城岳《じょうがく》小学校前に位置する古波蔵馬場《クファングワンマウィー》。馬場跡は往来の激しい道路に変わっていたが、競走馬の石像がガジュマルの大木に寄り添うように建っている。馬場跡に那覇市が設けた史跡碑文には、〈この馬のオブジェは当時の写真を元に実物大に造られています。この地はかつて古波蔵馬場と呼ばれ、古波蔵村が近隣の国場村や与儀村と馬模合を組織して、月に一度、馬勝負

古波蔵馬場跡

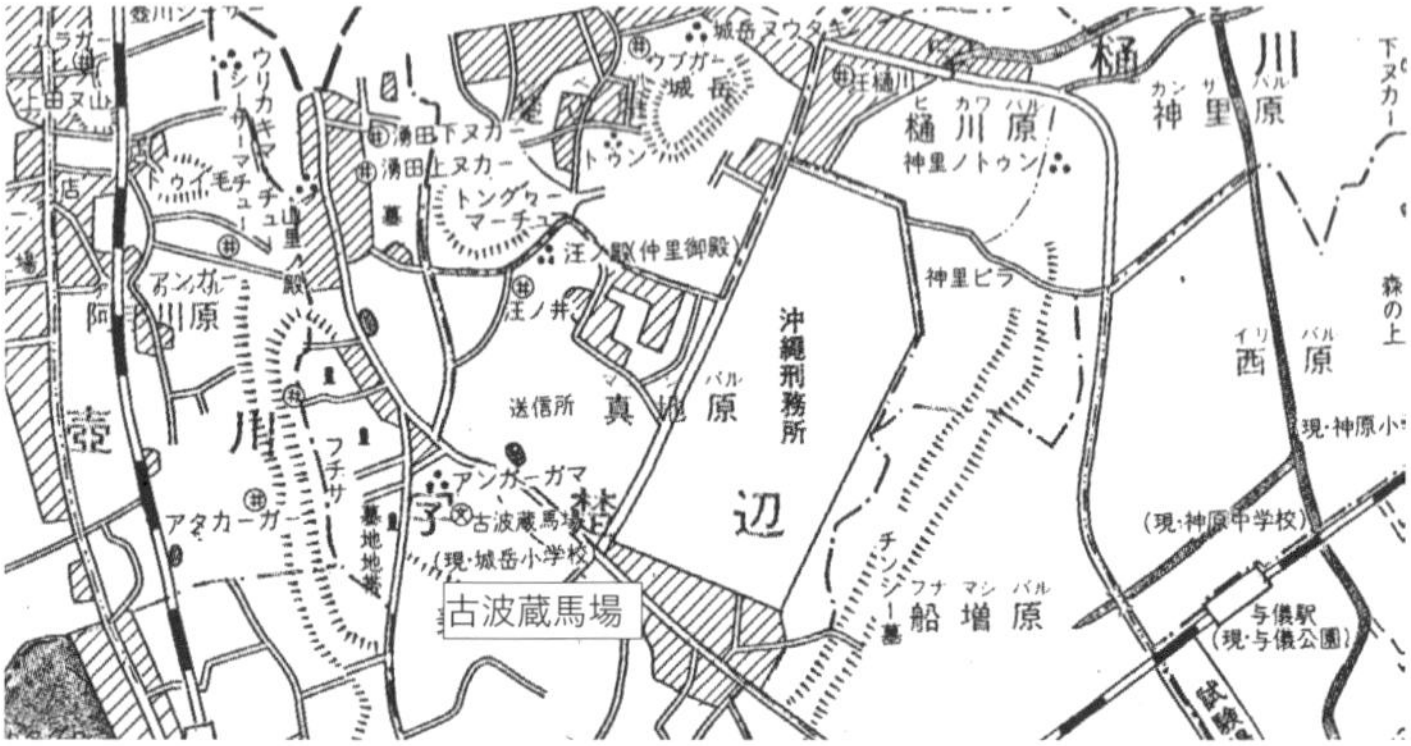

古波蔵馬場の位置・現城岳小学校(「旧真和志の歴史・民俗地図」那覇市歴史博物館提供)

をしていた場所です。勝った馬は、島尻郡の大会や那覇の潟原（カタバル）で年に一回行われた全県大会に出場していた〉と書かれている。旧真和志村（現那覇市）の代表的な馬場である。碑文によると、古波蔵馬場は直線二〇〇メートル、幅員二〇メートル。〈両側には大人三人でもかかえきれないほど大きな松並木があり壮観だった〉という。一八世紀後半に作成された「琉球国惣絵図」にも標されており、王朝時代に開場した。

馬場跡を歩いてみると、左右に並ぶ松の街路樹が涼しげな陰影をつくっている。通称「城岳馬場通り」と呼ばれるこの馬場跡は、優れた道路に与えられる「人間道路会議賞特別賞」（平成九年）を受賞した。普天間街道を彩った宜野湾並松《ジノーンナンマチ》は戦前、戦中にすべて伐採されたが、古波蔵の松は戦禍を免れたのだろうか。いや、じっくり観察してみると、さほど樹齢を重ねていない若い松だ。馬場巡りの旅で知り合った城岳小学校出身の下地寧さんは「この地の松並木は戦争で焼失したそうですが、近年の道路改修時に馬場をイメージして再現されたのです。本土復帰後世代の僕らには当時の競馬を知るすべもありませんが、小学生時代に馬場跡だと教わったものです」と懐かしそうに語る。

古波蔵の競馬は祝賀行事でも開催されたという。

〈特別広告　本県第一回選出代議士　高嶺朝教　岸本賀昌　両氏ノ御当選ヲ祝センガ為メ明三十日午前十一時ヨリ真和志村字古波蔵馬場ニ於テ島尻郡大競馬　相催シ候間　乗馬愛養家諸君ニハ奮テ御参集相成度　御通知申上候也〉

こんな特別広告が『琉球新報』に掲載されたのは明治四五年五月二九日だった。この年五月

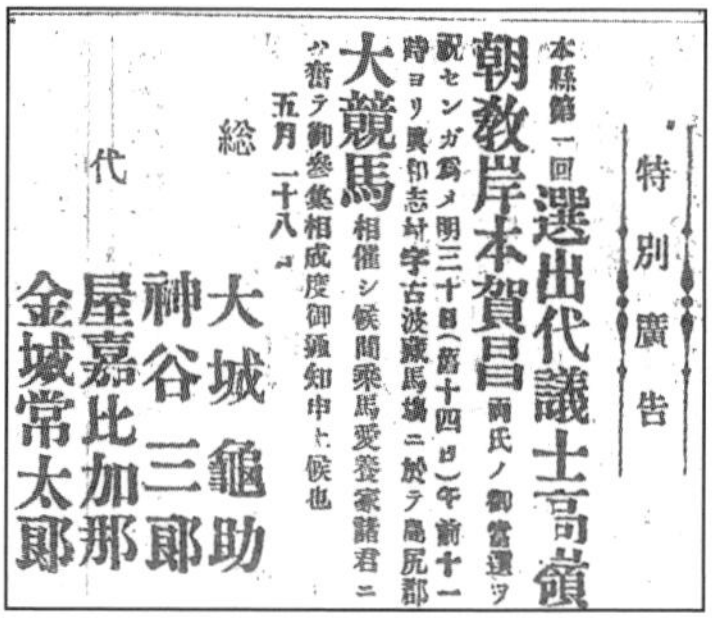

特別廣告

本縣第一回選出代議士高嶺朝教岸本賀昌両氏ノ御當選ヲ祝センガ爲メ明三十日（舊十四日）午前十一時ヨリ眞和志村字古波藏馬場ニ於テ島尻郡大競馬相催シ候間乘馬愛養家諸君ニハ奮テ御參集相成度御承知申上候也

五月二十八日

総代 大城龜助
神谷三郎
屋嘉比加那
金城常太郎

一五日に沖縄で最初の衆議院議員選挙が実施。その当選祝賀行事として五月三〇日に古波蔵馬場で開催する競馬の出走馬を募集した広告である。同二九日付の記事でも〈久しく郡都に於て競馬の催し打断ねて地方の士気何んとなく振はざるの感ありし（中略）島尻郡各字挙つて大競馬を挙行することになりしは奇特と賞すべく、また以てこれを好機会として三郡ノ競馬に一大刺激を與ふるに余りなしといふべし〉（大意＝地方の人々が目標にしている島尻郡都の競馬がしばらく開催されなかったため、地方の士気は高まらなかった（中略）島尻郡の各字挙げての大競馬実施は賞賛に値することで、本島全域＝島尻郡、中頭郡、国頭郡＝の競馬にも十分に刺激を与えるだろう）。

それまで競馬に紙面を割くことのなかった『琉球新報』が突然、競馬の意義を力説し、大げさな表現で当選祝いの競馬開催を褒めちぎっている。このような〝提灯記事〟が掲載された背景を知るために、当時の衆院選を少しだけ振り返ってみよう。

本土で第一回帝国議会議員選挙（衆院選）が実施されたのは明治二三年。だが、沖縄県では二二年後の明治四五年になって初めて施行された。当時、有権者は直接国税一五円以上（明治三三年から一〇円以上）を納付する二五歳以上の男子に制限。明治政府はこの制限を盾にとって沖縄県での実施を見送っていた。沖縄では土地整理（地割制と呼ばれる王朝時代からの土地所有制度の改革）が未実施だから納税資格の算定が出来ないという見解である。その一方で、明治政府は古い制度をそのまま残す、旧慣温存政策を打ち出して、土地整理になかなか手をつけようとしない。明治三二年にようやく土地整理法を公布すると、謝花昇らの参政権獲得運動に押されて衆院選実施を約束したが、施行時期については地方自治制（県政）の未実施を理由に再び先延ばしを図った。同四二年の県会議員選挙により懸案の地方自治制も施行されると、今度は民度の低さを新たな理由に挙げて参政権を棚上げしようとした。沖縄県民に納税、兵役の義務を負わせながら選挙権は認めない、その植民地的な政策に県内で激しい参政権要求運動が起こる。その急先鋒に立ったのが琉球新報社だった。

明治四五年、ようやく実施された沖縄県悲願の衆院選は、二区（那覇、首里）、二郡（国頭、中頭、島尻）の選挙区から定員合わせて二人に限られ、宮古、八重山は除外。沖縄本島の直接国税一〇円以上の多額納税者だけを有権者にした選挙戦が展開される。投票結果は都市部の新旧支配勢力（那覇新興商人、首里士族）に支持された高嶺朝教、岸本賀昌が、地方の豪農に支えられた新垣盛善、神村吉郎に圧勝。この選挙戦で高嶺、岸本を全面的に支援したのも琉球新報社だった。古波蔵馬場で五月三〇日に予定された両候補の当選祝賀競馬は単なる祝賀行事にとどまらず、同紙を牙城にした沖縄支配層の一大セレモニーでもあったのだ。

さて競馬の当日、『琉球新報』に再び特別広告が掲載された。〈両代議士当選祝賀大競馬は雨天の為め……〉。雨天延期となってしまった。古波蔵馬場には三〇頭の競走馬が集まったが、延期と聞いて、やむなく引き揚げたという。五月末といえば沖縄はちょうど梅雨の時季。選挙に大勝しても、天候には勝てず、一大セレモニーも水入りである。仕切り直しの代替開催は六月二日。今度は一〇〇〇人の見物人が集まり、五〇組一〇〇頭の馬勝負が実現した。この模様はもちろん翌日の『琉球新報』に破格の扱いで報道された。

〈(古波蔵) 馬場の中央にあたる北の土手に一寸とした来賓席の設けがあって当日の主賓たる両代議士 (高嶺朝教、岸本賀昌) と島尻郡の有志者、那覇区会議員等二十名ばかり着席し、馬場の両側には見物人が取り巻いて日曜の一日を郊外の散策と勇ましい競馬の見物で面白く暮そうと云ふので生徒と奉職人がことのほか多く、その他、付近の老人連もあって総員約一千名ばかりもあろうか〉

選挙関係者ばかりか一般人が大挙詰めかけたと報じ、競馬の模様は次のように記している。

〈当日集まった乗馬の数は百四騎に達し、そのうち番組に入っているのはちょうど百騎で五十番の競走をやる事になっていた。一時頃、両代議士も見え、騎手も大抵揃った所で競走を始める事となった。競走は慣例により小禄の宿と真和志の宿の名を以て全郡を東西に両分して作った番組で行ふのであるが、何しろ勝負を争ふ晴れの場所だから人も馬も一生懸命砂塵を立てて疾駆する有様はすこぶる壮快 (中略) 次々に五時間ばかりの競走があって予定の取組みを終り、百余の騎手が風通りのよろしき古波蔵馬場を悠然と手綱を操りながら、風にいななく駒(馬) の声に名残りを惜しみつつ解散したのは五時過ぐる頃であった〉

島尻郡の各村から出走した総勢一〇〇頭を小禄組、真和志組に分けての東西対抗五〇番勝負。選挙関係者はもちろん、老人、社会人、学生らが固唾を飲んで勝負の行方を見守る中、競走馬が初夏の南風にたてがみをたなびかせた光景が浮かんでくる。

さらに、同日付の『琉球新報』には琉球競馬についての解説文まで掲載している。

〈内地の競馬よりも本県の競馬の方が面白い。内地の競馬は稲妻の如くアレと云ふ間に決勝点に行ってしまふから、むしろ予想の方に興味があって、いざと云ふ場合には馬の良否、騎手の巧拙を味ふ隙もない。本県の競馬は普通ダク（中間速）で乗る勝負で、この場合には少しでも駆けさせたら、先になっていても負けになるから騎手たるものはなかなか骨が折れる〉

映像によるレースのスローリプレーなどなかった時代。初心者にとって全力疾走する本土の競馬は速すぎて、馬や騎手の動きを味わう余裕もないうちに終わってしまう。一団となってゴールに飛び込めば、何が勝ったのかも分からなかっただろう。そんなヤマト競馬の楽しみといえば、馬券の予想ぐらい。その点、沖縄の競馬は、ゆったりとしたダクで走らせるから騎手の技量、競走馬の身のこなしを堪能できる。馬券がなくても楽しめるのだ、と解説している。

平成二四年、沖縄県は衆院選施行一〇〇周年を迎えた。沖縄県福祉保健部の調べ（同九月一五日現在）によると県内の最高齢は一一〇歳で、わずか四人。〝歴史の証人〟を見つけるのは難しいが、当時の新聞報道からみてきたように、古波蔵の競馬は馬券なしでも一〇〇〇人の見物人が集まるほどの人気を誇っていた。

ただし、中頭に住むヨドリ与那嶺小のヒコーキがこの地で走った記録は残されていない。古波蔵競馬は馬場の敷地に真和志尋常高等小学校の分教場が設置される昭和三年頃まで続いていたが、中頭の名馬が島尻郡の大会に出場する機会はなかったのだろう。中頭の馬が挑んだのは、平良真地の大競馬ともうひとつ、次に紹介する潟原を舞台にした中頭、島尻両郡の対抗戦だった。

潟原の馬場

〽こーじゃー馬小《グワー》
潟原かいどう
馬ぬ鞍乗うして
（斑模様の馬が鞍を背負って潟原街道を行くよ）

童歌「こーじゃー馬小」に登場する潟原《カタバル》（干潟）でもかつて競馬が開かれていた。〈島尻方面の農村のタンメー（おじいさん）たちが羽織袴を着けて、こーじゃー馬小に乗って直進コースを往来させ、馬の競走をしていた。勝者には優勝旗を授与していた〉（『泊前島今昔物語』）という。

ここでいう潟原とは、現在は那覇市有数の繁華街となった松山、前島周辺に広がっていた干潟である。戦中、戦後に埋め立てられるまで、東シナ海と安里川、久茂地川に囲まれた三角州が形成されており、南西に流れる潮渡川の北側が「泊潟原」、「兼久潟原」、南側が「那覇潟原」。なかでも、馬場のあった那覇潟原は泊潟原、兼久潟原より地盤が高く、硬い土質だったため、競馬に適していたのだろう。

潟原は塩田地帯で知られていた。尚金福王代の一四五一年、首里と浮島だった那覇をつなぐ長《ちょう》虹堤《こうてい》（那覇・崇元寺前の安里橋から若狭まで約一キロの海中道路）が築造された後、安里川上流から流れてきた土砂が次第に積もってデルタ地帯になり、塩作りが始まる。干ばつが続くと塩焼きのたたりだと非難を浴びて一時中断したが、一六九四年に薩摩から導入した「入浜式製塩法」（潮の干潮の差を利用して海水を塩田に引き込み、太陽の光で水分を蒸発させた後に釜で炊いて塩だけを取り出す方法）が広まり、王朝末期には泡瀬（現沖縄市）、屋我地島と並ぶ三大塩田と称された。

製塩にとって雨は大敵。琉球民謡「三村踊り節」でも潟原をこう歌っている。

〽上泊　泊　元ぬ泊とぅ三村　（上泊、泊、元泊の三村）
三村の二才達が　（その三村の青年たちが）
すりとーてぃー　ます炊き話　（そろって塩炊きの話に花を咲かせているよ）
雨降らすなよ　（塩作りの間は雨が降らないようにしないとね）
元かんじゅんど　（元が取れずに損するぞ）

突然の雨に慌てふためく塩炊き職人の様子を滑稽に描いた琉歌も残されている。

雨ぬ降ら降らや　天模様ぬ変わて　とまいます炊ちやが　さなじ脱がち
（今にも雨が降りそうだ。空模様が急に変わったので、泊の塩炊きはふんどしが脱げたのも気づかないほど、大慌てで干していた砂を集めている）

那覇では数少ない海沿いに広がる平坦の地形は、馬の調教にも最適だった。歴史家・東恩納寛惇は『南島風土記』にこう記している。〈(潟原は) 調馬に妙にしてその名所として知られていたが（中略）往来の人足しげく、潟原入口、泊橋口にはこれを目的に朝夕二次の市も立った（中略）幕末、米水師提督彼理（ペリー提督）等一行渡来の時に、兵士の調練を行って示威を試みた処もここで、彼理(ペリー)日記に、Ｓａｌｔ Ｆｌａｔｅ Ｎａｐｈａと見えているのはこれである〉。潟原入り口、泊橋口に朝夕立った市とは、潟原マチグヮー（現在の松山二丁目にあった潟原市場）と泊マチグヮー（泊二丁目にあった泊市場）である。

乗馬に適した平坦地のうえ、那覇から本島中北部への交通の要所、露天市が立つほどのにぎわいも見せていたとなれば、これほど競馬開催にふさわしい舞台はない。近世琉球王朝時代から明治、大正にかけて競馬のメッカになったのも潟原だった。

近世には那覇の爬竜船《はりゅうせん》競漕（旧暦五月四日の那覇ハーリー）の後に競馬が開催されたという。王朝時代後期の絵師・泉川寛英（唐名・慎思九、一七六七〜一八四四）が首里・那覇・泊の全景を描写した屏風絵。そこには塩焼きのため職人が砂を盛り上げている姿とともに爬竜船競漕、競馬の風景が描かれていた。全景図は沖縄戦で焼失してしまったが、沖縄研究者・歌人である島袋全発による解説文が今日まで残されている。

〈渡地前（那覇港桟橋近く）の爬龍船競漕は豊見城に向かって、所謂《いわゆる》上い勝負《アガリハーリー》の最中。通堂崎なる迎恩亭前に国王の玉座あるを初めとして、見物人の応援は海陸を震盪し、折から潟原には駿馬

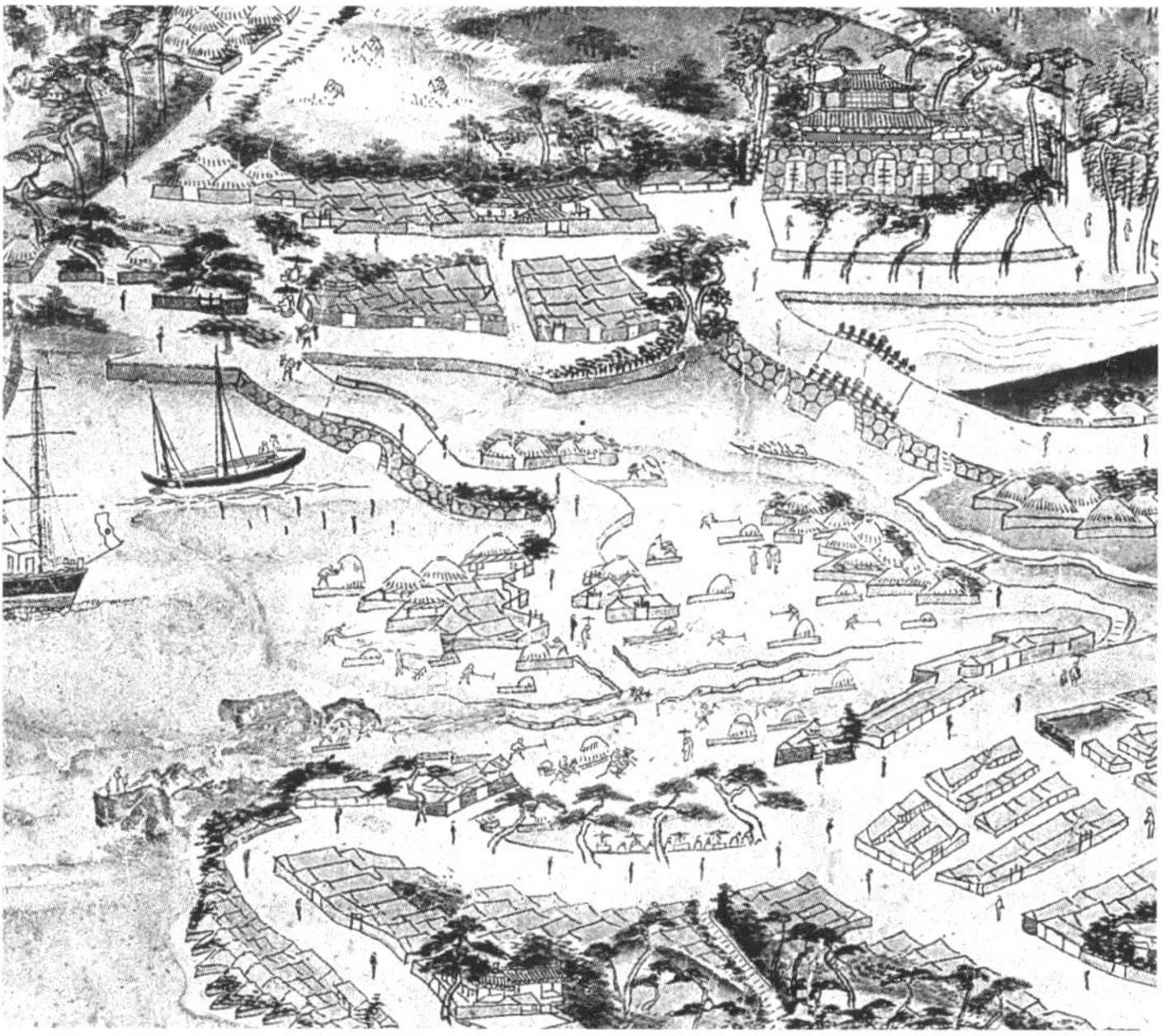

首里那覇鳥瞰図屏風に描かれた潟原馬場（那覇市歴史博物館提供）

明治初年の潟原
（『那覇読史地図』那覇市歴史博物館提供）

逸物の勢揃いがあり、龍舟の帰路は競馬を供覧する例なりし由。そこにもまた、毛氈《もうせん》を敷き詰めた玉座が設けられ（中略）競馬のさわぎをよそに汀《なぎさ》は塩田の砂撒きの辛きなりわいあり……〉（『那覇変遷記』）。

昭和五年（一九三〇年）刊行の同書に、〈画家・泉川寛英が今を去る約百三十年前、画くところの那覇全図〉と紹介されていることから、一八〇〇年前後の作品だろう。「ハーリーのドラの音とともに夏がやってくる」と言われた初夏の風物詩、那覇ハーリーに競馬が彩りを添えていたのだ。

琉球王府の正史『球陽』には尚育十年（一八四四年）、フランス人の聖現寺滞在を理由に恒例の那覇ハーリーと潟原競馬を中止したことが記録されている。

聖現寺は現在の那覇市泊三丁目にあった真言宗の寺院。王朝末期には外国人の投宿先として使用されていた。潟原競馬が中止となる原因を作った問題のフランス人とは、フランス軍艦アルクメーヌ号で一八四四年に来琉したキリスト教宣教師フォルカードである。アルクメーヌ号艦長のデュプランは琉球王府に貿易、通信、国禁となっていたキリスト教布教の受け入れを求め、拒否されると、同国のインドシナ艦隊司令長官セシーユが来琉して直接要求すると告げ、フォルカードを那覇に残して引き揚げた。アルクメーヌ号来航の四年前には中国と英国の間でアヘン戦争が勃発。宗主国・清は英国に敗れ、不平等な通商条約（南京条約）をのまされている。アジアを舞台にした欧米列強の植民地争奪戦が始まっていた。次は自国が欧米の草刈り場にされてしまうと動揺した琉球王府は、聖現寺に居残った宣教師フォルカードに警戒の目を光らせる。住民と接触

琉球国惣絵図　潟原馬場と古波蔵馬場が示されている（沖縄県立博物館・美術館所蔵）

し国禁のキリスト教が広まることを恐れたのだろう。聖現寺のある泊周辺では正月行事や浜下りなどの行事を次々と禁止していった。泊住民には地元の天久宮への参拝さえ許さず、代わりに松尾山（現・松山二丁目）の長寿寺から遙拝させたという。潟原の競馬を中止したのもちょうどその頃である。

二年後の一八四六年には琉球語訳の新約聖書を書いた「波上《なんみんぬ》の眼鏡《がんちょー》」こと英国宣教師ベッテルハイムが那覇の護国寺（波上宮の別当寺）に逗留、一八五三年にはアメリカ海軍提督ペリーが聖現寺に投宿。そのたびに那覇ハーリーを取りやめている。競馬については一八四四年以後、正史に記載されていないが、ハーリー同様中止になったのだろう。

一八四七年には琉球王府からハーリーに関する異例の決定が下された。

〈今年五月には旧習に従い、爬竜船の豊見城上り（那覇から漫湖までこぎ上って豊年を祈願する王朝時代のしきたり）を許可する。フランス人（宣教師フォルカード）の滞在以来、ハーリーを停止してきたが、中止が長引けば旧礼、すなわち、国家の伝統儀礼をないがしろにすることになり、筋が通らない。とはいえ、終日ハーリーを行えば見物人が集まり、滞在外国人（この時期は宣教師ベッテルハイム滞在）とトラブルが起こる恐れもある。そのため、豊見城上りは許すが、その後はすみやかに帰路につき、那覇港で回遊、競漕を行ってはならない。また、役人も一般住民も爬竜船を見物してはならない〉（『球陽』筆者意訳）。

　豊見城上りだけを許可したのは、王府の苦渋の選択だった。そんな非常態勢のなかで、ユッカヌヒー（旧暦五月四日）の競馬は自然消滅してしまう。

　潟原を舞台にした競馬が再び歴史に登場するのは、廃藩置県（明治一二年）後である。明治三三年一月一三日付の『琉球新報』は〈廿日（二十日）正月、正月の儀式はこの日にて終り、家廟の装飾を撤し祭器を蔵め、その他嘉例として飾りたてられし正月の面影は、名残惜しくも取片つけらるなり。しかはあれと翌日は朝またきより那覇なる潟原に於て競馬の催あり〉と報じた。

ジュリ馬スネー

　旧暦一月二〇日の「二十日正月《ハチカソウグワチ》」とは、正月の終わりを告げる節目の休日。この日の那覇の行事といえば、「ジュリ馬スネー（行列）」の方が有名だろう。紫のティサジ（手拭い）を頭に巻き、色鮮やかな紅型衣装に身を包んだ辻遊郭のジュリ（娼妓）たちが馬の頭をかたどった春駒と呼ばれる板を前帯に挟み、手綱を握りながら「ユイユイユイ」と掛け声を上げて練り歩く、豊年と商売繁盛を祈願した伝統行事である。那覇ハーリー、那覇大綱挽とともに那覇三大祭りに数えられているが、この「ジュリ馬スネー」も競馬に由来しているという。戦前、辻町の芸妓として過ごし、戦後、同町で料亭・松之下を経営した上原栄子は自伝『辻の華』でこう書いている。

〈辻の元老たちの言葉によると、尾類《ジュリ》馬行列の起源はこうです。その昔首里の恩納妃王女が、唐の人にさらわれて身を汚され、御殿に帰ることもならず、親加那志を助け、沖縄婦人を外国人から守るため侍女たちとともに遊女となりました。そして年一回、二十日正月に親兄弟が〝馬勝負〟という行事に出席するため、御殿から出る日をねらって、恩納妃王女は遊女たちを集め、自ら華やかな行列を催し、我が身もその行列に加わって他所ながら家族との対面ができた、ということに始まったそうです〉

ジュリ馬の原型は室町時代（沖縄の三山分立当時）、ヤマトで流行した祝福芸である。門付芸人（京都下りの漂泊の芸能者）が諸国をめぐり、新春になると門前に立って春駒（馬の頭を描いた板）を着けた馬舞や鳥刺し舞、傀儡《くぐつ》（人形）舞わしなどを披露、祝儀をもらって回った。京の出身だったことから「京の小太郎」、「京太郎」と呼ばれた門付芸人の一部が後に首里郊外の安仁屋村に移住したことで、その芸が沖縄本島各地に広がっている。首里の寒水川《スンガー》芝居を経て中頭に伝わったのが泡瀬の京太郎《チョンダラー》芝居。馬舞は読谷・高志保の豊年祭に、春駒は辻の二十日正月行事に取り入れられた。

ジュリとして辻に身売りされた女性は年に一度のジュリ馬行列の時だけ親、兄弟と元気な姿を確かめ合えたという。当時、乗馬は立身出世のシンボル。体調を崩せば乗馬できないことから健康の証でもあった。親、兄弟の前で馬に乗るしぐさを見せることにジュリの思いが込められていたのだろう。

新暦の行事として行われた競馬

明治の後期に入ると、競馬は旧暦の伝統行事から新暦によるヤマトの記念日に合わせた開催に替わっていく。盛んに行われたのが紀元節（神武天皇の即位日＝新暦二月一一日）と天長節（天皇誕生日＝明治時代は新暦一一月三日）の奉祝競馬である。〈中央の競馬大会は新暦二月一一日（紀元節）の那覇潟原と一〇月二〇日（沖縄神社祭）の平良マージ馬場（平良真地）で二回催された。この時は島尻と中頭両郡の対抗勝負であった〉（『読谷村史』）という。当時の『琉球新報』で報じられた潟原の紀元節競馬について主な記事を拾い出してみよう。

〈一昨十一日は紀元節奉会に就き那覇潟原に於て競馬の催しあり。それか為め那覇警察署に於てハ非常巡査総出にて非常を警戒したり〉（明治三六年二月一三日付）

〈本日は紀元節につき、例年の如く南陽館にて両区民有志の奉祝会あり、余興として潟原に競馬の催ある筈〉（明治三九年二月一一日付）

明治三四年二月一一日付では、紀元節奉祝として開かれる競馬の対戦一覧が、出走馬の馬主の居住地や苗字、屋号とともに記されている。また、明治三三年一一月一日付では天長節奉祝競馬として行う中頭・島尻対抗戦の組み合わせ（二〇組四〇頭）と六人の審判員を発表。同紙の報道から紀元節、天長節の奉祝競馬が明治三〇年代に入って立て続けに開催されたことが分かる。時代は日清戦争の直後。沖縄が日本に組み込まれることに抵抗し、かつての宗主国・清（中国）に救いの手を求めた旧士族勢力（頑固党）が、清の敗北で急激に勢力を失った時期である。抵抗勢力が弱まり沖縄のヤマト化が一気に加速していく中で、紀元節競馬は花開いた。競馬は世相を表す鏡でもある。旧暦五月四日のユッカヌヒー、一月二〇日のハチカソウグヮチから新暦二月一一日の紀元節へ開催日程が変わり、那覇署が総出で非常警戒にあたるほど盛況になった事実は、世相の変化を端的に示しているのかもしれない。

明治後半の『琉球新報』に目を通すと、潟原に限らず、本島各地の競馬開催が頻繁に報じられている。特に明治三五年一二月には、原山勝負の後に行われた競馬だけでも、高嶺、座波、安波茶、野里の四地区を数える（真栄城勉氏調べ＝「琉球大学教育学部紀要四三集」）。琉球競馬の百花繚乱。王朝時代からの馬勝負が最盛期を迎えた時期だった。潟原で新暦五月に新たな競馬が開催されたのもこの時代である。

那覇港を望む高台の上に鎮座する那覇・若狭の波上宮。「波上《なんみん》さん」の愛称で親しまれ、正月三が日には護国神社（那覇市）、成田山福泉寺（中城村）とともに一〇万人を超える初詣客が訪れる琉球八社の一つである。熊野三社権現を祀り、五月一七日の例大祭（なんみん祭）になると沖縄角力《すもう》、獅子舞、沖縄では数少ないお神輿、琉球舞踊の奉納で賑わう。王朝時代は旧暦の毎月一日と一五日に祭りを行ったが、明治二三年に沖縄県で唯一の官幣小社の社格となってからは新暦五月一七日に開かれてきた。

波上宮の神職・渡慶次馨さんは、その年に一度の祭りの準備に追われる合間を縫って、戦前の新聞資料を探してくれた。「波上祭で競馬を開催したという記録は、やはりこの『琉球新報』の記事ぐらいしか残っていません。当時、こちらに保管されていた資料は戦争ですべて焼失してしまったものですから。波上祭の競馬について記憶している人もまずいないと思います」。こう説明しながら渡してくれたのが、波上祭の模様を報じた大正四年五月一八日付け『琉球新報』のコピー。

〈朝まだきから潟原は赤紫の鞍打つたる数百の馬が蹄音勇ましく集まって居た。彼所此所の台には三々五々団を為し椰子を傾けつつ時の到るを待って居た。此所でも競馬場の周囲を囲んで数百の観衆が集まって居たが多くは在所の者と見受けた。競馬は源平に別れ、数周回に依って勝負を決して居たが、そのたび口笛ヒャーの掛け声が空に響いた〉。記事から波上祭の余興として開かれた競馬の息吹が伝わってくる。

紙面に一部欠落があるので断定できないが、各年度の五月一七日前後の『琉球新報』を調べたところ、波上祭の潟原競馬が最初に報じられたのは明治三二年。角力、弓とともに催されたという。三六年には〈波上宮の例祭、一昨十七日挙行（中略）潟原に競馬の催あり。氏子ハ踵《きびす》を接し、観衆ハ堵《かきね》を為し、すこぶる盛況なりき〉（五月一九日付）と報じている。

この記事の隣には「人類館陳列婦人の帰県」の見出しとともに以下のような記事があった。〈第五内国博覧会外の人類館なる野蛮人種の見せ物小屋に誘拐せられ、久しく監禁の身となり居りし本県婦人、共に辻の娼妓の両名ハ遂に彼の魔窟を脱して一昨日の薩摩丸便より、めでたく帰県し

たるよし〉

人類館とはこの年、大阪天王寺で開かれた博覧会の一環として異人種を学術展示したパビリオン。アイヌ、台湾高砂族、朝鮮、インドなどの人々とともに、沖縄の女性も『琉球婦人』として民族衣装で生活する姿を学術展示した。人間を展示するという差別的な企画に沖縄側から強い抗議、非難の声が上がったが、その主張は差別そのものに対する非難ではなく、沖縄県民が他の民族と並列に扱われたことへの抗議だった。〈台湾の西蕃、北海のアイヌ等と共に本県人を選みたるは、これ我を西蕃アイヌ視したるものなり。我に対するの侮辱、豈《あに》これより大なるものあらんや〉と沖縄の言論人、太田朝敷は『琉球新報』（明治三六年四月一一日付）で主張した。戦後、この事件を題材にした演劇「人類館」（知念正真作）では沖縄がたどった差別、同化の歴史が描かれ、東京、大阪上演で大反響を呼んでいる。事件の当事者となった二人の婦人が那覇港に到着したのは、港から一キロ足らずの潟原に指笛が鳴り響いた波上祭競馬の当日だった。

また、同紙によると、その二週後には明治橋開通祝賀競馬が潟原で開催されている。那覇東町と奥武山をつなぐ全長一八〇メートルの明治橋（当時は北明治橋有料道）完成を祝って、五月三一日に糸満でハーリー、波上宮で内地相撲、那覇西町で芝居、潟原では競馬が挙行された。島尻郡（本島南部）全間切の代表馬が一堂に会し、花火五〇発が打ち上げられる那覇の町には各地から押し寄せた黒山の人だかり。「ババナートーン」（大混雑する）ほどの賑わいだったという。衆院選当選の祝賀競馬（古波蔵馬場）まで開催されていた明治後期は、今日のゴルフコンペのような感覚で行事や祝い事に合わせて競馬を行ったのだろう。

山城善三著『沖縄の世相史』には大正時代の潟原競馬の様子が描かれている。

〈大正六年一二月一八日午後二時から、潟原で島尻、中頭両郡の大競馬が行われた。当日は朝来の北風で勇みに勇む馬乗りの士気を鼓舞するかのように紅白の鉢巻もいなせに、掛声高らかに稀にみる大競馬とあり、両郡各村からわざわざ応援のため出覇した農村民および千余人の見物人は寒さにも怯ぢず人垣を作り、群を抜く駿馬の雄姿に見惚れるという大競馬であった。当日参加した馬は百数十頭〉

潟原の馬場には当時県内で唯一の野球場（潟原球場）が隣接していたという。球場といっても干潟だから潮が満ちてくると膝下まで水に浸かって、日没ゴールドならぬ、水没コールドになってしまう。競馬も〝水上競走〟になるのを避けるため干潮に合わせて開催したのだろう。球場では打球がイレギュラーしないように潟原で暮らすカニの穴を埋めたうえで試合を開始したが、馬場でも競走馬が脚を取られないようカニ穴をふさいだのかもしれない。潟原球場が漫湖を埋め立てて造った奥武山野球場（現・沖縄セルラースタジアム那覇）に移ったのは大正七年前後。競馬もほぼ同時期に幕を閉じ、舞台は平良真地へ移っていく。昭和初期の名馬ヒコーキが潟原で走ることはなかったのだろう。

潟原馬場があった那覇市前島、松山界隈を歩いてみた。琉球王朝時代の一八世紀後半に作成された琉球国惣絵図には、那覇塩浜の東側を南北に延びる馬場が標されていたが、周辺にはホテルやオフィスビル、飲食店が林立しているだけで、馬場の面影を残すものは何もない。那覇潟原は戦中、戦後、米軍に埋め立てられ物資集積所として接収。昭和三〇年の返還後、都市開発されて一大繁華街になったのである。

干汐　潟原の　穴のカニ小《グヮー》（潟原の無数の穴に住んでいるカニさん）

馬はらち　汝も　あしぶ春い（馬を走らせてあなたも遊んでいるのですか　春ですからね）

明治の歌人・亀村が残した琉歌が在りし日の風情を伝えるばかりである。

蘇ったいにしえの馬場――識名

日曜の昼下がり、戦前から那覇市繁多川で暮らす知念堅亀さんの自宅には地元の年配の方々が集まり、テーブルに広げた真新しい地図を囲んでいた。その地図には王朝時代の識名馬場の形状が手書きで描かれている。

「これは繁多川にお住まいの柴田一郎さんが馬場の細部にいたるまで寸法を細かく計測されて、ようやく完成した図面です。私が少年の頃（昭和一〇年代）に見た馬場は長方形でしたが、柴田さんのおかげで本来の識名馬場の姿を正確に再現できました」

繁多川字誌の編集委員を務める知念堅亀さんのねぎらいに、柴田一郎さんが照れ笑いを浮かべる。

「いや、私の力ではありません。戦争で焼失したとされていた真和志間切針図の　部が発見されたおかげです。知念さんの戦前の記憶も役立ちました」

柴田さんは控えめにこう語ると、テーブルの上の地図に再び視線を落とした。

図面化された識名馬場の全長は約三三三・三メートル、幅約三一・二五メートルと本島屈指の規模。平成一三年に発見された真和志間切針図（一七三七年の乾隆検地で作成された地図）のトレース図（沖縄県立芸術大学教授安里進氏により平成二〇年作成のパソコン処理図）を元に、柴田さんが縮尺を用いて馬場の形状、寸法をはじき出し、知念さんの記憶をたどって現在の地図の上に重ね合わせた。沖縄県内の馬場は一九八場にも及ぶが、その形状や寸法、位置にいたるまで正確に記録できたのは識名馬場だけだろう。

「首里の北郊に平良マージ、南郊に識名マージ」と謳《うた》われた識名真地は、平良真地と並ぶ王家直轄の馬場だった。王朝時代には毎年正月下旬に年中礼式として競馬が開かれ、一八七九年の廃藩置県以降は競馬のほかに角力大会の舞台にもなったという。だが、当時の様子を伝える史料はほとんど残っていない。昭和一五年、知念さんが九歳のとき、畑地に変わり、戦後は宅地開発された。周辺一帯は民家が密集しており、馬場の面影はどこにも残っていない。

「足下に埋もれている史跡を今、記録しておかなければ、やがて誰にも分からなくなる。識名馬場を記録するのは、在りし日の馬場を覚えている我々戦前生まれの務めです」。昭和八年に繁多川で生まれた知念堅亀さんの情熱に動かされて、昭和五〇年に牧志からこの地へ転居してきた柴田一郎さんが馬場計測にひと肌脱いだのだった。

知念さんは識名馬場の規模を記録するために、真和志間切針図が発見される以前から独りで調査を進めてきた。馬場の西端から五〇メートルと離れていない繁多川の住宅街で生まれ育った知念さんにとって識名馬場は幼少時代の遊び場。「僕が生まれたときには識名の競馬は途絶えていて、広場になっていました。いつもここで仲間と角力をして、負けるたびに泣いていました」。そんな戦前の記憶を頼りに巻き尺で馬場を計測した。風景は当時と一変しているため、地盤の段差を手がかりにした難作業。大切な落とし物を探すように住宅街の中を歩き回り、要所に目印を付けて巻き尺を伸ばす作業を繰り返した。その結果、馬場の長さは三〇〇メートル、幅は三〇メートル。あくまで概算にすぎないが、当時はこれが唯一の方法だった。

明治一三年発行の沖縄県統計概表は識名馬場を幅一五間、長さ四町二間と表記している。メートルに換算すると、幅二七メートル、長さ四四〇メートル。だが、馬場の東西は首里城―識名園を結ぶ古道「クシミチー」（後道）と土手に挟まれており、全長四〇〇メートル以上の規模は地形上、あり得ない。沖縄県統計概表の数字は誤りだった。その後、識名馬場は地元史の掘り起こしに取り組む繁多川自治会によって、繁多川字文化財に指定。平成二一年、馬場跡に建てられた史跡案内板は知念さんの計測に基づいて書かれた。

「識名馬場《シチナウマイー》跡《あと》……王朝時代（第二尚氏）、直轄の三大馬場の一つで最大の馬場であった。全長三〇〇メートルほどで幅は約三〇メートルあって、南北の両脇は低い土手が積まれ、樹齢三五〇年ほどの老松が、その土手に植えられていた」

三大馬場とは識名、平良真地と首里崎山町にあった崎山馬場。本島の他の馬場と同様に、陽光を遮る松林の土手が観戦場所だった。

知念さんが戦後、行方不明になっていた真和志間切針図発見のニュースを知ったのは平成二一年。首里城公園管理センターが保管している森政三資料（戦前の首里城正殿修理や戦後の守礼門復元工事を指導した森政三・文部省技官の残した資料）の整理作業を依頼された歴史考古学者の安里進氏（沖縄県立芸術大学教授）が、資料の中から「間切島針図」の写真を見つけ、二〇年に研究利用が許可された。間切島針図とは一七三七年の乾隆（元文）検地の際に琉球王府の測量技師によって作成された三〇〇〇分の一の縮図で、間切（現在の市町村）ごとに山、川、田畑、道などが正確に描かれている。明治時代の探検家、笹森儀助が「南島探験」で久志間切（現在の名護市東部）に立ち寄った際、久志間切針図に触れ、「一寸の誤りもない精密さで、往時の三百余藩に冠たりと賞賛すべきものだ」と舌を巻いた幻の測量図だ。森政三資料の中から発見された写真は、真和志間切針図の一部（識名村一帯）を撮影したもの。識名馬場は「識名馬乗場」と表記され、その形状が針によって克明に描写されていた。

針図の馬場は東西に一直線に延びており、知念さんの記憶に残る馬場の形状より全長が三〇メートル以上長かった。しかも、西端の下馬場（待機所）は北へ、東端のンマアミシグムイ（馬浴場）は南へ向けて突き出している。「私の少年時代（昭和一〇年代半ば）には識名馬場に突起などはなく、西側（下馬場）の突き出した部分は住宅、東側の突き出しは畑になっていたので、この針図を見て驚きました。廃藩置県を経て、尚家（琉球の王族）所有だった馬場が民間に売却されるなかで馬場の形も変わっていったのでしょう」と知念さんは言う。

識名馬場が閉鎖されたのは昭和一五年。日中戦争が泥沼化するなか、国が進めた食糧増産奨励策に応える形で、芋畑に変わった。知念さんはそのときの様子も鮮明に記憶している。「開墾す

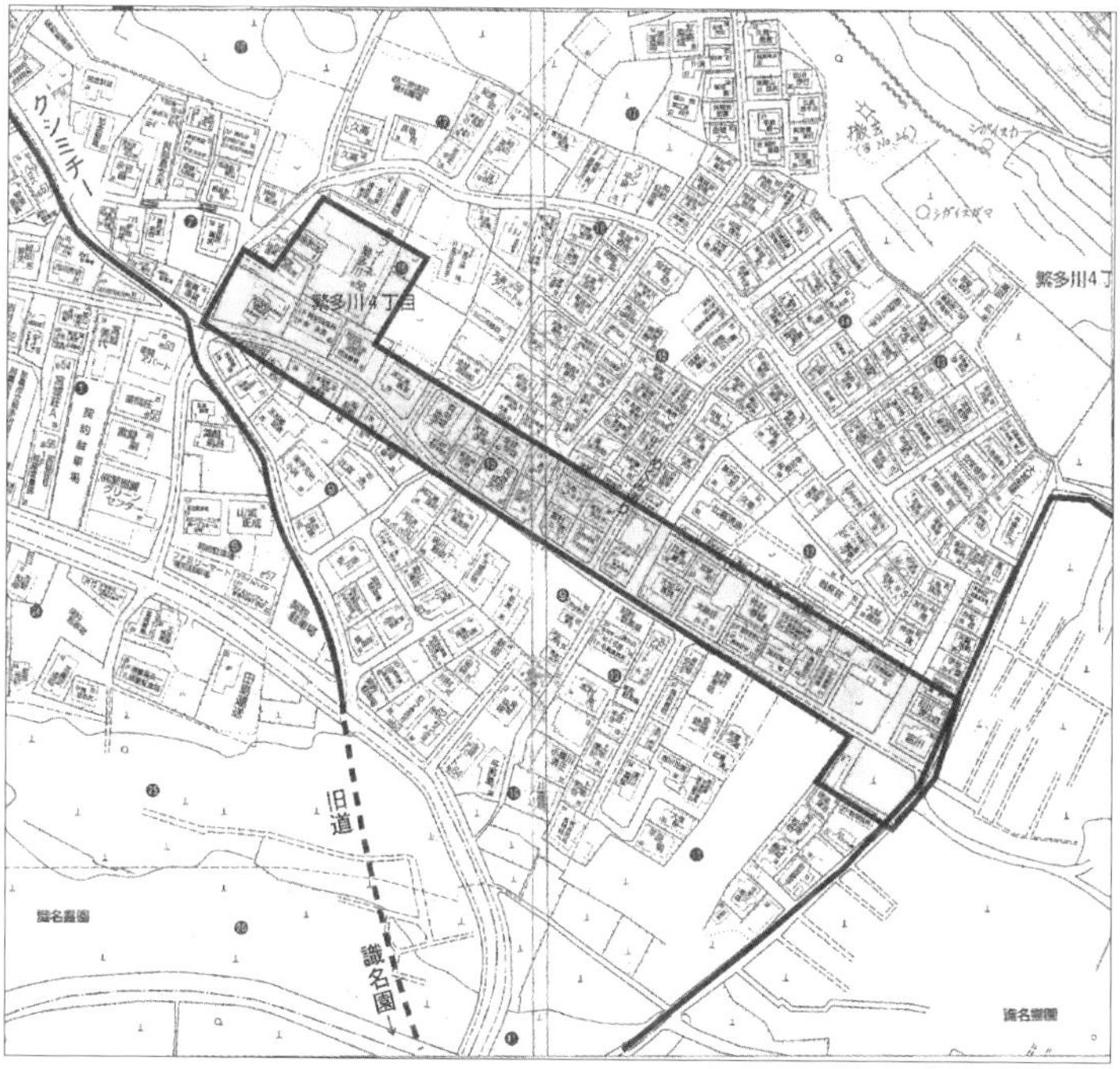

現在の住宅地図にかつての識名馬場の位置を重ねる（『繁多川 100 周年記念誌』より）

るために馬場の土手に林立していた老松を切り倒していったんですよ。松ヤニでうまく切れないので石油を刃に付けて、左右から二人がかりで切っていました。松を切り倒した直後には異変が起こりましてね。夜中になると、犬の鳴き声が聞こえてくるんですよ。でも、犬の姿はどこにもない。老松を切ったせいだ、などという噂も立ちました」。

ところで、識名馬場ではどのような競馬がいつまで行われていたのだろうか。

『那覇市史』には、〈首里には王府御用の馬場が崎山村に崎山馬場、龍潭池の側に松崎馬場があったが、一般には規模の大きい識名村（現那覇市繁多川）の識名真地、平良村（現那覇市首里大名町）の平良真地が利用された。競馬といっても馬をとばすのではなく「脚組《あしくま》す」といって早足（一本の脚は常に地につく走法）で勝負させた〉と記されている。中間速で美を競う競馬が識名馬場でも行われていたのだろう。だが、競馬が終焉を迎えた時期ははっきりしていない。知念さんは「繁多川という所は中頭から交通の便がよくありませんでした。首里の坂道を越えなければならなかったのです。そのため、他の馬場で競馬をやるようになったのでしょう。ただ、その年代は分かりません。私の記憶にある競馬の風景といえば、着飾った馬たちが守礼門近くの記念運動場から出ていく姿ぐらいです」と言う。昭和一〇年代半ば、知念少年が見たのは沖縄県師範学校の記念運動場から平良真地の競馬に向かう競走馬の行列。識名の競馬ではない。そこで数少ない資料をつなぎ合わせてみた。

〈中山府の競馬は、識名馬追（馬場）で挙行された。明治三十九年迄は毎年、識名真地で催されたが、その後は平良真地や潟原に場所変更になった〉（『新編風土記』「首里城周辺」新垣恒篤）。

歴史家として知られた新垣恒篤は識名競馬の終焉を明治三九年としている。だが、その六年前の明治三三年一月一三日付けの『琉球新報』は次のように報じていた。

〈年中儀令に「下旬於潟原並識名馬場諸人馬乗由来相見得不中候」とある如く、観客は思い思いに晴衣を着飾りて西より東より引きも切らす。ぎゅうぎゅうと詰めかけるを常とすれども、識名は疾《とう》に廃絶〉。明治三三年時点で競馬はなくなっているというのだ。

　さらに、歴史家・新崎盛珍は随想録『思出の沖縄』で以下のように述べている。

〈首里の南郊に識名馬場が有り、北郊に平良馬場が有って、かつては競馬が行はれて居た。私達の少年時代に一、二度見物に行った覚えがあるが、いつの間にか競馬は無くなってしまった。のみならず識名馬場の如きは傾年開墾して畑地にしようとして居る。平良馬場は元の形のまま残って居り、近年沖縄神社の例祭に、郡部の乗馬家が勢揃ひして首里を一周してから、この馬場で競馬を行ふ例になって居る〉

　新崎盛珍は明治二〇年、首里崎山町生まれだから、識名の競馬を見た少年時代といえば明治三〇年前後。どの記述が正しいのか、今となっては分からないが、昭和初期の名馬ヒコーキが制した平良真地の大競馬から二〇年以上前に途絶えていたのは間違いない。

　識名馬場には「マージャの馬追（馬場）」という昔話が残っている。

〈あの識名の馬追は、公事の物だったそうだよ。それで、公事から許しのないかぎりは、馬を走らすことができなかったんだ。でも、馬乗マージャだけは許されていたそうだ。王様が首里城から識名の御殿（識名園）に行かれるとき、馬乗マージャはちょうど馬に乗って練習していたそうだよ。王様がそこを通りかかったので、マージャは馬から下りる代わりに馬を跪《ひざまづ》かせて、馬の上から深々とお辞儀をしたので、王様は『それ程にするなよ、マージャ』と許したそうだよ〉（『沖縄　首里の昔話』収録・小橋川共寛翁のチティバナシー〈たとえ話〉を一部意訳）

　この昔話にある馬乗マージャとは、琉球王府の馬術指南役だった真喜屋親雲上《マージャベーチン》である。識名馬場跡に建てられた史跡案内板にも〈この尚家の馬場は真喜屋親雲上だけは許可なく使用することが出来た〉と記されている。

　住宅地に変わった馬場跡を知念堅亀さんに案内してもらった。

「ここが馬乗真喜屋にまつわる方のお宅です」。一軒の民家の前で知念さんが歩みを緩める。玄関には「真喜屋」の表札。同じ門中なのだろう。

「ここには五〇センチぐらいの段差があるでしょう？　宅地になってもンマウィー（馬場）とシチャンマウィー（下馬場）との段差がこうして残っているのですよ。ンマウィーには一メートルぐらいの土手もありましたから、五〇センチの段差と合わせて一・五メートルぐらいシチャンマウィーより高くなっていました」。知念さんの視線を追うと、軒を並べる民家の間には確かに段差があった。

「ここが馬場の東端。アミシグムイ（馬の水浴び所）のあったところです。今はご覧の通り、グムイがあったなんて全く分かりませんよね」。知念さんの目の前には何の変哲もない民家のブロック塀と電柱が建っているだけだった。

「実は識名馬場というのは二つあって、今案内したのが尚家所有の馬場です。もうひとつは字識名所有の馬場。混同しやすいので気をつけてくださいよ」。知念さんは字識名がある南の方角を指さした。プロのガイドのような的確でよどみのない解説である。

前職はツアーガイドだったのだろうか。そう問いかけようとしたが、口にできなかった。人懐っこく陽気な人柄でありながら、凛としたたたずまい。底が見えない池のような深淵さをたたえた目はどこまでも優しい。馬場調査でたまたまヤマトから訪れた旅行者が軽々に触れてはならない個人史があるような気がした。


「知念堅亀さん、艦砲で母と姉失う　頼みの父も亡くし孤児に」

『琉球新報』の沖縄戦連載記事に知念さんの名をみつけたのは東京に戻ってからだった。

〈「あの悲惨な沖縄戦の体験者ならば、好んでその体験は語ろうとしない。私もその一人だった」。知念は、九五年から地元那覇市繁多川の戦跡調査を始め、現在も孤児院で共に過ごした体験者の足取りや戦跡を調べている〉（平成一七年七月一七日付）。

繁多川は自然壕が多い地形である。『那覇市史・旧真和志村戦争記』によると、繁多川、識名の住民は戦時中、避難できる自然壕が身近にあったため北部へ疎開せず同地にとどまった。だが、戦況が逼迫すると日本軍に壕から追い出されて島尻へ逃れた結果、他地区の住民よりも多くの犠牲者を出したという。知念さんの家族もその中に含まれていた。

島田叡沖縄県知事ら当時の県庁幹部が一時避難したシッポウヂヌガマ（通称・県庁壕）は繁多川東部にある。その戦時行動を解き明かした労作『沖縄の島守　内務官僚かく戦えり』のあとがきで著者・田村洋三はこう記している。〈沖縄戦で九死に一生を得た知念さんの戦跡調査にかける熱意と、親類の警察官の最期の地を突き止めたいという願いがあったればこその成果だった。知念さんがいなければこの本は書けなかった〉。

シッポウヂヌガマから西へ二〇〇メートル、足下に埋もれていた史跡・識名馬場の正確な姿を後世に残せたのも、知念さんの情熱があればこその成果だった。

首里八景の御料馬

識名馬場から北へ一キロ余、首里へ目を移せば王家（尚家）の御用馬場だった松崎馬場と崎山馬場の跡地がある。松崎馬場は近世王朝時代、首里城北に位置する龍潭《りゅうたん》の東岸に設けられていた。冊封使をもてなす重陽の宴では龍潭に浮かべた爬竜《はりゅう》船競漕の観覧桟敷が置かれたという。馬場跡の碑文によれば、〈龍潭に突き出した一帯は松が植えられ、そこから松崎と名付けられた。一八〇一年にこの地に国学が置かれた際、松崎前の路に木々が植えられ、一帯が整備された〉という。現在、琉球王府の最高学府だった場所は、沖縄県立芸術大学の敷地となっている。残念ながら、馬にまつわる記録は見つからない。競馬の舞台ではなく、琉球王朝による公式行事の会場として使用されたのだろう。王朝消滅から七年後の明治一九年（一八八六年）、その役割を終えると、沖縄県師範学校の敷地拡張に伴い消失した。

崎山馬場は歴代の琉球国王にこよなく愛された「馬揃え」の舞台、紛れもない競馬場である。東西に約三二五メートルの走路が延び、馬場の中央には石で仕切られたウサンシチ（国王が御座する御桟敷）。馬場の周りには首里八景の一つに挙げられた蓬莱竹の生け垣が肩先ほどの高さで連なっていた。歴史家の新崎盛珍は『思出の沖縄』にこう記している。〈往時は、綺麗に刈り込んだ竹籬《たけがき》がずらりと両側に並び、その竹籬の内から栴檀《せんだん》が瀟洒《しょうしゃ》たる姿を顕わしていた〉。その清らかな風情を尚育王（一八三五〜一八四七在位）は「崎山竹籬」と題する漢詩にしたという。

〈創設の年代については、寡見未だ確かな文献には接していないけれども、松崎馬場創設（寛政三年、西暦一七九一年との記録がある）の前後ではなかろうかと推断される。寛政前後と云へば、尚敬王代か尚穆王代かである。尚敬王は〝士大夫たる者は平常馬術を練達して有事の秋に備ふる所がなければならない〟旨を仰せられて、馬術を奨励されたのみならず、御自身その道に堪能であられたというし、尚穆王また馬術にご造詣深く、御愛馬を御二階御殿の御玄関まで引入れられて、御手づから御菓子などを遣られたといふことも伝えられている〉（『思出の沖縄』）

崎山馬場は馬術に熱心な国王の肝いりで開場したのだろう。

王朝末期の三司官（執政）で歌人でもあった宜湾《ぎわん》親方《ウエーカタ》朝保《ちょうほ》の私家集「松風集」にはこの馬場にちなんだ一首が収められている。最後の琉球国王・尚泰の御料馬を詠んだ和歌。

かしこくもめさるる駒の足並は
君が千年の数やとるらん

（訳＝恐れ多くも国王様のお召しになった愛馬が繰り出す数多の足並は、末永い御治世の年
　　数を伝えているのだろうか）

国王の「千年」を宜湾朝保に夢想させた御料馬の足並とは、美の極みだったに違いない。瀟洒な竹籬の中で繰り広げられた華麗なる馬揃え。廃藩置県以降、全島で百花繚乱に咲き誇る琉球競馬の原点ともいえる風景だったのだろう。

宜湾朝保は明治五年、新政府を祝う慶賀使節の副使として東京入りし、明治新政府から尚泰王に下された詔勅を受け取って帰国する。「琉球中山王・尚泰を琉球藩王と為し、叙して華族に列す」。詔勅は琉球処分を断行するための布石として、琉球王国を日本の一藩に位置づけ、尚泰をその藩王に封じたものだった。時代は風雲急を告げていた。歌に託した思いもむなしく、王朝存亡の危機を迎えた明治八年、朝保は詔勅を受け取った責任を問われて三司官を辞任。翌年、失意のうちにこの世を去っている。その三年後の明治一二年に琉球王国は日本の版図に組み込まれて沖縄県となった。以後の史料から崎山馬場の馬にまつわる記載が見いだせないことから、松崎馬場同様、王国と運命を共にしたのだろう。首里八景のひとつに数えられた竹籬も消え、崎山馬場は周辺の酒造所から出る石炭の燃え殻だらけの道路に一変した。

新崎盛珍は『思出の沖縄』でこう記している。

〈私は妻にむかって〝お前は如何にして、この馬場が名所の一になつて居るかを知つているかい〟と、きいてみたが、いっこう御存じないやうであつた。私の家族の一員となつて、三十年来、この名所を前にして住み来つた私の妻にしてこの有様である。（中略）今は、ゆいつ広い道が二丁

程も真直に伸びて居るのが、一寸目を惹くのみで、電柱が殺風景に樹ち並び、路面に石炭の燃殻が穢(汚)らしく撒き散らされて居る道路に過ぎない〉。同書は昭和三一年の刊行。馬場の近くで〝三十年来〟暮らす新崎の夫人も知らない……の記述から、国王の御料馬が華麗な足並みを披露した舞台は昭和初頭、ヒコーキの活躍した時代には跡形もなかったのだろう。

『思出の沖縄』発行から、さらに半世紀を経た馬場跡に足を運んでみた。首里の風情を感じさせる石畳をあしらった道が街路樹に囲まれながら真っ直ぐに延びている。路地を折れると「ウガングヮー」と呼ばれた末衛増嶽《シーマタキ》。王朝時代はこの御嶽の脇にンマアミシグムイがあって競馬を終えた馬が汗を流したという。崎山は石灰分に富んだ良質の湧き水に恵まれていた所で、赤田、鳥堀とともに泡盛造りを琉球王府から特別に許された首里三箇《さんか》のひとつ。戦前は県内七五軒の酒造所のうち一五軒が崎山町に集中していた。モロミがたぎる大釜の焚き口から掃き出された石炭の燃殻を新崎盛珍は嘆いたが、道を歩いても煙草の吸い殻ひとつ落ちていない。馬の足並みどころか、石炭の記憶さえ遠のく今日の崎山馬場跡である。

首里・崎山馬場跡

首里城の群馬

観光客が行き交う守礼門へ真一文字に延びる首里の古道。琉球王朝時代は守礼門を「上の綾門《あやじょー》」あるいは「上ん鳥居《ういーとぅりー》」、首里高校の西端付近にあった中山門（明治四一年撤去）を「下の綾門」、「下ん鳥居《しむとぅり》」と呼び、この二つの門の中間、約五〇〇メートルの道を「綾門大道《あやじょーうふみち》」と称した。首里城を築いた尚巴志王（一四二一～一四三九年在位）の時代は石畳道だったが、尚真王（一四七七～一五二六年在位）の代になると、路面に「コーグー」と呼ばれる琉球石灰岩の石粉を敷き詰め、琉球第一の道にしたという。「上下の綾門　関の戸もささぬ　治まとる御代のしるしさらめ（守礼門と中山門を閉じることがないのは、平和な治世のしるしだ）」（『琉球大歌集』）と歌われた琉球王国の象徴的な道である。

ここでも旧暦一月一五日に競馬が開かれていた。ただし、競馬の種類は平たんの直線走路で足並みの美しさを勝負した伝統競技とは趣が異なる。沖縄で唯一の「障害競走」と、今日の競馬と同じ集団による速さ比べである。歴史家の新垣恒篤は『新編風土記』で「障害競走」についてこう説明している。

〈首里中山王府の行事に正月十五日〟馬の鳥居出し〟と云うのがある。また別の名で〟馬揃い〟とも云うなり。守礼之国門（守礼門）と中山門に黒石が建っているが、この黒石に丸太棒を二本通す穴があって、サーシ棒を突込み、すなわち障害物を作るのである。この上を馬に乗った人と、『口取り』と云って手綱を引く人と共に障害物を乗り越える競技である〉

一人は馬に乗り、もう一人はその馬の手綱を引いて走りながら、丸太ん棒を飛越する、世にも珍しい障害競走。『新編風土記』はさらにこう続ける。

〈この〝馬揃い〟の最終を飾ったのは明治三十九年十一月二十三日であった。日露戦争で大勝利を博した祝賀も兼ねた、馬揃いでもあり、また守礼之国門での行事は打切り、綾門通りは人力車道として切替えでもあった。尚泰王代（一八四八～一八七九年在位）の馬廻役・真喜屋親雲上実応が乗手であり、新垣筑登之親雲上恒貨が馬の口取りで、人も馬も呼吸の合った、馬術の秀れた人達で見事な競技を見せて、上、下の見物人もヤンヤと拍手をおくったのである。この競技は乗手、口取り、馬共に三体の呼吸が合えば、障害物を超すのは容易であるが、少しでも呼吸が合わないと、大怪我をするのであるから、難しい競技であった。小生は小学一年生であったが、叔父・恒貨が尚家から拝領した〝紫サージ〟をくれたので、大喜びして、正月帯として自慢したものである〉

三位一体の障害レースに手綱の引き役として出場した新垣筑登親雲上恒貨の甥にあたる新垣恒篤が今に伝える貴重な観戦記だ。

首里・綾門大道

障害競走で怪我人まで出た鳥居出しの模様は『那覇市史』資料編二巻中の七にも記されている。〈二十日正月には〝トゥリダシ〟とも〝物参《うむぬめー》〟ともいわれた競馬が綾門で行なわれた。(中略)この時には馬をとばさせたので、綾門は激しい馬の勝負でやかましく、馬から落ちる者、口から血をふき出しながら走る馬など、激烈なものであったという。中山門には青竹を横たえその上を跳び越して勝負させた〉。鳥居出しの開催日を旧暦一月一五日ではなく、二十日正月（旧暦一月二〇日）としているのは、廃藩置県後の潟原競馬のように開催日を替えていたからだろう。

それにしても、気になるのは沖縄に唯一伝わる三位一体の障害競走の由来である。騎手が口取り役に手綱を引かせながら障害を突破する、その姿は馬に乗った武将が兵卒に手綱を引かせながら敵陣に踏み込む、戦乱の時代の戦闘場面を想起させる。『那覇市史』によれば〈一旦緩急の時の訓練であった〉という。ヤマトでは古来このような障害競技が行われたことがない。推測の域を出ないが、古琉球時代の軍馬調練が長い年月を経て士族の競技、娯楽に変化したのではないだろうか。ヤマトにおいて、平将門の軍馬調練が相馬野馬追い（福島県南相馬市の国重要無形文化財）へ転じたように……。

綾門大道で「鳥居出し」とともに行われたもうひとつの競馬は、集団による速さ比べ。沖縄では「群馬《ブリュンマ》」と呼ばれる競走である。〈泊の潟原に勢揃いした馬を首里までとばし、中山門と守礼門の間の綾門大道で競走させた〉（『那覇市史』）という。この群馬にまつわる伝承が『佐敷町史』に掲載されているので、少し長いが引用してみる。

〈今から百数十年前（一九世紀半ば＝佐敷町史発刊の昭和五九年から逆算）、琉球王府時代の話である。津波古村の瀬底（屋号）に武術に優れた人がおり、後年ブサータンメー（武士じいさん）といわれた。この人は王府の小鳥飼育係兼、王の警護役であったという。当時王府ではさむらいたちの武の振興を図るため、馬勝負を行なっていた。島馬（琉球在来馬）は、飾り立てた鞍や房をつけた尻がい、面がいできらびやかにし、若い騎手たちは上等の衣を着けて出場した。那覇方面から綾門大通りをかけ登り、そのわざを競うという雄大な行事である。王を始め御殿、御内のさむらい、アヤーメー（士族夫人）のほか、近くの里々から見物人が何千と押しかけた。瀬底のブサーは、王の近くに居てかけのぼって来る若い騎手たちを見守っていた。そのうち、十数頭の馬がひしめき合って登ってくる。王の桟敷の近くに来てから、その中の一騎の若者が何かのはずみで落馬してしまった。これを見ていた瀬底のブサーは桟敷から飛び降り、落馬した若者を抱えあげて『ワーガ、ナギーシガ、アヌンマンカイ、ヌユースミ（私が投げてあげるが、あの走っている馬に乗れるか）』と聞くと、若者は『ウー、ナイビーン（はい、できます）』と答えた。ブサーは『ウリヒャー』とのかけ声とともに、数十メートルも先に走ってしまった馬上めがけて、若者を投げた。若者は、上手に飛び乗り、手綱をとって決勝点まで行き、りっぱにお勤めを果たした〉（瀬底三良氏談）。

このブサータンメー物語の中に「武の振興を図るため」と記されているように、群馬も鳥居出し同様「一旦緩急の時の訓練」である。ただし、その由来は定かでない。第三章でも触れたが、近世琉球の初・中期（一七〜一八世紀）に来琉した冊封使は〝琉球には馬を全力で走らせる習慣がない〟と滞在記録に明記している。近世後期、集団で速さを争う競馬を行っていた清（中国）の影響を受けて始まったものだろうか。それとも、長らく途絶えていた古琉球時代の軍馬調練が近世後期になって競技に転じたものだろうか。

　群馬の競走は中山（首里）に滅ぼされた北山（今帰仁グスク）のお膝元、今帰仁村の今泊馬場や仲原馬場でも昭和初期まで行われていた。群馬に触れた当地出身の教育者、仲宗根政善は、〈源平の戦乱を思わせ、まるで絵巻物をくりひろげるようであった〉（『むかし沖縄』）と述べている。今帰仁村歴史文化センターの館長を務めた仲原弘哲氏は「今帰仁では二頭ずつ並んでゆっくりと脚並みを競った後、最後には大勢の馬がまとめて走ったそうです。このときばかりは全力疾走で、宴の最後を締めくくるカチャーシーみたいに盛り上がったようです」と説明する。また、知花グスク近くの知花弁当馬場でも、琉球競馬の取組が終わった後の大トリとして開かれたという。

　綾門大道では首里王府の厳かな元日朝賀の合間にも競馬が開かれていた。これは鳥居出しや群馬の本格的な競走とは全く趣が異なる。琉球王朝最後の国王・尚泰の四男、尚順男爵が「鷺泉随筆」でその様子を伝えているので紹介しよう。

〈朝賀の男子の儀式は終わり、そろそろ退城する。この時刻より綾門の競馬（俗に云う物参り）が始まり同時に綾門の中央にある大美殿の露台では名刺交換が出来る。（中略）目の前の競馬を見物しながら名刺の交換をやるが、その名刺交換が頗《すこぶ》る変わった様式で、何しろ下の往来にいる民衆と上の露台にいる公達との名刺交換だから、素手では届かないから五、六尺もある竹の竿の尖に先ず自分の札を挿んで交換を始める。（中略）一方の競馬はこれ又ふるった競馬で、正賀に騎馬で出掛けた地方の代表者達が、帰路礼服のままで自慢の馬に乗って競馬をする。これは第一競馬が目的ではなく、男振りを広告するのが第一となる為、上手な人もおれば下手な者もおり、別に審判官と云う者もなければ、道化をしながら馬を走らせて喜んでいる田舎漢もいる。これが又面白いので綾門の両側は全く人垣で一杯になる。この競馬も名刺交換も二時間位で大抵終わり、一時往来は寂しくなる……〉（「月刊琉球」昭和一四年一月号、『松山御殿物語』掲載）。

華麗さを競う琉球競馬は審判の判定がなければ勝ち負けが定まらないが、元日競馬には審判もいなかったという。競馬をまねた元日の馬遊びだったのだろう。

首里の自邸「松山御殿」の広大な庭に桃原農園を設けたほか、名筆家、美食家でもあった尚順は、琉球新報、沖縄銀行（現在の沖縄銀行とは別企業）の創立者としても知られるが、沖縄銀行設立の前年（明治三一年）に乗馬用の宮古馬（競走馬）の売却広告を『琉球新報』に掲載していた。

乗馬入札払　宮古産若七才シンカゲ馬　右売却ス　御望之方ハ当家ニ於テ実物御覧之上、本月二十九日、旧四月十日午后三時迄ニ入札可相成候、但シ代価不当ト認ムルトキハ押ル「アルベシ　首里桃原　尚順邸　五月十九日　禰覇朝昌」

（乗馬入札　宮古島生産のまだ七歳と若い鹿毛の馬を売却する。お望みの方は当家において実物をご覧になったうえで、本月二九日、旧暦四月一〇日の午後三時までに入札できることとなりました。ただし、入札額が適正価格ではないと判断した時には契約いたしません）

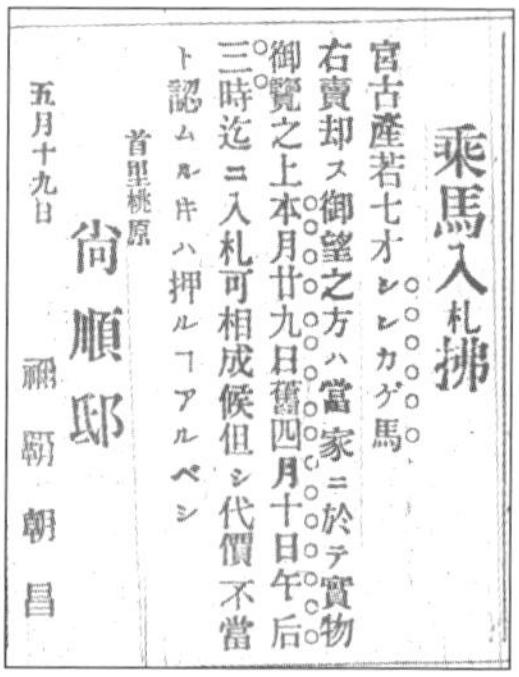

乗馬入札拂

宮古産若七才シレカゲ馬

右賣却ス御望之方ハ當家ニ於テ實物御覧之上本月廿九日舊四月十日午后三時迄ニ入札可相成候但シ代價不當ト認ムルトキハ押ルヿアルベシ

首里桃原　尚順邸

五月十九日　禰覇朝昌

売却結果を報じた記事は見当たらないが、なにしろ旧王族の持ち馬である。高額で落札されたはずだ。尚順が他に記録のない王朝時代の元日競馬を「鷺泉随筆」で回想したのは、乗馬（競走馬）へのこだわりからだったのだろうか。

ともあれ、綾門大道の競馬は明治三十九年で打ち切られ、平良真地に舞台を移すことになる。大正から沖縄戦の直前まで平良真地で開かれた沖縄神社祭の奉納競馬では、赤や紫の布で着飾った二〇〇頭もの競走馬が守礼門の前にあった沖縄県師範学校の記念運動場にいったん集合した後、二列に並んで平良真地に向かったという。鳥居出しにちなんで守礼門を出発点としたのである。昭和初期の名馬ヒコーキもその馬列に加わっていたのだろう。

第五章　島尻馬場巡り

沖縄伝統の競馬は島尻と呼ばれる本島南部でもかつて盛んに開かれていた。那覇の馬場を巡る旅では「ヨドリ与那嶺小のヒコーキ」に関する情報を得られなかったが、島尻には「ヒコーキ」の名が地誌に記録された土地も少なくない。昭和初期の琉球競馬を飾った名馬の消息を尋ねながら、島尻の代表的な馬場を巡った。

王朝から拝領された馬場――具志頭

紺地の絣姿に紫の鉢巻きを横結びにしたムラの乙女たちが三線の軽快な旋律に合わせて可憐に舞う。一列になって右手には小さな笠。左手を盛んに上下に動かしてシイの実を拾い集める仕草をする。集め終わると円陣になってカチャーシーを踊り、笠に載せたシイの実を運ぶ動作をしながら舞台の袖に下がっていく。

二〇一〇年、具志頭《ぐしちゃん》の新城《あらぐすく》（現八重瀬町）に伝わる集団舞踊「シーヤーマー」が首里城で上演された。町の無形保存文化財にも指定されたこの伝統芸能が首里城で演じられたのは、一八三八年に琉球王府の命により冊封使の前で披露して以来一七二年ぶり。王朝時代には新城

具志頭・新城馬場跡

集落の近くにシイの木が自生するシーヤーマー（椎山）と呼ばれる岡（白土山）があった。その実は蒸したり炒ったりすると、ほのかに甘い栗のようにおいしく食べられたことから、新城の娘たちがシイの実拾いに汗を流した。作業が終わるとシイの実を拾い集めるしぐさで踊り、つかの間の解放感を味わったという。娘たちの可憐なシーヤーマーの舞いは評判になり、具志頭間切の地頭代の耳にも届く。一八三八年、尚育王の冊封の際、地頭代は琉球王府から冊封使一行の接待を申しつけられると、新城村に評判の舞いを披露するよう命じた。こうして、首里城で演じられたシーヤーマーは冊封使一行に絶賛され、その褒美として王府から馬場が与えられたという。

「グヘーロー ンマウィー」（御拝領馬場）。現在の新城公民館周辺にあった新城馬場がこんな別名をもっているのは、シーヤーマーの首里上演に由来する。小字名を取って「長上原ンマウィー」とも呼ばれるこの馬場は、明治一三年の沖縄県統計概表によると長さ一・三町（約一四一メートル）。村落所有の馬場だけに、具志頭間切の所有だった長門馬場（安里、直線二一八メートル）に比べて規模は小さいが、〈旧暦五月一五日の稲穂祭の日に競馬を行なって、村中の人々が楽しむようになった〉（『具志頭村史』）と記されている。

〽五月稲穂祭に馬揃て
　揃ている馬勝負組
　えい勝馬終《うちな》て角力《しま》囲《だつ》さ

具志頭村に伝わる新城口説《くどうち》の一節である。旧暦五月一五日の稲の初穂祭には馬が集まって競馬が行われる。勝負がすんだら、さあ今度は角力《シマ》（沖縄相撲）だという意味の五七調の歌詞。舞台はもちろん「グヘーロー　ンマウィー」だった。

この新城を含めた具志頭の馬場の歴史を振り返ってみると、首里や那覇とは風情の違うもう一つの競馬の姿が見えてくる。

具志頭には王朝時代から農民用の馬場があり、農民の手で競馬が行われてきた。『具志頭村史』にはこう記されている。

〈（具志頭の）競馬は　台風のような自然の脅威、薩摩藩や首里王府や、間切や村を所有していた両総地頭・脇地頭などから二重三重の搾取に、貧乏生活を強いられていた田舎百姓達の、心を支えていた共同の娯楽であり、為政者も政略としてこれを薦め、田舎百姓達も自らこれを求めたのであろう。近世琉球時代から、明治終わり頃にかけて具志頭・新城・玻名城・安里・与座・仲座では、毎年、旧暦四月に行われる畦払い（アブシバレー）の日や、旧暦五月十五日の稲穂祭（グングヮチウマチー＝五月ウマチー）の日には競馬が行われ、それは間切において毎年春秋の原山勝負の日にも行われた〉。

新城など村落所有の馬場では農村の年中行事に、具志頭間切所有の長門馬場では原山勝負差分式の後に競馬が開かれたという。

農民の競馬とあって王朝時代に首里王室が訪れることはなかっただろう。士族の競馬が開かれた首里近郊の平良真地や崎山馬場、那覇の潟原、上間馬場に設けられたという毛せんを敷き詰めた玉座や御桟敷《ウサンシチ》の跡は残っていない。だが、競走そのものは士族競馬となんら変わらない。二頭併走で細やかにゆったりと脚を伸ばし、美しさを競う琉球伝統の馬勝負である。東西に延びる馬場の端には、競走を終えた後、水浴びできるように「ンマアミシグムイ」（馬の水浴び池）もあったという。

競馬の様子を『具志頭村史』は次のように記している。

〈競馬に使用する馬はナークー（宮古馬）と称する小柄な馬であった。競馬に出場する馬を所有しているのは、村で仕明請地（開墾して私有が認められた土地）を持った金持ちが多かった。競馬が行なわれる四、五日前から馬主は良いえさを与え、たてがみ（方言名カンジ）・ひづめを切り揃え体調を整えた。前帯・尻帯・腹帯・耳飾りなどは赤・白・黄・紺の原色の縫い込み生地や造花で飾られた。競馬に出場する馬には馬主が乗るのではなく、乗り手として前もって選ばれ練習を積んだ村の若者が、りりしい乗馬姿で乗った。速さ、ザンメー（中間速で走る脚の動作）の良

具志頭馬場跡

さ悪さ、馬具の華やかさ・美しさ、乗り手の若者のりりしい姿が競馬の審査の対象となった。村人達は、短いバサージン（芭蕉布でつくった着物）を着け、裸足のまま見物した〉。那覇、首里から中頭、山原の競馬では壮年の騎手が多かったが、島尻では若手中心。競馬見物も那覇、首里のように正月用の晴れ着でめかし込まずに、いつも身につけているバサージン。村祭りのように気取りのない普段着の競馬だったことが想像できる。

　そんな具志頭の代表的な農村馬場が、シーヤーマーの褒美として王府から拝領した新城馬場だった。跡地は新城公民館前の広場と道路に変わったが、そこだけ道幅が極端に広く、昔日の名残をわずかにとどめている。『具志頭村史』によると、近隣の安里、玻名城《はなしろ》馬場は明治末まで、具志頭馬場では昭和初期まで競馬が開かれたが、新城競馬ではいつまで続いたのだろうか。昭和の名馬「ヒコーキ」の蹄跡は残されていないだろうか。新城公民館の書記・上條邦子さんが筆者の問い合わせに応えて、古老から聞き取り調査を行ってくれた。

　話者は大正六年生まれの新門《しんじょう》チヨさん。

「私が小学校一年生ぐらいまで新城の馬場で馬競走を観たことがあります。その後は、もう観なかったように記憶しています。新城区で上位になると、代表として玉城垣花《たまぐすくかきぬはな》ンマウィーまで行っていました。代表の親戚、縁者は弁当持参で応援に行ったものです」

「ヒコーキ」の名は新門チヨさんの記憶にもなかったが、〽五月稲穂祭に馬揃……と歌われた新城の競馬は、大正一二年頃まで行われていた。その競馬で上位に入ると、具志頭村各地の代表馬とともに玉城垣花馬場へ遠征し、玉城村の逸材と美技を競ったのだろう。具志頭と玉城の〝オールスターレース〟。その舞台となった玉城垣花を訪ねればヒコーキの手がかりが得られるかもしれない。

フェアウェイになった馬場——玉城

春になると淡い紅色のハマヒルガオが咲き誇る百名《ひゃくな》ビーチをレンタカーで北上する。目指す馬場跡はカーナビどころか、地図や現地の案内板にも載っていないが、玉城垣花の集落をひと回りしただけでみつかった。「突然道幅が広くなり、同じ幅員のまま真っ直ぐな道が二〇〇メートルも続けば、それはたいがい昔の馬場の跡です」。昭和初期の名馬ヒコーキの蹄跡を探す旅路で古老たちに聞かされた通りの地形になっていた。

玉城垣花馬場は「和名《わな》馬場」とも呼ばれる。明治中期までこの地の字名が「和名」だったことに由来するのだろう。明治一三年の沖縄県統計概表には、直線一・三町（約一四一メートル）、幅五間（約九メートル）と記録されているが、住宅街の間を東西に真っ直ぐ延びる幅の広い道が二〇〇メートル以上続いている。南東へ数分足を伸ばすと石畳の急な下り坂があって、その先には名水で知られる垣花樋川《かちぬはなひーじゃー》。戦前は生活用水を求めて集落の女性たちが手桶を持って集まったというが、今では観光客の人気スポットになっている。昭和六三年には環境庁の全国名水百選にも指定された。

「宮古島の名酒・多良川も玉城に工場を作り、宮古島の原酒を垣花樋川で割水しているんだよ。宮古島生まれ、玉城育ちの泡盛というわけだな」案内してくれた玉城出身の平原武古さんは言う。

玉城・垣花馬場跡

その樋川下流の水たまりが馬浴川《ンマアマシーガー》。かつて、この水たまりで馬の体を洗っていたことから名付けられたそうだ。和名馬場にはンマアミシグムイの跡がないため、出走馬も競走が終わると垣花樋川に下りて県内屈指の名水で汗を流したのかもしれない。

「玉城垣花の競馬について、祖父によく聞かされました」。当地の競馬を知る古老に話を聞いた。大正一三年生まれの比嘉新栄さん。「私が物心のついた頃には、もう馬勝負はなかったのですが、家には祖父の赤い木製の鞍が置いてありました。祖父はその鞍で競馬に出場していたそうです。競馬を馬勝負と呼んでいましたが、速さを競う勝負ではなく、脚の運び方の善し悪し、素晴らしさを競ったそうです」。前出の新門チヨさんによると、新城馬場の代表馬が大正一二年頃まで和名馬場で走っていたという。両者の話を合わせると、当地の競馬は大正後期か昭和初頭まで続いたことになる。昭和初期の名馬に心当たりはないだろうか。比嘉さんは「ヒコーキですか？　うーん、ヒコーキねえ」とつぶやきながら、記憶の糸をたどってくれたが、首をひねるばかりだった。この地で開かれたのは具志頭と玉城の対抗競馬。中頭の「ヒコーキ」が加わることはなかったのかもしれない。玉城村の他の馬場で走った可能性はないだろうか。

明治一三年の沖縄県統計概表には玉城の馬場として和名馬場の他に上江洲口（仲村渠《なかんだかり》）、ニギン（船越）、仲地（前川）の名も記載されている。最大の規模を誇ったのが上江洲口《イージグチン》馬場《マウィー》で、長さ二・四町（二六一メートル）、幅八間（約一四・五メートル）。『玉城村誌』は、〈長さ三〇〇メートル、幅二〇メートルの長方形〉と記しているが、いずれにしても、和名馬場の倍近い長さである。一七三七年の乾隆（元文）検地の測量に基づいて作成された琉球国惣絵図にも、上江洲口の地に東西へ延びた形状が描かれており、近世半ば以前に開場した。『玉城村誌』には次のような記述がある。

〈松樹鬱蒼とした木々で囲まれた馬場で、毎年ここで競馬が行われた。沖縄特有の馬具を掛け、村民は家の牡馬をひいて馬場に集まり、相手の馬と紅白に組んで競走させ、老若男女酒肴を携えて見物したものであった。いつの頃から始まったか詳ではないが、大正年代から村原山勝負の差分け式もともに挙行され、各部落は旗を立て、鐘、太鼓等を打ち鳴らし馬場へ集まり、相当賑やかなものであった〉

島尻では馬場によって競馬開催が二通りに分かれている。規模の大きな村所有の馬場（町村制施行の明治四一年以前は間切所有の馬場）では原山勝負差分式の当日に、規模の小さい集落所有の馬場ではアブシバレーや五月ウマチーなど農家の年中行事の当日に開かれた。上江洲口馬場は前者である。昭和二〇年当時の玉城村の集落図（『玉城村史』掲載の住宅・戦災地図）を見ると、馬場は与那川屋取（帰農士族集落）を中心に形成された上江洲口集落（仲村渠二区）の南端。現在は琉球ゴルフ倶楽部の中にあるという。東、西、南の三コースに二七ホールを備え、日本女子ツアー開幕戦「ダイキンオーキッドレディス」の舞台となる沖縄の代表的なゴルフ場である。南コースは自然の起伏に富んでおり、東コースと西コースにはフラットなフェアウェイが広がっている。琉球競馬は平坦走路で足並を競っただけに、馬場の跡地は東か西のコースだろう。

「馬場があったのは東コースの一番と九番、西コースの一番と九番、この四つのホールにまたがって延びていたそうです。うちの倶楽部は開業して三五年になりますが、たまたま昔からいる者が知っていました」。琉球ゴルフ倶楽部の説明に従ってコース図の上に東西三〇〇メートルの直線走路を描いてみる。平成一六年、女子ツアー最年少優勝を飾った宮里藍（当時一八歳）が祝福されたクラブハウスのほぼ正面の位置だった。ゴルフギャラリーの拍手に包まれる舞台にはかつて競馬ギャラリーの指笛が挙がっていたのだ。

ＪＲＡのトップジョッキー、武豊騎手が平成一九年にテレビ番組の企画で俳優の小泉孝太郎（小泉純一郎元首相の長男）とともに琉球ゴルフ倶楽部を訪れた時のこと。「このフェアウェイ（芝）で競馬をやったら時計が出ますよ。ディープインパクトを走らせたら？　飛ぶねー。沖縄にも競馬場があればいいのになあ」と、ＪＲＡの競馬場よりも少し短い芝生の感触に明るいジョークを飛ばした。そんな談笑をしながら回ったゴルフコースがまさか競馬場の跡地だったとは……。「夢にも思いませんでしたよ」。武豊は後に筆者の説明を聞いて驚きの声を上げた。無理もない。ゴルフ場の東に隣接する玉城垣花の古老、大正一三年生まれの比嘉新栄さんでさえ上江洲口の競馬は記憶にないという。

『玉城村史』には〈後年になって出場馬が少なくなったことや原山勝負差分式と招魂祭が同日、一緒に挙行されるようになったので、忠魂碑のある学校運動場を利用するようになり、上江洲口での競馬は廃止となった〉と記されている。学校運動場とは上江洲口馬場から西方二キロに位置する玉城尋常小学校の運動場。日露戦争（明治三七〜三八年）で沖縄県出身の出征兵士から一割近い死傷者を出したため当時は〃忠義の魂〃を顕彰する碑（忠魂碑）が県内各地で建立されていた。玉城小の運動場に建てられたのは大正七年。五年後の大正一二年には運動場の拡張工事が行われている。この時期に上江洲口の競馬を廃止し、原山勝負差分式だけを広くなった運動場へ移行したのだった。年代からみて、昭和初期の名馬「ヒコーキ」が出馬する機会はなかっただろう。

中頭には昭和一〇年代まで競馬を開催していた馬場が多いが、島尻では上江洲口など大半が大正末までに終焉を迎えている。他地区に先駆けて押し進めた小柄な在来馬の品種改良が原因だった。宮古馬、島尻産馬など沖縄在来の牝馬をヤマトから導入した大型種牡馬と交配し、馬体の大きな雑種を生産させたのである。『玉城村誌』によれば、玉城村では明治四〇年、初めて馬政局（当時は首相直轄、四三年から陸軍省外局）より国有のアングロアラブ系種牡馬を借り受け、県下に先がけて品種改良に着手した。そのため、琉球競馬の担い手だった在来馬は減少の一途をたどる。

競馬を開催しても出走馬がほとんど集まらず、廃止に追い込まれていった。品種改良（大型雑種馬の生産）を進めた背景は、後に詳述するが、沖縄にも押し寄せた軍事化と近代化である。そんな中、島尻で昭和七、八年頃まで競馬の灯をともし続けた馬場が南風原町にあった。そこには伝説の調教師とともに「ヒコーキ」の名前も残されていた。

南風原へ移動する前に、上江洲口馬場の〝その後〟に少しだけ触れておきたい。沖縄戦直前に日本軍の兵舎が馬場の中に築かれ、米軍の砲弾にさらされる。昭和二一年、米軍がこの地を接収。住民を北隣の親慶原に移住させて米海軍司令部を置いた。一四年にはＣＳＧ（混成サービスグループ）という名の部隊が駐屯する。『南城市史』によると、このＣＳＧは当初から謎に包まれており、基地の機能や目的も不明。〈基地内の奥に隔離されたエリアがあり、そこでスパイ訓練や捕虜の尋問などが行われていたと噂されていた〉という。ベトナム戦争で米軍機から大量に空中散布された枯れ葉剤との関連が指摘される農薬ＰＣＰ（ペンタクロロフェノール）が近隣の志喜屋水源地に流出した四六年、米紙ニューヨークタイムスの報道でＣＳＧ駐屯地の実態が明らかになる。この駐屯地はＣＩＡ（米中央情報局）の秘密工作基地だった。ＣＳＧは翌四七年五月一五日の本土復帰当日に撤退。四九年に土地が返還され、その跡地が琉球ゴルフ倶楽部になったのである。

伝説の調教師・松嘉那――南風原

どんな悪癖を持った暴れ馬も松嘉那の手にかかれば四、五日で良馬に変わる。彼に暴れ馬を預けた飼い主はその変貌ぶりにしばらく自分の馬だと気づかなかったという。そんな調教の魔術師、沖縄最高のホーストレーナーが今から三三〇年前、南風原町宮平に実在していた。正史『球陽』の七巻（尚貞八年＝一六七六年）には驚くべき名調教ぶりが記されている。

〈南風原間切宮平村に松嘉那なる者有り。善く馬に乗す。或いは碁盤に騎して右転左旋し、或いは五寸板に騎して前進後退す。又善く馬を習す。蹄齧踢跳の馬（蹄をかき鳴らしてうずくまったり跳ねたりする暴れ馬）といえども、また四、五日教へて之《こ》れ習し、攻すに以て之を制すれば則《たちま》ち変じて良馬と為《な》り、人、前の馬たるを知らず。時の士、多く之れを師として学ぶ〉（『球陽』読み下し編　球陽研究会）。

松嘉那は手に負えない荒れ馬を飼い慣らすと同時に、碁盤の上でも五寸板の上でも馬を前後左右に操れる馬術の名手。乗馬をたしなみとする士族は師匠として仰いだとしている。ただし、松嘉那が歴史書に登場するのはこの一文だけ。悪馬の劇的な矯正術をどこで体得し、どのような手段を用いたのか。魔術のタネを明かす史料は見つかっていない。

謎に包まれた馬術師・松嘉那が悪馬を飼い慣らした宮平集落は、南風原間切最大の村だった。一八世紀後半に作成された琉球国惣絵図には集落の外れに大きな馬場が描かれている。明治一三年の沖縄県統計概表によると馬場の直線の長さは二・〇四町（約二二二メートル）。戦前の宮平集落地図を見ると、北側に那覇―与那原を結ぶ軽便鉄道・与那原線の宮平駅、南側には宮平川、西端には大正時代、染織の新しい技術をこの地に伝え琉球絣生産に寄与した金森市八の織物工場が建っている。集落の真ん中を南北に走るメーンストリートには「綱引き組み分けの道」と標され、その東がアガリンダカリ（東村渠）、西はイリンダカリ（西村渠）、南端には綱引きの会場になる道。馬場はその綱引き道から宮平川を渡った集落の外れにあった。東西へ延びる馬場の東端には黒丸を付して「クムイ」と書き込まれている。クムイとは馬が水を浴びる小堀「ンマアミシグムイ」である。琉球競馬には競走後に水浴びする習慣があったことから、西端が競馬の発走地点、東端がゴール地点だったことが分かる。

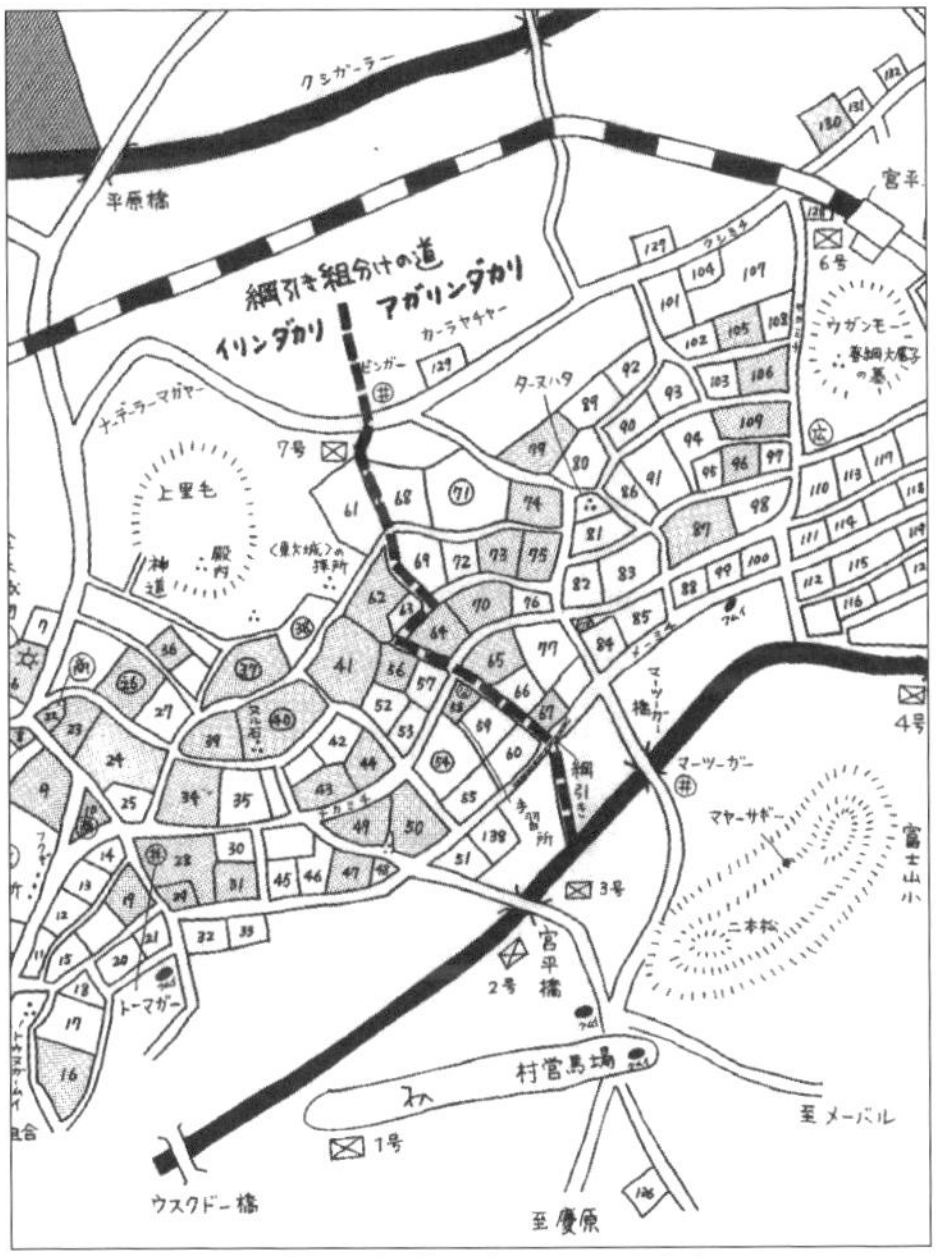

宮平の民俗地図（「60 年前の南風原」より）

〈宮平馬場はウマイーとも呼ばれ、南風原村の競馬場であった。そこでは年一回、村主催で競馬が開催された。馬場の両側は一段と低くなり、所々に松の大木が生えて、その木陰は競走馬の繋留所になっていた。また、十二月に行われていた原山勝負終了後の余興でも、馬を走らせていた〉（『南風原町

南風原・宮平馬場跡

史』）という。〈昭和七〜八年頃で途絶えたようだ〉とも記されており、ヨドリ与那嶺小のヒコーキが平良真地の大競馬を制した昭和二、三年頃には村主催の競馬が行われていたことになる。さらに地誌を調べてみた。『宮平誌』は〈南風原村唯一の競馬場で中央南側には勝負審判員席、賞品授与席等が盛土して一段と高く構築され……〉と競馬の舞台を説明したうえで、こう記している。〈県下の名馬「ヒコーキ」とか「カーミー小」等が参加して大変盛会であった〉。琉球競馬のとう尾を飾った名馬は松嘉那ゆかりの地にもその名をとどめていたのだ。ヒコーキも競走を終えた後にクムイで汗を流し、気持ちよさそうに鼻を鳴らしたのだろうか。当地の歴史資料を保管する町立南風原文化センターに問い合わせたところ、「ンマハラシー（競馬）については調査が行き届かず、ヒコーキの情報も得られていません」（同センター・山城みどりさん）という。

ヒコーキの蹄跡が残る宮平馬場。訪れてみると、馬場跡は道路と宅地に変わり、往時を偲ぶよすがはない。戦中、戦後の激動の波が競馬の面影を消し去っていた。南風原は沖縄戦で沖縄守備軍（第三二軍）司令部のあった首里の後方陣地として日本軍がひしめいていたため、米軍の集中砲火を浴びて焼土と化した地域である。住民の四〇％以上が戦争の犠牲になったといわれる。昭和四七年の本土復帰前後からは那覇市のベッドタウンとして宅地化が急激に進んだ。復帰前の昭和四五年に一万人余だった南風原町の人口は平成二二年に三万五〇〇〇人を突破。戦前、馬場の周辺に民家はなかっただけに、宅地開発の波が宮平にも及んだことが分かる。周辺の住民に尋ねてみたが、「ヒコーキ」どころか、当地の競馬を知る人さえ見つからなかった。

宮平から一・五キロほど南にある字喜屋武の南風原町立翔南小学校にも足を運んでみた。戦前に「大遊び《ウファアシ》」と呼ばれる芸能まつりの舞台にもなっていた喜屋武馬場の跡地である。南風原町の人口増加に伴い、平成三年に開校した。校舎の前には「うまうぃーぐわぁ跡」と刻まれた石碑が建っている。

うまうぃーぐわぁ跡の石碑が翔南小の正面に建っている

〈「うまうぃーぐわぁ」は馬の練習場です。大正時代まで南風原には畑勝負《ハルスーブ》という行事がありました。（中略）その結果は役場のあった宮平の「うまうぃ」（宮平馬場）に村民を集めて。その前で発表し表彰しました。その余興として競馬が盛大に行われました。その競馬に出場するための練習場が「うまうぃーぐわぁ」なのです。喜屋武からは外当・仲糸満等の馬が出場しました。昭和三年にはウファアシビ（三日三晩の十五夜あしび、道ズネー、巻棒、組踊等を演じた）

も盛大に行われました〉（平成一二年三月建立）。校内の碑文だけに小学生でも分かるように説明されている。

すでに紹介した那覇の国場馬場、与儀馬場が古波蔵馬場の競馬に出るための練習場なら、喜屋武馬場も宮平馬場の競馬に備えた稽古場。末尾に「ぐわぁ（小）」を付けて、競馬用の馬場「うまうぃ」と区別していたのだ。

翔南小学校の昼休み。馬場碑を撮影していると、女子生徒が校内掃除の手を休めて集まってきた。「おじさん、どこから来たの？」「なんでこんなの撮ってるの？」「いつ東京に〝帰国〟するの？」。好奇心に満ちた目で矢継ぎ早に質問してくる生徒を相手に、即席で競馬の授業を試みた。南風原には松嘉那という馬術の名人がいたこと、小学校の敷地がかつては競馬の練習場だったこと、この地で競馬の華麗な並足を磨いた外当・仲糸満などの馬が昭和の名馬ヒコーキと美技を競ったかもしれないことなど熱弁をふるってみた。「おじさんの話、なんかよく分かんなーい」。沖縄在来馬を見たこともない今の子どもたちには実感が沸かないのか。それとも授業の仕方が悪かったのか。女子生徒の大あくびをもらって南風原を後にした。

古戦場だった馬場――大里

競馬場がない沖縄県の出身者が初めてＪＲＡ競馬学校に合格――。そんなニュースが流れたのは平成二一年のことだった。難関といわれる競馬学校「厩務員課程」の入学試験を突破したのは南城市大里出身の東徳之さん。父親の転勤で東京に住んでいた小学校六年の時、友人に連れて行かれた東京競馬場で競走馬の走りに魅了された。既務員から調教師を目指そうと決意し、日本有数の馬産地で知られる北海道静内の静内農業高校、さらに東京農業大学に進学し馬術部に所属。競馬学校の受験資格に実務経験が含まれているため卒業後は北海道の牧場で四年間働き、二六歳になって念願の競馬学校の合格通知を手にしたのだった。〈競馬文化のない沖縄にも競馬の魅力を知らせていきたい〉。合格直後の談話が『沖縄タイムス』に掲載されている。

そんな東さんに琉球競馬の概要を手紙で伝えたところ、電話がかかってきた。「競馬学校に送っていただいたお手紙を読ませていただきました。沖縄にも素晴らしい競馬文化があったなんて全く知らず、かなり驚いています。戦前で途絶えてしまったのなら、僕ら若者ばかりか、中高年のウチナーンチュもほとんど知らないと思います。是非、本にして伝えてください。美を競う沖縄独自の競馬なんて、僕の実家がある大里にはさすがになかったでしょうけど、本島で行われていたと聞いただけでワクワクしてきます」。こう語った東さんに大里でも競馬が開かれていたことを伝えると、再び驚きの声が受話器から聞こえてきた。

大里村真境名の東端、佐敷町小谷との境にある長堂馬場に大歓声が上がったのは、大里、佐敷、知念、玉城の四間切による対抗競馬が大詰めを迎えた時だった。「シー馬」（末馬、頭角）と呼ばれる結びの大一番。親慶原《おやけばる》・安谷屋家と上地原・屋宜家の自慢の名馬が色鮮やかに装飾された鞍、手綱、轡《くつわ》を身につけ、二頭併走で華麗に脚を伸ばす。真打ち同士の手に汗握る一騎打ち。素人目には優劣をつけがたいほど、互いに美技を繰り出しながらゴールに入った。安谷屋家の勝利

琉球国惣絵図に示された大里の長堂馬場
（沖縄県立博物館・美術館所蔵）

を告げる審判の旗が上がる。親慶原の応援団から歓喜の指笛が鳴り響いた。長堂馬場を埋め尽くした見物人は名馬の競演に酔いしれながら、夕日に促されるように家路を急いだという。明治四〇年七月七日に行われた島尻郡第三区四ケ間切対抗の馬勝負である。その模様を当時の『琉球新報』は〈甚《はなは》だ盛会を極め、解散せしは最早《もは》や家鶏の寝巣を求める頃なりき。ちなみに記す、見物人は約千人位と見受けられたり〉（同年七月九日付）と報じている。

大里・長堂馬場は一八世紀作成の琉球国惣絵図にも描かれており、南北に延びた形状は明治一三年の沖縄県統計概表によると、直線三町（約三二七メートル）、幅員一三間（約二三メートル）と、本島南部最大の規模。ＪＲＡ京都競馬場の直線（内回りコース）とほぼ同じ長さのマンモス馬場だった。〈長堂ウマウィーは真境名の裏側、佐敷の馬天港が見渡せる風光明媚な場所にあるから、馬勝負の日になると、大里集落はいうまでもなく、佐敷、知念、玉城、南風原から大勢の見物人が詰めかけて賑わった。近くのムラからは旗頭を先頭に、銅鑼鐘、ホラ貝、鉦鼓、太鼓を打ち鳴らして長堂ウマウィーに集まる。（中略）大体二〇組から多いときは四〇組、足踏み上手の名馬が揃った。（中略）当時馬場の周囲にあった松の大樹には着飾った馬が繋《つな》がれて（競馬の）出番を待っていた〉（『南城市史』）という。

間切同士の対抗戦とは別に、原山勝負差分式の後にも競馬が開かれた。〈大里村では（原山勝負の）差分式を挙行するとき、春秋二回の馬勝負をした。西、東に分かれ、午前十時頃より午後四時頃まで行なわれた。農村では里芋、豆腐、三枚肉、ナントウ（黒糖味の蒸し餅）、コンブを準備し、ユーナの葉、又は芭蕉の葉を茹でて、これに包んで見に行った。また、与那原からは行商がやってきて、テンプラ、ハチグミ（ハチャグミ＝沖縄風おこし）、菓子、ミカン水等も売っていた。農村の一大娯楽だった〉（『大里村字古堅誌』要約）。家族そろって手弁当で競馬を楽しみ、馬場の周辺には出店が並ぶ。山原《やんばる》、中頭と同じ光景が長堂馬場でも見られたようだ。

一〇〇〇人を集めたと『琉球新報』が報じた島尻郡第三区四ケ間切対抗競馬から一八年前の明治二二年、大里間切地頭代・真栄田清吉が島尻郡役所に提出した行政書簡にはこんな記述がある。〈明治二二年一二月二日、午前九時より競馬三十六組選出、勝負した結果、西地区三組勝利を得ましたのでお届け致します〉（『大里村史』抜粋）。この年冬の大里間切原山勝負では間切内の全村落を南地区（真境名、稲嶺など九カ村）と西地区（嶺井、古堅など一二カ村）に分けて優劣を審査しており、競馬もこの区分けに従い南西地区対抗で行われた。

間切や集落間の対抗競馬で「家鶏が寝巣を求める頃」まで盛会だったという風光明媚なマンモス馬場は今どうなっているのか。長堂馬場跡を訪ねてみた。

南城市大里の集落（大城区）から車一台がようやく通れる細い道をひたすら登っていく。亀甲墓が点在しているだけの山道。登り切ったところで幅の広い平坦道路にかわった。道沿いには

大里・長堂馬場跡

鶏舎が建っている。「馬場跡はここです。鶏舎も含めたこのあたり一帯がかつての長堂馬場でした。鶏舎の向こうに見える山の上が競馬の見物場所だったそうです」。養鶏業を営む「みやぎ農園」のオーナー・宮城盛彦さんは筆者を事務所に招き入れると、馬場が鶏舎になるまでのいきさつを語ってくれた。

「馬場跡はもともと大里の村有地だったのですが、昭和三〇年代初めに父の盛次郎が購入し、昭和四〇年代半ば、私が小学校五、六年の時にサトウキビ畑を開墾したのです。開墾前の馬場跡は天を仰ぐほど高くそびえ立った松の並木に囲まれていました。馬場の真ん中には石垣が組まれていて表彰台になっていたのです。今帰仁村の仲原馬場のような見事な姿でした。でも、開墾するためには松を伐採するしかなかったのです。〝松林の跡は白アリがいるからサトウキビは無理だ〟と言われたのを覚えています。それからしばらくして、昭和五〇年頃に養鶏場をつくりましたが、松を伐採したことは、今でも気が引ける思いです」

長堂馬場の競馬が途絶えたのは大正時代。人里離れた馬場は沖縄戦の直前に芋畑に変わり、戦後、遊閑地になっていた。生活のための開墾をだれも責めることは出来ないだろう。まして松並木の伐採は盛彦さんの少年時代の出来事である。

「ところで、この地はね、大昔、古戦場だったんですよ。大里按司と大城按司の戦が起こった所です」と宮城盛彦さんは続けた。

大里に残る伝承によると、長堂馬場があった大里・長堂原（小字）で戦が起こったのは王朝統一前の一四世紀。島尻全域に勢力を拡大する大里按司（後の南山王）とこの土地の領主・大城按司が激突した。大城軍が優勢だったが、誤って自軍の軍旗を倒してしまう。大城按司の居城である大城グスクで戦況を見守っていた夫人は軍旗が倒れたため敗戦したと勘違いし、グスクに自ら火を放つ。大城軍は居城炎上に動揺した隙を突かれて大里軍に敗れた。大里の無形文化財になっている組踊「大城大軍」では大城按司の自刃後、遺児の若按司が大里按司の追手から逃れるために玉城の垣花、儀間の湖城（現那覇市垣花）に隠れ住み、後に尚巴志と協力して大里按司を討ったという敵討ち物として描かれている。古戦場が王朝時代から大正時代まで競馬の舞台となり、芋畑、遊閑地を経てサトウキビ畑、養鶏場へと変わったのだった。

『南城市史』には〈大里には有名なウマイーが二つあった〉と記されている。長堂馬場ともう一つ、大里村稲嶺集落の中心地・目取真にあった目取真ジョー（馬場）である。

訪ねてみると小高い丘の上に一部芝生を敷き詰めた一八〇メートルほどの直線が南北に延びており、中央には真新しい観覧席。ンマアミシグムイ（馬の水浴び所）こそ埋め立てられたが、戦

大里・目取眞ジョー跡

前の競馬の舞台がほぼそのまま残されていた。平成に入ってから馬場公園として整備され、大里の無形文化財「目取真の綱曳」の会場にもなっている。沖縄では珍しく四日間にわたって行われる旧盆の最終日、旧暦七月一六日深夜に開かれる「夜綱」である。地域の住民が各家庭でウークイ（祖霊のお送り）をした後、「豊年」、「振農」の旗頭を先頭に、銅鑼鐘、ホラ貝を打ち鳴らしながら目取真ジョーに集まってくるという。

間切所有の馬場は集落の外れに広大な規模で造られ原山勝負差分式に競馬を開催した。一方、集落所有の馬場は集落の中心地に小さな規模で造られ、年中行事に競馬を開いた。長堂馬場が前者なら、目取真ジョーは後者である。ただし、どちらも直線が南北に延びている。

民俗学研究者の長嶺操氏は〈村落から見て南北に長い馬場は不自然であり、むしろその占地に関して意味があるようにみうけられる。（中略）馬場の設置にあたって、風水等を考慮し、なんらかの規則が存在したものと想定できないだろうか〉（「沖縄の馬場に関する調査覚書・予察」、『球陽論叢』収録）と指摘している。馬場跡が一〇カ所も確認されている具志川の市誌によると、首里王府の公認基準に合致した馬場だけが「ジョー（門）」の名称を用いることを許され、〈その基準のひとつとして方位は子（北）と午（南）の方に直線の原則〉と記している。馬場に「ジョー」の名が付いている主な馬場を本島の北からみていくと、天願ジョー（具志川）、和仁屋ジョー（北中城）、座波ジョー（糸満兼城）、そして、ここ大里の目取真ジョー。直線走路が北東〜南西に延びる座波ジョーを除く三場は南北の方向だ。

これに対して、民俗学研究者・西村秀三氏は〈村落と馬場の位置関係には指向性と呼びうるものは存在したかもしれないが、それが規則性まで高められたとはいいがたく感じてしまう。首里王府にとって馬は重要な資源であったにもかかわらず立地や空間構成に関する王府の影響をうかがわせる情報は得られていない〉（「馬場と馬勝負」、『沖縄文化九九号』収録）と、異なる見解を示している。

「いや、驚きました。私の実家にも馬場があって、そこで盛大に競馬が開かれていたんですね。次に里帰りしたときには馬場跡に寄ってみたいので是非案内してください。ウチノーンチュがヤマトンチュに沖縄の史跡を案内してもらうなんて、ちょっと妙な感じですけど」

競馬学校を卒業後、滋賀県・ＪＲＡ栗東トレーニングセンターで調教助手になった東徳之さんは大里の馬場についてこんな感想を口にした。競馬の世界で生きるウチナーンチュにとって、生まりジマ（故郷）の競馬を知ることは、自らの足下を見直すことでもあるからだ。

「で、気になるのは琉球競馬の走法ですけど、側対歩でしたよね。これはとても難しい走り方です。馬場馬術にはパッサージュという歩幅を詰め、脚を高く上げて踊るような歩調の速歩があります。これはサラブレッドでも教え込めば出来るようになるのですが、側対歩だけは無理です。より速く走るために品種改良されてきたサラブレッドにはそういう特性がないのです。二頭が併走しながら側対歩で足並みの美しさを競った……その光景を想像するだけでワクワクしてきます」と東さんは続けた。

馬場馬術は常歩やパッサージュを含めた速歩、駆歩で長方形の馬場（縦二〇メートル、横六〇メートル）を一頭ずつ回り、動きの美しさ、正確さを採点する競技だが、二頭が併走しながら美技を競う琉球競馬のスタイルは世界のどこにも例がない。昭和初期の名馬「ヒコーキ」は、果たして当地の南北に延びた馬場で走ったのだろうか。家鶏が寝巣を求める夕刻、馬天港を望む小高い丘陵の上でパッサージュより難易度の高い舞いを披露したのだろうか。

長堂馬場で競馬が開催されたのは大正期まで、目取真ジョーの競馬開催期間は不明。地誌や現地調査からも名馬の蹄跡を見つけられないまま、次の目的地、一四場もの馬場跡が残る豊見城へ向かった。

三山時代から続いた馬場——豊見城

那覇空港の南に浮かぶ外周一五〇〇メートルの瀬長島《せなが》。上空が空港の進入路にあたるため飛行機マニアが島の北岸から間近に迫る機影にカメラを向けている。日が東シナ海に沈む頃になると、本島から海中道路を渡ってきたカップルたちが集い、頬を寄せ合うデートスポットに様変わりする。「世間《しけ》とゆまりる　瀬長島みりば　花や咲ち美《ぢゅ》ら　匂いしゅらさ」（有名な瀬長島は花が美しく咲き誇って芳香を漂わせる）と歌われるように、この島はかつて花見の名所としても知られ、週末になると家族連れで賑わうビーチパーティーの人気スポットでもある。

島の東側には、琉球王府を批判する落書が発覚し刑場の露と消えた和文学者・平敷屋朝敏（一七〇〇～一七三四年）の記念碑。朝敏の代表作となった組踊「手水の縁」の冒頭の舞台も瀬長島だった。

「とぅてぃん飲みぶしゃや　無蔵《んぞ》が手水《てぃみじ》」（あなたの手で汲んだ水を飲ませてください）。首里士族の山戸が瀬長島へ花見に出かけた折、波平玉川で髪を洗う美しい娘・玉津に手水を求め、それが縁で恋に落ちる。だが、山戸は士族で、玉津は平民。身分違いの禁断の恋だった。山戸の父親は家名が傷付くのを恐れて玉津を処刑するよう配下に命じる。玉津を救うため山戸は刑場へ急いだ……。「手水の縁」は忠孝節義の儒教思想を下敷きにした同時代の玉城朝薫の作品と対照的な組踊唯一の恋愛物である。王朝時代も平成の今日も、花と恋のドラマが織りなす島。そんな瀬長島にもかつては馬場があり、馬のいななきが聞こえていた。

『豊見城村史』にはこう記されている。〈昔の按司時代からグスクの近くには馬の調教等のために馬場があったという。本村内の城（グスク）でも豊見城、長嶺（長嶺と嘉数の東側）、保栄茂、平良（高嶺）に馬場があり、瀬長は砂浜（潟）を使用したのだろうと思われる〉。

西村秀三氏の調査によれば豊見城市内で確認されている馬場は一四場。市町村別では那覇、名護両市に次いで三番目に多い。一四場のうち豊見城、長嶺、保栄茂、平良、瀬長の五場はグスクの近くに開設されていた。三山時代、これらのグスクは南山に属し、中山に対する備え(出城)

豊見城馬場跡

になっていたことから、同地での馬の調教とは軍馬の調練だったのだろう。当時の馬場の役割について、『島尻郡志』は安里馬場（現八重瀬町）を例に挙げて次のように記している。

〈東風平村字当銘の後方にある豊見蔵森は、按司が群雄割拠していた時代の豊見蔵按司の居城だった。近郷を従えて兵卒を集め、豊見蔵森から西方約一〇〇メートル、安里川のあたりにある安里馬場で外敵の攻撃に備えて兵馬の訓練を行なっていた〉

昭和の名馬「ヒコーキ」の蹄跡を探して、馬場跡が点在する沖縄本島を縦断してきたが、その多くは「ヒコーキ」が頂点に立った平良真地のように近世琉球時代、乗馬用、競馬用に創設されていた。その一方で、安里馬場のように戦乱の続いた三山時代の前後、軍馬調練用に作られた馬場もある。豊見城市内に三山時代の馬場が五つも確認されているのは、対中山の最重要防衛拠点だったからだろう。瀬長グスクは海からの攻撃に対する備えの役割も担っていたという。

「この島に馬場があった？　聞いたことがないね。この戦前の地図を見てごらん。ほら、馬場なんてどこにも載ってないさー」

瀬長島の入り口に建っている「空の駅」の食堂に集う老人グループに馬場跡の所在地を尋ねてみた。幼少の頃、瀬長島へ遊びにきていたという本島・豊見城の古老は、一枚の地図を広げながらこう言った。一〇〇人弱の住民が瀬長島で暮らしていた戦前の民俗地図。瀬長グスクや琉球の開闢《かいびゃく》神アマミキヨが降臨したと伝わる「ウマンチュー」などの拝所、井戸《カー》、綱引きが行われた場所まで標されているというのに、馬場跡の表記はどこにもない。

「これは私の直感だが、ひょっとしたら、瀬長グスク跡の南東、〝イシイリー〟のあたりにあったんじゃないかねえ。私の勘は良く当たるんだよ」

豊見城市の文化財担当者も馬場跡についての情報を持っておらず、古老の勘に頼るしかなかった。イシイリーとは海岸線の石灰岩が隆起して出来た子宝岩。岩のテッペンにある上下二つの穴に石を投げ、上の穴に入れば男子、下の穴に入れば女子を授かると言い伝えられてきた。車をグスク跡の南東に走らせると、子宝岩の代わりに石碑が建っていた。二つの穴が空いた岩は戦後の道路工事で撤去されたという。その周囲を歩いてみたが、馬場跡を思わせるものは何も見つからない。いまから六〇〇年前にあった三山時代の遺産を探す歴史ロマンの旅は空振りだった。

沖縄本島各地で琉球競馬が賑わいを見せていた明治後期の沖縄県統計書が手元にある。馬の町村別飼育頭数（明治四三年）を見ると、豊見城村は一七五二頭でぶっちぎりの首位。二位・西原村（一二四九頭）、三位・東風平村（一一三八頭）、四位・中城村（一一八七頭）、五位・玉城村（一一五〇頭）、六位・北谷村（一〇三三頭）と二位以下はほぼ横並びだ。豊見城市は戦前まで県内最大のサトウキビ生産地で、耕作、運搬からキビの圧搾まで馬がフル回転した。明治時代に沖縄で飼育されていた馬のほぼすべてが小柄な在来種。県内最多を誇る在来馬を擁して競馬も盛んに行われた。軍馬調練の舞台だった前述の村内五つの馬場とは別に、上田、渡嘉敷、翁長、饒波、金良、長堂、真玉橋、根差部にも馬場が創設され、明治末に競馬の全盛期を迎える。なかでもひときわ賑わいを見せたのが三山時代に軍馬の調練場だった豊見城馬場である。廃藩置県の翌年（明治一三年）に作成された沖縄県統計概表によると、豊見城馬場は長さ一・四八町（約一六一メートル）。漫湖を見下ろす琉球石灰岩の高台に築かれた豊見城グスクの南側に位置し、近世琉球時代から大正時代に幕を閉じるまで村の競馬のメッカとなった。『沖縄県史』は〈島尻では豊見城に数カ所馬場があって、原山勝負の差分式の後の余興として豊見城馬場は有名であった。それは本県特有の赤塗りの唐鞍に、真鍮《しんちゅう》のアブミをおいて、きれいに飾ったオモガイ、ムナガイ、シリガイとクツワで、乗り手は袴をはいていた〉と記している。豊見城馬場の競馬は当時の地元紙でも頻繁に報道された。

明治三一年一二月九日付の『琉球新報』は〈（原山勝負差分式の）余興として競馬を催せしに、五〇組のうち一二組南部の勝ちとなりて焼酎一升賞与し午後五時退去〉、三二年七月二七日付の同紙も〈余興として午後一時二〇分より豊見城馬場に於いて五六組の競馬を催せしに勝負の結果、三組丈南の勝ちとなるを以て、その褒賞として泡盛酒一升を与え、散会せしは午後六時頃なりき〉と報じている。瀬長島の馬場は三山が統一されて軍馬調練の役割を終えると、歴史の表舞台から消えていったが、豊見城馬場は原山勝負差分式で開かれる競馬の舞台として再生した。〈差分式は農民にとって最大の慰安日であって、御馳走をつくり学校の卒業式に出席しない人でも、この日は出かけて終日、馬勝負を観覧したものであった〉（『豊見城村史』）という。

さらに同村史をめくっていくと、「よく走る馬は高値を呼んだもので、俗にヒコーキ、自動車小という異名をもらった馬もいた」と記されている。大正時代に競馬が途絶えた豊見城に昭和初期の名馬「ヒコーキ」の名がなぜ残されているのだろう。

当時を知る人はいないか。丘陵の上にある馬場跡周辺を巡ってみたが、競馬を記憶している住民には出会えない。知己を通じて、豊見城の郷土史を研究している元教員、高良幸助さん（同市高嶺在住）からようやく話を聞けた。昭和七年の生まれだけに豊見城の競馬や「ヒコーキ」についての情報は得られなかったが、東風平へ向かう馬の行列を見たことがあるという。

「私のムラ（高嶺）は宿道《スクミチ》（王朝時代からの幹線道路）の通過点になっていて、綺麗に着飾った馬の行列が豊見城から東風平馬場に向かうのをながめたものです。尻尾には色とりどりの布を着けていました。私が八歳でしたから、昭和一五年のことでした」

飾り着けた馬の行列は、競馬の際にどこの集落でも見られた。だが、昭和一五年の記憶となると、つじつまが合わない。次の東風平の項目で紹介するが、東風平馬場の競馬は、昭和一二年までに幕を閉じていた。「そういえば、行列の先頭に立つ馬の鞍には日の丸の旗が立ててありました」。日本の国旗を立てた馬行列。それは琉球競馬ではない。後に詳述する「軍用保護馬鍛錬」、陸軍省の要請により昭和一四年以降、本島各地で行われた軍馬調練の馬列である。

「当時は豊見城のどこの農家でも馬を飼っていて、戦争が近づいてくると軍馬として拠出しました」と高良さん。住民から徴発した農耕馬を軍馬として鍛錬したのである。この年の『琉球新報』(一五年六月三日、七月一八日付)に掲載された告示をみると、高良さんの記憶を裏付けるように東風平馬場(当時、東風平記念運動場と改称)が軍用保護馬の鍛錬場所に指定されていた。

「ヒコーキ」の目撃者は結局、一人も見つからなかった。古老たちの記憶にも残っていない名馬。私はただやみくもにその幻影を追いかけているだけなのだろうか。脱力感を覚えながら再び瀬長島へ。カップルたちに挟まれて一人、東シナ海に沈む夕日をながめていると、頭上を飛行機が通り過ぎていく。瀬長グスクの近くにあったと伝えられる馬場も今となっては手掛かりさえつかめない。海を挟んで対岸に広がる那覇空港が海軍小禄飛行場と呼ばれた時代の、あの沖縄戦が恋と花の島にも影を落としていた。戦時中、瀬長島の住民は全員島外に避難しており、その間に米軍が島全域を弾薬庫として接収。昭和五二年、米軍から返還されたときには馬場跡どころか、グスクの石垣さえ跡形もなく消えていた、という。本島に生活基盤を築いた住民が、瀬長島に再び戻ることはなかった。

「陸のハーリー」――東風平

首里を皮切りに、山原から中頭、さらに島尻へと、その蹄跡を探し続けてきた昭和初期の名馬

「ヒコーキ」は、中頭に在住した「ヨドリ与那嶺小」という屋号の所有馬である。だが、生まれた時からこの屋号の主に飼われていたのか。ひょっとすると、島尻から中頭に買い取られてきたのではないだろうか。

そんな可能性を伝える一文が『大里村字古堅誌』に記されていた。

〈当時の馬勝負には古堅知念に当時四百円もした、最終の勝負（結びの一番）に出る宮古から買った馬がいた。県下一番の良馬であったが、中頭に行ったと云う。その後のことは不明である。東風平には飛行機となづけられた走馬がいたが、それも消息は絶えた〉

「ヒコーキ」は東風平の競馬で名を挙げてから、中頭へトレードされた。その後、「ヨドリ与那嶺小」の所有馬として昭和初期（昭和二、三年頃）に平良真地の大競馬を制した……。『大里村字古堅誌』の記述をもとにこんな仮説を立ててみた。

歴史家の真境名安興は、〈競走馬価格は百円ないし二百五十円ぐらいで売買せられてあるも、往年好景気時代には、県内で優勝馬として有名なりしヒコーキ号、ジドウシャ号の如きは千金（千円）以上も唱へられたる由である〉（『真境名安興全集』三巻）と書いている。真境名が記した往年好景気時代とは、空前の砂糖景気に沸きかえった大正八〜九年頃だろう。「ヒコーキ」探しの旅の途中、宮古馬に詳しい長濱幸男氏（宮古島市史編さん委員）から貴重な資料を入手した。大正一一年に陸軍省が発行した『馬政局事業時報』。そこには〈優勝馬は非常なる高値に転々売買せられ、現に沖縄本島至る所の競馬場において常に優勝を占めつつある俗称ヒコーキ号といふ宮古産馬は、二千円にて売買せられしと云ふ〉と記されている。『東風平村史』にも高値を呼んだ馬としてその名が挙げられていた。

「ヒコーキ」は大正時代に東風平から中頭へ金銭トレードされて話題になったのではないだろうか。大正時代に競馬が途絶えた豊見城の地誌にその名が残されていたのも、その時代に隣村の東風平から出場したからではないだろうか。

戦前、東風平で競馬が最も盛んに行われていたという村営東風平馬場に足を運んでみた。字東風平集落の中心部にある馬場跡は一面に芝が植えられた広場になっている。すぐ脇には石段の観覧席。旧暦八月一五日の豊年祭では二五〇年の伝統を誇る棒術や獅子舞、村芝居の舞台になるという。『島尻郡志』は当地の競馬について次のように記している。

〈本島の各村には一、二ケ所ないし、二、三ケ所、広い長方形の馬場が見受けられる。本県特有の馬具を掛け、民家の牡馬をひいて馬場に集まり、相手の馬と紅白に番を組んで競走をさせ、男女老幼、酒肴を携へて見物に出掛けた。これが漸次衰退して、ほとんどこの馬揃へ（競馬）を見る事が出来なくなったが、東風平村では近年まで五月五日、東風平馬場で競馬の催がある〉。東風平村内にあった他の馬場（友寄、富盛、世名城、小城）の競馬は明治時代に途絶えていたが、この島尻郡志が発行されたのは昭和一二年。「近年まで」との記述から、東風平馬場の競馬は昭和初期まで、つまり「ヒコーキ」の活躍している時代にも開かれていたことになる。

「〝ヒコーキ〟……ですか？　大正から昭和初期にかけて、そんな名馬がうちの地区にいたんですか？　私は戦後生まれだから知らないが、東風平の老人会に聞いてみましょうね。分かり次第連絡します」。馬場跡の前に建つ東風平公民館に問い合わせると、新垣康守区長が老人会のネットワークを使って地元の古老たちから情報を集めてくれるという。朗報を待ちながら、さらに史料をたどってみる。

明治一三年の沖縄県統計概表によると東風平馬場は直線一・四町（約一五二メートル）、幅九・三間（一六メートル）。もともとは近隣の上田原馬場に島尻各間切の馬を集めて競馬が行われていたようだが、〈間切対抗意識が強く、競馬の後に流血騒ぎが続き廃止〉（『東風平村史』）となったため、王朝末期の一八五九年頃、競馬の舞台を東風平馬場へ移したという。

移設後は原山勝負の差分式の余興として春秋二回開催。『東風平字長寿会誌』によれば、明治の初めから旧暦五月五日にも島尻郡内の馬主たちの手で主催された。旧暦五月四日にはハーリー（爬竜船競漕）が各地で行われたが、海に面していない東風平にとって旧暦五月五日の競馬は「陸のハーリー」だったという。

〽村のまぎさや富盛村　（村が広いのは富盛村）
みやらびちゅらさや世名城　（娘が美しいのは世名城村）
（中略）
遊でわかゆる友寄村　（遊びで分かるのは友寄村）
馬場前なちゅゅる東風平や　（馬場の前に集落のあるのは東風平村）

東風平間切各村めぐりの口説《くどぅち》で「馬場前なちゅゆる」と歌われたほど東風平馬場は村の中心的な

東風平馬場跡

存在で、競馬も賑やかに開催された。村の祭典「陸のハーリー」には「ヒコーキ」も参戦したのだろうか。

新垣康守区長から返信があった。「はっきりしたことは分からないのですが、ヒコーキという馬は〝昔の三和村（昭和二一～三六年にあった真壁、喜屋武、摩文仁の合併村。現・糸満市南部）にいたようだ〟とか〝三和村の真壁にいたはずだ〟という話を古老から聞きました。ただし、いずれも記憶があいまいで、確証を得られるような話ではありませんでした」。

記憶があいまいなのはやむを得ない。なにしろ八〇年以上前の名馬である。「ヒコーキ」は真壁（糸満市）から東風平など島尻の競馬を渡り歩き、その後、中頭の「ヨドリ与那嶺小」の元へトレードされた……。古老の伝をもとに新たな仮説を立て、糸満市の地誌に「ヒコーキ」の名が残っていないか、調べてみると、『糸満市史』にこんな一文が書かれていた。

〈字賀数には自動車グヮーと呼ばれる足の速い馬がいたが、字阿波根にはそれよりもなお速い飛行機グヮーと呼ばれる馬がいた〉

字阿波根は真壁の七キロ北に位置するが、どちらも糸満市内である。現地へ足を運べば新たな情報が得られるかもしれない。

糸満馬場巡り

糸満市は戦前、糸満町と兼城《かなぐすく》村、高嶺村、さらに戦後の一時期、三和村に統合された真壁村、喜屋武《きゃん》村、摩文仁《まぶに》村に分れていたが、この五村も競馬が盛んに開かれていた地域である。兼城村には座波馬場《ザーハジョー》、阿波根《あはごん》馬場、武富《たけとみ》馬場、北波平《なみひら》馬場。高嶺村には与座馬場、真栄里《ヨリウシ》馬場、大里馬場。真壁村には宇江城馬場、名城馬場、真壁馬場（メーミチ）。喜屋武村には喜屋武馬場、福地馬場。摩文仁村には米須馬場。そのうち、座波、宇江城、福地、米須の四場は一八世紀後半に作成された「琉球国惣絵図」に標され、廃藩置県の翌年（明治一三年）に発行された「沖縄県統計概表」にはこの四場に与座、真栄里を加えた六場の規模が記録されている。「ヒコーキ」も王朝時代に開かれた由緒ある馬場に蹄跡を残したのだろうか。『糸満市史』によれば、「飛行機グヮー」という名の馬が字阿波根にいた。東風平の古老の記憶では旧三和村、真壁の馬だったという。

糸満市文化振興係に問い合わせると、市史編集を担当する加島由美子さんからこんな答えが返ってきた。「『飛行機グヮー』について記された『糸満市史』（平成三年の発行）の執筆者は残念ながら亡くなられております。故人が残したメモや資料がないか探してみますのでしばらくお時間をくださいい」。書庫に保管されている膨大な資料に当たってくれると言う。加島さんからの朗報を待ちながら、この地の競馬を報じた戦前の地元紙や地誌に目を通してみた。

〽ムラぬまぎさや　座波ムラどぅ　（集落の大きいのは座波だ）
馬場めーなち　賀数ムラ　（馬場の前にあるのは賀数だ）

「兼城間切口説」にこう歌われた座波馬場はかつて座波と賀数の集落をまたぐように、二・四町（約二六二メートル）の直線走路が延びていたという。当時の『琉球新報』によると、競馬は宇江城、与座馬場とともに村主催の原勝負差分式や農作物、畜産品評会、明治後半からは招魂祭など村行事の後にも開かれた。

〈兼城間切にては、座波馬場にして馬勝負の催しある由なるが、昨日、番組をなしたりという〉（明治三三年六月一七日付『琉球新報』）。これは出走馬の番組（組み合わせ）が決定したと報じた記事。

〈兼城間切座波馬場において同間切・武富ほか一村と東風平間切当銘ほか一村と競馬の興行ありたる〉（明治三五年一二月九日付・同紙）。これは他村との交流戦を報じた記事。

〈兼城村馬場において挙行すべかりし畜産品評会余興の競馬を盛大に行いたる由なるが、当日は当来雨天模様なりしにもかかわらず、一三〇頭余の競馬ありたり。ちなみに同馬場は兼城村長の斡旋と同村青年会員の労力寄付によって竣成され、今や郡有数の馬場になれり〉（大正四年一〇月二四日付・同紙）。これは改修工事を終えて「兼城村馬場」へ名称変更された座波馬場で大挙一三〇頭の競馬が開かれたことを報じた記事である。

『糸満市史』には〈馬場の近くには出番を待つための控え所があった。座波馬場の場合、馬場の

昭和一〇年の座波馬場（『兼城小学校創立 100 周年記念誌』より）

現在の座波馬場跡

南方にある小山を利用した。そこには松などの木が生えており、木陰も多くあって休憩場所として最適であった。観衆は二頭の馬が勝負している間、観覧席から指笛を鳴らして応援した〉(抜粋)と記されている。

昭和六年、一〇年撮影の写真を見ると、樹齢三〇〇年といわれる松の大木に囲まれた馬場は兼城尋常小学校の運動場に変わっていた。島尻の多くの馬場同様、競馬は大正末に途絶えたという。

競馬の元フリーライターで、糸満市文化振興係に勤務する立石有貴子さんの案内で市内の馬場を巡ってみた。座波馬場の跡地は今も兼城小学校の運動場になっており、児童がキャッチボールに興じている。指導に当たる同校教諭は「私が子供頃、父からこのあたりが馬場だと聞かされました。いまの児童たちも馬場があったことぐらいは知っていますよ。校歌の歌い出しが〝馬場〟ですからね」と言う。

〽常磐《ときわ》の緑　空に映え　昔を偲《しの》ぶ　座波の馬場……

昭和五〇年に改定された兼城小学校校歌の歌い出しである。かつて馬場があったことを前面に打ち出しており、失われた史跡へのこだわりが感じられる。戦前に作られた旧校歌の楽譜と歌詞(『創立一二〇周年記念誌』)も見せてもらった。作詞は豊田信勝、作曲は「安里屋ユンタ」「えんどうの花」などで知られる宮良長包。

米須馬場跡

〽眺めも広き　座波の馬場　緑も千代の　松並木……

歌い出しは、やはり座波馬場である。ただし、旧校歌の歌詞にあった「松並木」が、戦後改定された新校歌から外されていることに気づく。『沖縄県における馬場跡の調査報告』によれば、この馬場は戦時中に日本軍の弾薬集積所となり、誤爆によって周囲の松並木が失われたという。

レンタカーで米須集落の内に入っていくと、突然、道幅が広くなった。幅員一八メートルの県道のような太い道が二八〇メートルも続く。松の名木「ホーヤーマーチ」で知られた米須馬場の跡地である。道沿いには米須公民館と米須馬場の石碑。この馬場跡は昭和六二年にアスファルトで舗装され、旧暦六月二五日の大綱引き、八月一五日の獅子舞、ウシデーク（豊穣祈願祭祀などの後に行われる女性による円陣舞踊）などの会場となっているが、かつては競馬の舞台でもあった。『米須字誌』は次のように記している。

〈米須の馬場で大正十年頃まで、馬はらしーの行事が年一回、秋に行われた。現在の競馬のようにムルガキー（全力疾走）で飛ばすのではなく、トントンバイグヮー（前後の両足の各一本の足は常に地面につくようにする）させて順位を決める。出場する馬はどれも小型で、去勢してないものばかり、馬の胴体を赤や紫で着飾り、騎手は袴のいでたち、アブミをしっかりふまえ姿勢を正して、米須馬場の東側から、「ディー」「トー」と騎手が互いに呼びかけて……〉

東西に延びる馬場の東側が発走地点。そこにはホーヤーマーチがそびえていた。年一回の競馬とあって、〈当日は米須住民の総出はもちろん摩文仁村民や、近隣の人々も「ンマハラセー」の見物におしよせ、一日中賑わった〉（同字誌）という。

糸満は本島南部のなかでも沖縄戦の被害がとりわけ大きい地域である。米須集落には日本軍の大隊が残存したため凄絶な戦闘が起こった。日本兵による避難壕からの住民追い出し、軍民雑居壕では投降も許されず米軍の馬乗り攻撃（地上から爆弾、ガス弾、ガソリンを流し込むなどの攻撃）を受け、集落残留住民の戦没率は五九％にも及んだ。名木ホーヤーマーチも戦災で焼失したという。

「大里馬場はここです」。糸満市文化振興係の立石有貴子さんに案内された馬場跡は、与座岳の麓、一四世紀の三山分立時代には、南山の繁栄を支えたとされる水量豊かな嘉手志川《カデシガー》の目の前にあった。現在は大里と与座を結ぶ市道になっており、高嶺郵便局の先まで南北におよそ一五〇メートル延びている幅員の広い道が大里馬場跡。旧暦六月二五日のカシチージナ（六月カシチー＝稲

大里馬場跡

の収穫祭の綱引き）と旧暦七月一四日のウンケージナ（旧盆の精霊お迎え綱引き）が今でもこの地で盛大に開かれている。一回目の綱引き勝負で勝った方は二回目の勝負で相手に勝ちを譲る。大里の精神を体現した綱引きだという。競馬を行った記録は見つけられないが、南山グスクの近くにあるだけに三山分立時代には南山の軍馬や明国に朝貢する馬の育成場だったのだろうか。〈大里部落は元々馬の産地で、多くの農家が馬を飼っており、県の品評会においても、優秀馬としてしばしば表彰〉（『大里字誌』）と記されるほど馬とつながりの深い土地である。だが、与座岳の麓で馬が草をはむ大里の風景も沖縄戦で一変したという。

　与座岳一帯は最後の防衛拠点として日本軍の主力部隊が配置され、猛攻をかける米軍と一進一退の攻防戦になった。戦争体験の聞き取り調査を続けた作家の宮城聡氏は『沖縄県史・沖縄戦記録一』にこう記している。〈われわれが、中南部の多くの戦争体験者によって調べた範囲で見ると、沖縄県民の犠牲と苦難が最も激しくなった基点は与座部落になっている。（中略）一草一木も残ってはなかったというのは単なる形容ではなかった〉。

与座集落の中心に位置するのが与座馬場。訪れてみると、かつての形状を残したまま静かな公園になっていた。一面に敷き詰められた幅一〇メートルの芝生が東西に一五〇メートル延びた長方形の公園。その敷地を縁取る松並木が芝生に陰影をつくっている。よく観察してみると松並木は若々しく、戦後に植えられたようだ。馬場の北側には今帰仁村の方角に向かって手を合わせる「ウトゥーシ」と呼ばれる遥拝所。「与座には祖先が今帰仁から来たという伝承が残っているそうです」と立石有貴子さんが説明してくれた。拝所が設けられているのは馬場がコミュニティーの役割も担っていたからだろう。

与座馬場跡

明治三五年には独裁的な県政から〝沖縄王〟と呼ばれた奈良原繁知事が与座馬場を訪れた。同年の『琉球新報』は〈かの有名な与座川の清泉に腸を洗い、馬場にて数首の競馬を見物〉（八月二七日付）と報じている。与座馬場では高嶺間切の原勝負の後にも競馬が開かれていたというが、詳細は分からない。〈戦前の人口は九〇〇〇名にいくらか足りなかったが、それから生き残ることができたのは三一〇〇名で、壮年男子は一一名だった〉（『沖縄県史・沖縄戦記録一』）という凄絶な与座の戦災。競馬の記憶を後世に伝える機会は失われたのかもしれない。

本島最南端に位置する喜屋武《きゃん》馬場、明治一三年の沖縄県統計概表によると長さ二町（約三二六メートル）と糸満市内で最大の規模だった福地馬場、明治三四年七月に真壁間切の原勝負差分け式の余興として二三組の競馬が開かれた宇江城馬場、電照菊とレタス畑に囲まれながら当時の面影をとどめている名城馬場、真壁間切番所前の宿道（真壁村役所前の幹線道路）でもあった真壁馬場……。糸満市内の馬場を巡っていると、「ヒコーキ」の資料調査を進めてくれた同市文化振興係の加島由美子さんからこんな回答が返ってきた。

「保管資料には『飛行機グヮー』の記載がありませんでした。そのため、市内に住む九〇代の男性に電話で聞いてみたところ、〝子供の頃、ンマスーブ（競馬）を見たことがある。飛行機グヮーという名前も聞いたような気がするが、まだ子供だったたから分からない〟との回答でした。残念ながら手掛かりが見つからない状況です」

地誌にその名が残る高台の阿波根や真壁の馬場跡周辺で筆者も「ヒコーキ」の記憶を通りがかりの地元の古老に尋ねてみたが、誰もが首を振るばかりだった。かすかに浮かんだ名馬の蹄跡が再び消えていく。「ヒコーキ」は中頭の「ヨドリ与那嶺小」へトレードされる前に東風平にいたのか、あるいは糸満か。それ以前に、トレードされたことさえ確証が得られない。

「『ヒコーキ』という馬を飼っていた馬主の息子さんがご健在なのですが、会いに行きませんか？」

糸満市から北へ三〇キロ、沖縄市内に住んでいる知り合いの音楽プロデューサー、〝ビセカツ〟こと備瀬善勝氏から思いがけない情報が寄せられたのは、島尻での「ヒコーキ」探しが頓挫した直後だった。沖縄市久保田で老舗レコード店「キャンパスレコード」の店主も務める備瀬氏に助力を頼んでいたところ、幅広い人脈を駆使して「ヒコーキ」に関わる人物を探してくれたのだ。その馬主は北中城村比嘉にある〝比嘉門《ひがジョー》〟という屋号の喜屋武英善氏。〝ヨドリ与那嶺小〟ではなかったが、同じ名前の馬を飼っていたとあれば、重要な手掛かりが得られるかもしれない。島尻を離れて、中頭へ向かった。

第六章　琉球競馬の終焉

「ヒコーキ」のしっぽが見えたか……

「私の父、英善は確かに『ヒコーキ』という名の競走馬を持っていたよ。他に『自動車小』、『カーナージ（河原毛）』という馬も所有していたが、『ヒコーキ』の名声はとりわけ高かったそうだ。それにしても、『ヒコーキ』の馬主が私の父だと、なぜ分かったのかね」

大正一一年生まれの喜屋武潤一さんは突然の訪問者に不思議そうな表情を浮かべた。

きっかけは、『北中城村史』に掲載された一文だった。〈（馬主として）比嘉には比嘉門の喜屋武英善がいた。名馬としての評判があった馬は比嘉の比嘉門が所有する〝飛行機小〟と自動車小〉。この記述から備瀬善勝氏と、その友人で比嘉に隣接する北中城村島袋在住の喜納昌久氏（沖縄県蘭協会会長）が喜屋武英善氏のご子息を探し出してくれたのだ。

「父・英善は当時、一万五〇〇〇坪の土地でサトウキビ農業を営んでいた資産家だったので競走馬を随分持っていたんだよ。私が一一～一二歳の時（昭和八、九年）に隣の越来村（現沖縄市）にあった胡屋馬場の競馬に連れて行かれたことがある。今では想像もつかんだろうが、胡屋で毎年旧暦の八月一五日に競馬が開かれていて、この辺りでは最も大きな規模の大会だった。馬場の木陰で重箱を広げながら、我が家の所有馬を応援したものだよ。父は馬主だから騎乗せず、別の腕達者に乗せていたな」

喜屋武英善氏の四男にあたる潤一さんは自宅の応接間で少年時代の思い出を語ってくれた。『北中城村史』には〈島袋方面（島袋、比嘉）の乗り手たちは越来や胡屋で行われた旧暦八月十五日の馬勝負にも出場した〉と記されているが、乗り手とともに、競走馬も胡屋の競馬に出場したのだろう。〈勝つか負けるかは乗り手の技量に左右され、各字には名うての乗り手が輩出した。島袋では東大城のシルタービ（白足袋）が有名な乗り手として知られた〉（同）という。喜屋武英善氏が「ヒコーキ」などの所有馬に乗せた腕達者とは、このシルタービだったのかもしれない。

喜屋武潤一氏

ただし、潤一さんが胡屋の競馬を観戦した昭和八、九年に「ヒコーキ」の姿はなかった。「私が物心のついた時にはすでにいなくなっていたので見たことはないが、バクヨー（家畜商）にね、〝あんたのお父さんは昔、『ヒコーキ』という名馬を持っていた〟と聞かされたんだよ。父は明治三五年頃の生まれだから、大正時代に入ってからの話だろう。飛び抜けた競走馬で、このあたりではかなう馬がいなかったそうだ。父の手を離れた後、『ヒコーキ』がどうなったかは分からんな」と潤一さんは語る。

喜屋武英善氏の「ヒコーキ」も『北中城村史』に馬名が残さ

れているほど優れた競走馬である。他人の手に渡った後、再び競馬で名を成したとも考えられる。「ヨドリ与那嶺小のヒコーキ」が首里・平良真地の大競馬を制したのは昭和一、二年のこと。喜屋武英善氏の「ヒコーキ」が、島尻を経て中頭のヨドリ与那嶺小へ譲り渡されたのかもしれない。

潤一さんにこれまでのいきさつを伝えた。英善氏の所有馬と同じ名前を持つ馬が平良真地で開かれた中頭、島尻対抗戦に中頭代表として出場し、島尻代表を破って琉球競馬の頂点に立ったこと。今帰仁から読谷、嘉手納、さらに糸満、東風平の地誌にもこの馬名が記されていること。持ち主だった中頭の「ヨドリ与那嶺小」の名も挙げてみたが、潤一さんから反応はなかった。父・英善氏の持ち馬が比嘉から遠く離れて山原や島尻まで足を伸ばした話も聞いたことがないという。

「いずれにせよ、私の記憶にあるのは胡屋馬場だけだな。胡屋には父（英善氏）の馬主仲間が四、五人いたので、バクヨーとの取引とか、どの騎手に乗せるかとか、盛んに情報交換していたようだ。『ヒコーキ』が競馬をしたのもこの馬場だったと思う。ほかの競馬場？　私が物心のついたときには胡屋でしか競馬はやっていなかった。それ以前のことは分からんな」と潤一さんは続けた。

昭和初期に北中城村（旧中城村）比嘉で少年時代を過ごした潤一さんの記憶にはないが、かつてこの村にも馬勝負の舞台があった。

高級住宅地になった馬場――北中城

北中城村で競馬が最も盛んに開かれたのが比嘉の南西二・五キロにあった瑞慶覧《ずけらん》馬場である。

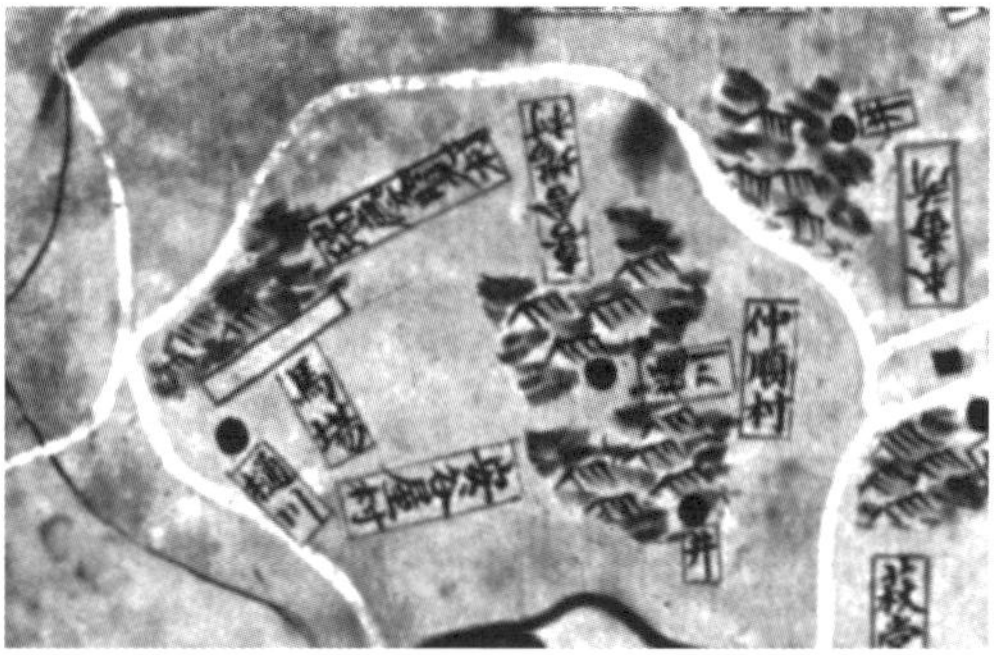

瑞慶覧馬場　琉球国惣絵図（沖縄県立博物館・美術館所蔵）

一八世紀に作成された琉球国惣絵図には東西に延びる走路が瑞慶覧の地に描かれており、明治一三年の沖縄県統計概表によると長さ二・三町（約二五〇メートル）。『北中城村史』は次のように記している。〈瑞慶覧馬場は旧中城村（昭和二一年の北中城村前）ではスケールの大きいものであった。左右には二抱えほどの並松が整然と植わってあった。アブシバレーや旧五月五日に競馬が行われ、遠方からも参観者が集まり、にわか市も立ち、はなやいだといわれる。明治、大正期には、全沖縄競馬大会、中頭郡の学校対抗運動会、中城村の原山勝負の差分け式等もこの馬場で行われ、差分け式後は競馬と角力が開催された。（中略）競馬はナークー馬小（宮古馬）の競走であった。昭和に入ってからは、ナークー馬小と大きな馬との掛け合わせ（交配）によるザッスー（雑種）と称する大きな馬が参加するようになった〉。嘉手納で「雑種は競馬に出場できなかった」との回顧談を耳にしたが、瑞慶覧では昭和に入って在来馬が減ってしまい、雑種馬を参加させなければ出走頭数を確保できなかったのだろう。大型雑種はパワーやスピードがある半面、器用さを欠くだけに、美を競う競走では在来馬にかなわない。そんな雑種馬を加えた瑞慶覧の競馬も〈昭和初期で終わった。馬場はさる大戦後も保存されていたが、米軍に基地接収され、跡形もない〉（『北中城村史』）という。この馬場には昭和二四

瑞慶覧馬場のイラスト　仲村武雄画
（『北中城村史』第二巻より）

年に米陸軍司令部が置かれ、現在はキャンプフォスター（米海兵隊基地）になっている。

北中城村東部の和仁屋馬場（和仁屋間門《ワナマジョー》）でも昭和初期まで競馬が開かれた。明治一三年の沖縄県統計概表によると、長さ一・四町（一五二メートル）。〈昭和初期の旧暦八月十一日（ヨーカビーと呼ばれた厄払いの期間）に開催された馬勝負には、南上原や西原村など近隣の馬主たちが自慢の馬を引いて集まった。馬勝負は午後からであったが、昼前までには参観者の多くが会場に集まり、にわか市も立った。この日、各家庭では朝早くからご馳走を作り、重箱をいくつも仕立てた。会場の一画には、時のてんぷら名人、伊祖（浦添）のナビーがテンプラーヤーを開店した。お昼にはナビーの揚げたてのてんぷらを買い、持参した重箱を開いて松の木陰で円座になって食べた〉（『北中城村史』）という。比嘉の喜屋武潤一さんが語ったような観戦風景が見られた。馬場の跡地は県道三二九号線（北中城高校の南西側）になっている。

また、北中城村西部の喜舎場馬場は、現在の北中城小学校の北隣に東西二〇〇メートルの走路を延ばしていた。『沖縄県における馬場跡の調査報告』には〈中頭郡を代表する馬として喜舎場の「尾小」がいた〉と書かれている。同地の競馬は明治後期で途絶えたが、代わって、大正中期には中城城趾の東側に記念運動場が造られ、原山勝負差分式に競馬を開催したという。

『中城村史』によると、明治四〇年の中城間切（現在の北中城村と中城村）で飼育されていた馬は一一九九頭。中頭郡では最多頭数で、これに西原、具志川、北谷が続いていた。獣医も多く、北中城村では馬専門のンマヨージョーサー（獣医）として、熱田・西仲嶺の安里オジー、瑞慶覧・大平渡嘉敷のタンメーの名が村史に残されている。また、現・中城村でも琉球国惣絵図に標された当間馬場（直線二四八メートル、JAおきなわ中城支店の裏手、吉の浦公園側）や津覇馬場（直線一六四メートル、津覇小学校の山手）、伊集馬場（伊集構造改善センターの東南）、奥間馬場（奥間公民館前の道）、ヤナジャー馬場（北上原）などで競馬が行われたようだ。

島袋馬場跡

喜屋武英善氏の自宅（比嘉集落）近くにあったのが島袋馬場。

『北中城村史』によれば、島袋集落の東側、上原山《イーバルザン》と呼ばれる丘陵の上に全長二〇〇メートルの松林に囲まれた走路が延びていたという。島袋集落から車一台がなんとか通れる狭い坂道を左右へ曲がりくねりながら登っていくと、突然、道幅が広がった。

「島袋馬場はここです」。道案内してくれた当地在住の喜納昌久氏（沖縄県蘭協会会長）が指さした先には、真っ直ぐに二〇〇メートルほど延びた道。左右には松林の代わりに大邸宅が並んでいる。「ここは閑静な屋敷町、沖縄のビバリーヒルズなんですよ。戦後、富豪の居住地として有名でしたから」と同行してくれた音楽プロデューサーの備瀬善勝氏が説明してくれる。馬場が往来の激しい県道、国道、あるいは人里離れた農道に転用されたケースは珍しくないが、ビバリーヒルズに生まれ変わったのはこの馬場だけだろう。ただし、競馬が途絶えた時期は他の馬場よりもはるかに早い。『北中城村史』には〈大正時代には馬場としての使用はなかったようだ〉と記されている。昭和一三年生まれの喜納昌久氏も「私が物心ついたときには馬場跡の一部に松林が残っているぐらいで、競馬はやっていませんでした」と言う。比嘉門の喜屋武英善氏が大正時代に飼っていた「ヒコーキ」がこの馬場で走る機会はなかった。

十五夜の馬勝負――越来

一方、隣村の越来村（現沖縄市）には山内馬場（山内中学東側）、諸見馬場（コザ総合運動公園陸上競技場南側）、旧暦九月九日《クングヮチクニチ》（重陽の節句）に競馬が開かれた越来馬場（県立美来工科高校周辺）もあったが、最も盛んだったのは胡屋。比嘉集落から北東へ三キロ足らず、喜屋武潤一さんが父・英善氏に連れて行かれた思い出の競馬場である。現在の沖縄市役所正面の道路が舞台だった。〈八月十五夜は県下の乗馬愛好家が馳せ参じてウマハラシーが行われた〉（『胡屋誌』）という。第二章で紹介したように屋良朝苗元沖縄県知事の兄・朝乗氏が読谷村瀬名波から愛馬とともに足を運んだのも胡屋の十五夜競馬である。

明治一三年の沖縄県統計概表によると、南東から北西に延びる直線走路は一・五七町（一七一

胡屋馬場跡

メートル）。馬場の周りには土手が築かれ、一八世紀、蔡温時代の植栽とされる松並木が出走馬と見物人のために強い陽光を遮ってくれた。直線二町（二一八メートル）の越来馬場に比べて規模は小さいが、大正一一年生まれの琉球民謡の大家・山内昌徳氏は「私が生まれ育った読谷村牧原でも胡屋の競馬は知られていました。このあたりでは一番有名な馬場だった」と振り返る。吹上餅を供え、中秋の名月を眺める旧暦八月一五日は越来村の慰労日で、「ンマウィーぬカラジ」（馬場の頭＝南東）に隣接した葦根毛《アシニモー》では獅子舞も行われた。〈血気盛んな青年の角力大会も催され、意地の張り合いで島袋と泡瀬の対立は大喧嘩にも発展した〉（『胡屋誌』）という。競馬や角力は村落対抗で行われたため、地元の応援が白熱しすぎたのだろう。血気盛んな男たちがにらみ合う一方で、恋人たちが潤んだ瞳で見つめ合うのも十五夜ならではの光景だった。〈近隣の村々から若い男女や子どもたちが十五夜遊びで賑わい、一日中出店も開かれて菓子や玩具、花火等の楽しい十五夜で、月の昇る頃から恋の花も咲き誇った〉（『胡屋誌』）という。

　そんな十五夜競馬で名声を挙げた喜屋武英善氏の「ヒコーキ」は、あの「ヨドリ与那嶺小」の「ヒコーキ」と同じ馬だったのか。あるいは単に名前が同じ馬だったのか。結論を出せぬまま、胡屋十五夜競馬の舞台跡には松並木同様、名馬の面影も手掛かりも残っていない。

太平洋戦争（沖縄戦）の時、日本軍の手によって伐採された〉（『胡屋誌』）という。戦後六七年、を照りつけている。〈樹齢およそ二百五十年にわたる馬場の松並木は一九四五年（昭和二〇年）馬場の周りにあった日よけの松並木は観戦用の土手とともに消え失せ、強い陽光がアスファルトの馬場跡を歩いてみた。沖縄市役所の正面玄関に隣接した通りを人と車がせわしなく行き交う。

ブリュンマの風俗画――石川

本島中西部の静かな浜辺に数頭の馬が現れ、美しい娘たちを背に波打ち際でゆっくりと脚を伸ばす。どの馬も小柄な沖縄在来馬とは異質な脚の長い大型馬。寄せては返す波の音とハーモニーを奏でるように蹄音を響かせると、やがてコバルトの海へ馬体を沈ませていく。

「内地からやってきた大きな馬がときどきビーチで散歩している」と聞いて石川ビーチを訪れてみたが、夕凪迫る浜辺で波と戯れるその姿はまぎれもなくサラブレッドである。そのなかにいる青毛の一頭が妙に気になった。端正な鼻立ちと勝ち気な目。体つきに目をやれば、筋肉の鎧をまとった胸前と後肢。以前に見たことがあるような……。既視感がぬぐえず、ビーチから引き揚げるその青毛馬の後を追いかけると、「美原乗馬クラブ」の看板を掲げた厩舎棟の中に入っていった。

青毛馬の馬房は、サラブレッド九頭、ポニー三頭が暮らす厩舎棟の奥。ネームプレートには「ビッグナカヤマ」と刻まれている。平成七年に中央競馬（ＪＲＡ）でデビューし、的場均騎手（現調教師）の騎乗で新馬、オープン特別アイビーＳを連勝した快速馬だった。敏腕と呼ばれた的場騎手が「将

石川ビーチを散歩するサラブレッド（美原乗馬クラブＨＰより）

来、必ずＧＩを勝てる」とデビュー前からその素質に惚れ込み、担当記者だった筆者はしこたま馬券を買い込んで懐を温めたが、不治の病といわれる屈腱炎を発症してデビューわずか二戦で引退。乗馬用として鹿児島大学に寄贈された後は、消息が途絶えていた。

鹿児島から沖縄へ人知れず渡ったビッグナカヤマはすでに一九歳（平成二四年現在）。人間で言えば六〇歳定年を目前に控えた世代にあたるが、そんな年齢を感じさせない若々しい毛づやを保っている。インストラクターの山下幸雄さんは「疲れると（屈腱炎の）古傷が残る前足をときどき引きずるけど、沖縄の暑さにも負けず、いまでもバリバリの現役さ。年を取って以前のような気分屋な面もなくなり、聞き分けが良くなったみたい。一メートル以上ある置き障害も、自分からさっと飛び越えるのだからすごいよ。乗馬としても一流さ」と誇らしげに語る。ただし、瞬時にハミを取って加速するため初心者には乗せられない。騎乗が許されるのは乗馬のベテランだけだ。引退から一六年、東京競馬場の芝コースから沖縄のビーチに舞台を移しても、鋭敏な競走馬の習性は抜けないのだろう。

名馬「ヒコーキ」の蹄跡を探す旅の合間に出合った思い出のサラブレッド。戦前まで琉球競馬が行われた石川兼久の馬場跡は、ビッグナカヤマが蹄音を響かせる石川ビーチと隣り合わせになっていた。浜辺に沿って枝葉を伸ばすモクマオウ並木に囲まれた遊歩道。石川公園「緑の広場」と名付けられたこの砂地の歩道がかつての馬場である。

石川部落会会長をつとめた松田盛一さんによると、この馬場は他所から移されてきたものだという。「私が生まれる前のことなので詳細は分かりませんが、内陸部にあった馬場をビーチ沿いの石川兼久に移動したと聞いています。兼久に移ったときに忠魂碑が建てられたそうです」。その説明に従って地元紙を調べると、明治四五年六月三日付の『琉球新報』が〈五月二十九日、忠魂碑除幕式 並《ならび》に招魂祭を催しぬ。掲銃と共に喇叭《らっぱ》の声 喨々《りょうりょう》として響き……〉と、石川兼久で行われた忠魂碑建立式典の模様を報じていた。この馬場は明治最後の年に開場したのだ。

石川兼久の競馬を伝える風俗絵が石川市（現うるま市）の「広報いしかわ」六七号に掲載されていた。作者は石川の住民、伊波豊吉氏。琉球競馬を描いた絵画がほとんど残っていないだけに極めて貴重な作品だ。騎手や見物する男たちは着流し姿。婦人はウシンチーと呼ばれる琉球伝統の着付けでウチナーカラジを結っている。子どもたちは競馬に背を向け、出店に並ぶ玩具に夢中だ。木立のすぐ向こうには浜辺。右手には忠魂碑……。風俗絵に寄せた石川の住人、伊波信光氏の解説文にはこう記されている。

〈アブシバレーの日はすべての仕事が禁制で、誰一人仕事する（わけ）でないから、その代わり石川の兼久《カニク》で行われている競馬を見に行った。何も娯楽らしい娯楽のない時代のことであるから、当時の人にとっては一大娯楽であったのである（中略）アブシバレーの日はいろいろな市が立ったが、中でも首里那覇でいうユッカヌヒ（旧五月四日）の玩具市に相当する市も出たから、子供らにとってアブシバレーの楽しみはむしろこれにあった。ビービ小（呼び笛）、ガラガラー（振り鈴）、カニク馬小（張り子の子馬像）など安玩具ばかりであったがよく売れた。〉

子供たちが出店の前で色めき立つ一方、大人たちは競馬やその後に開かれる相撲に興奮しすぎて、しばしば乱闘騒ぎまで起こったという。出場馬が村や集落（字）単位で紅白に分かれ、一対一で美技を競う琉球競馬。馬主にとっては一門の名誉を懸けた勝負だが、見物人にとってはワッターシマ（自分たちの集落）の意地が懸かっていた。〈小さくまとまった区域であったから、部落が違えばいかにも民族が違うみたいに字民性は現代以上に差があった〉（石川市住民・山城政雄さんの回顧、『石川市史』より）。応援が白熱しすぎて、他の集落の住民とにらみ合い、ついには手も出て……。欧州サッカーのサポーターも顔負けの乱闘騒ぎが石川兼久で繰り広げられたという。

馬勝負の結果はともかく、番外編のけんか勝負で無類の強さを発揮したのが、石川ビーチから南西一・五キロ先にある伊波集落の男たちだった。石川の住人、伊波信光氏はこう書いている。〈昔ある年のアブシバレーの際、例の通りけんかが起こり乱闘騒ぎとなった。すると一人の伊波の知恵者が、夜目にも伊波の人と分かるようにと、近くの芭蕉畑から糸芭蕉を切って来て、皮をはいで伊波人全員に白鉢巻をさせた。それで他部落のけんか相手を一致して蹴散らすことができた。その時から伊波の人はヌカバチのようだと言われて、今に伊波ヌカバチと呼ばれるようになった〉（「広報いしかわ」六七号）

石川の競馬風俗画（「広報いしかわ」六七号掲載）

ヌカバチ（ヌカバチャー、和名チビアシナガバチ）は軒下などに巣を作り、初夏になると攻撃力を増すアシナガバチの一種。伊波の名誉のために書き添えれば、スズメバチに比べて優しい性格で、巣に触れなければ刺されることはない。伊波ヌカバチとは、アブシバレーの初夏、よその集落に喧嘩を仕掛けられれば鉢巻きで団結して攻撃に転じる、伊波住民の男気を今に伝える言葉である。ヌカバチが猛威を振るう〝格闘技〟は、アブシバレーのもうひとつの風物詩だった。

ところで、前出の石川兼久の競馬を伝えた風俗絵には、気になる描写があった。沖縄の伝統競馬は二頭が並んで美技を競うスタイルだが、この絵に描かれているのは四頭の馬。前後の差が開いており、速さを競っているように映る。この地の文化財を保存する石川歴史民俗資料館やうるま市・市史編さん課に問い合わせたが、競走の内容まで伝える資料は見当たらないという。それなら、競馬に触れた住民の話を聞けないだろうか。

石川兼久の跡地を歩いてみた。淡緑色の枝ぶりが見事な常緑高木モクマオウに囲まれて真っ直ぐに延びる遊歩道がわずかに往時の面影をとどめているようにも見える。ハンチングを被った老人がゴルフの練習に励んでいた。「このモクマオウの並木はね、戦後、米軍が植えたものだよ。戦前はフクギ並木だったそうだ」とパターを振る手を休めて説明してくれたが、「競馬？そこまでは知らないな。石川の出身ではないから」と言う。遊歩道で擦れ違う年配の住民にも尋ねてみたが、首を横に振るばかりである。

話は前後するが、沖縄へ出発する前、東京で琉球民謡のライブ店を経営する石川出身の女性からこんな話を聞いていた。「石川に行っても、戦前の競馬に触れた人を探すのは難しいと思うよ。

戦争直後に人口が急激に膨れ上がって〝美里村石川〟からいきなり〝石川市〟になった所でね。両親や祖父母の代に他所から移ってきた人が多いのよ。私の母も昭和四年生まれだけど、戦争で読谷村から石川に移転してきたから、戦前の石川のことは何も知らないわけ。読谷の競馬を見た人が親戚の中にいたけど、石川の競馬を見たっていう人は見当たらないわね」（東京・新宿「かりゆし」の山城留美子さん）。うるま市の市史編さん課によると、現在の石川住民のうち、親や祖父母が戦前から石川に在住しているケースは一部に過ぎないという。

　石川は沖縄戦を境に激変した街である。戦前はサトウキビ生産の傍ら、目の前に広がる金武湾からキスやハタを獲って暮らす人口一八〇〇人の静かな農村だったが、昭和二〇年四月、沖縄本島に上陸した米軍が石川に避難民収容所を設け、読谷、北谷、那覇など中南部の戦火に追われた住民を収容した。同年六月には人口二万人、八月には三万人に膨れ上がり、琉球政府の前身、沖縄諮詢会が当地に設立。同九月には美里村から分離して石川市が誕生する。静かな農村が数カ月で沖縄占領統治の中心地に変貌した。〝碁盤十字の茅葺きテント町、これが沖縄の都市ではないかいな〟漫談家の小那覇舞天《ぶーてん》が石川小唄で唄ったように、市内にはテントや茅葺きの家が急造され、イモを洗うような混雑ぶりだったという。『石川市史』には、石川兼久馬場のあった兼久原にも〈戦後、収容所と食糧配給所が一時設置されていた〉と記されている。

　昭和二一年には、避難民の帰還許可が下りて石川収容所は解散。沖縄諮詢会も琉球民政府と改称されて知念村に移転する。だが、避難民三万人の約半数は帰る当てがなく、そのまま石川に住み着くしかなかった。石川兼久馬場があった海辺の土地が米軍に接収され、米軍人とその家族の保養施設「石川ビーチ」に変わったのは翌二二年。海辺のバラックに居残っていた避難民を強制退去させたという。

当時、石川に身を寄せていた放送プロデューサーの上原直彦氏は、エッセイ『浮世真ん中』で次のように述べている。〈石川ビーチはパラダイスに見えた。ビーチは金網で囲われていた。もちろん、民間人は入れない。鉄砲を持った軍雇用員がガードしていた。表から見るだけでもテニスコート・ソフトボール場、バレーボールコートなどがあり、初めてみるプレーに驚くばかりであった。一年をとおして彼らの歓声・嬌声が聞こえ、おそらくバーベキューであったろう。おいしい匂いに、腹の虫を泣かせていた。〝アメリカは、戦争に勝っていいなぁ〟。金網にしがみついて、彼らの行楽に羨望の眼差しを向けていた少年は、そう実感していたのである〉。

石川ビーチが返還されたのは本土復帰の昭和四七年。その後、土地区画整理事業を終えて、憩いの場として住民に開放されたのは五四年。アブシバレーの競馬に大人も子供も色めき立った石川兼久の跡地にはフクギの代わりにモクマオウの高木が連なり、その風景は一変していた。石川を襲った時代の高波は戦前の風景とともにアブシバレーの記憶までも押し流してしまったのだろうか。

「石川兼久で競馬をご覧になった方が見つかりました。いま、当資料館にいらしてますので、直接お話しされてはどうでしょうか」

競馬の〝証人〟探しを頼んでおいた石川歴史民俗資料館から電話がかかってきたのは、いったん東京へ引き揚げた後だった。風俗絵に四頭の競走馬が描かれた石川兼久競馬の詳細を知る古老の声が受話器から聞こえてきた。

「アブシバレーになると、フクギやアダンに囲まれた馬場に大勢の人が集まってきたものです。周囲には本土の祭りでも見られるような出店が立って、食べ物やおもちゃを売っていました。馬はきれいに着飾って競走していました。字石川はもちろん、東恩納、伊波など近隣部落の金持ちが自慢の馬を出場させていたのです。自宅のすぐ近くに。石川兼久があったものですから、子供の頃、毎年見に行きました」

電話の声の主はこの地で生まれ育った石川善英さん（大正一〇年生まれ）。昭和初期のアブシバレーの思い出を熱っぽく語ってくれたが、石川少年（当時）の目に映った競馬は本島の他地区とは趣が違っていた。

「四、五頭がいっぺんに走りだして、騎手のムチを受けて全力で飛ばしました。一番先にゴールした馬が決勝に進む、いわゆる勝ち抜き戦です。他の地域では芸術のような競馬をしていたようですが、石川の競馬は速さの勝負。昭和初期には毎年一五頭ぐらい参加していました」

〝芸術のような競馬〟とは、二頭が併走で美技を競った琉球競馬を指しているのだろう。石川兼久の競馬は首里城の競馬・綾門大道編で紹介した「ブリュンマ（群馬）」と呼ばれる集団で速さを競う馬勝負だった。「どうして、そんな競走をするようになったのかは分かりませんが、近隣に昔、伊波按司という豪族がグスクを構えていたことと関係があるかもしれません。体は小さくても喧嘩が滅法強く〝ヌカバチ〟と呼ばれた男たちが住んでいた伊波のグスクの主です」と石川さんは続けた。

〽美里主の前が乗いみせる馬や
爪やあや爪に真黒かんじ
(美里の主さまが乗っている馬は、爪が藍のように黒く、たてがみも真っ黒で貴相をそなえている)。

本島中部に伝わるウスデーク(豊穣祈願の女性による円陣舞踊)で「美里主」と歌われた伊波按司は、三山を統一した尚巴志に従い、石川一帯はもちろん、美里、具志川まで支配下に収めたとされる。石川兼久の群馬はそんな大豪族の軍馬調練に由来するのかもしれない。

「ただし、私が少年の頃、競馬見物に来た住民は琉装ではなかったですよ。ウチナーカラジを結っている女性もほとんどいませんでした。この時代(昭和初期)はね、もうヤマトと同じ服装や髪型でしたから」と石川善英さんは言う。

風俗絵には着流し姿の男たちや、琉装の女たちが描かれているが……。「この絵を描いた伊波豊吉さんという方は私よりひと回り以上、先輩でしたから。時代に開きがあるのですよ」。

伊波豊吉氏が描いたのは大正初期のアブシバレーだったのだろう。石川さんが少年時代に触れたのは昭和初期のアブシバレー。その間に村人たちの服装や髪型はヤマト化していたのだ。

沖縄伝統の風俗、習慣がヤマト風（本土風）に変わったのは石川だけではない。近代沖縄を代表する言論人、太田朝敷が「くしゃみの仕方まで他府県の通りにする」と発言したほど、沖縄は全県挙げてヤマト化を進めていった。戦前の風俗改良運動では、標準語を励行する一方、琉装、針突《はじち》（手の甲に施す入れ墨）、かたかしら（男性の伝統的髪結い）、ユタ、毛遊び《モーアシビ》伝統的な諸行事までが制限、禁止された。沖縄独自の文化、風俗、習慣を排してヤマトへの同化を図る運動である。〈〝やまと〟世を生きていく世代の教育者となった人たちは〝うちなあ〟（沖縄）を〝やまと〟風にするのが〝うちなあ〟の近代化だと思ったのである。〝うちなあ〟が〝やまと〟と異なる風俗を今なお生きていることに対して恥じらう気持ちまでその間に生まれた〉（『沖縄物語』古波蔵保好）という。

独自の文化がことごとく排除されていく中で、沖縄の伝統競馬は、なぜヤマト化の波にのみ込まれず庶民の娯楽として花を咲かせたのだろうか。

太田朝敷が主導した当時の『琉球新報』からその一端をうかがい知ることが出来た。明治四二年一二月一〇日付の同紙は緒について間もない風俗改良運動の一環として、健全な国民教育に役立つ文化、芸能、体育、娯楽をふるいにかけ、次のような指針を示している。

〈在来のものにして奨励すべきもの〉一・乗馬、二・角力、三・綱引、四・棒躍、五・爬竜船。
〈在来のものにして不問にすべきもの〉一・三味線、二・素人芝居、三・腰憩。
〈在来のものにして禁止すべきもの〉毛遊び。
〈新たに奨励すべきもの〉一・唐手、二・剣道、三・柔道、四・軍歌、五・唱歌。

沖縄在来の競馬は、真っ先に挙げられた「乗馬」として奨励されたのだった。沖縄の競馬を「古い伝統を持っていた体育」と述べたのは、歴史家の真境名安興。アブシバレーを彩った石川兼久の群馬も健全な国民教育に役立つ乗馬、体育として、ヤマト化の高波をくぐり抜けたのである。だが、大正末から昭和初期にかけて、沖縄に襲いかかったもうひとつの高波からは逃れられなかった。

アブシバレーの日、当時小学生だった石川善英さんが馬場に足を運ぶと、馬のいななきや蹄音が消えていた。

「競馬は昭和四、五年頃に打ち切りになりました。出走する馬がほとんどいなくなってしまったのです。昭和恐慌の時代ですからね、競走馬は買うのも飼うのもお金がかかるため、馬主も手放さざるを得なかったのでしょう」

ソテツ地獄と呼ばれた大正末以来の不況は第二章で述べたように、名護兼久の競馬を廃止に追い込んだが、石川兼久も同じ運命をたどったのだった。

「一番速かった馬の名を今でも覚えていますよ。競馬が終わる直前に見た馬なんですが、ちょっと面白い名前でしてね」と石川さんは受話器の向こうから懐かしそうな口ぶりで言う。

「ヒコーキグヮーという馬でした」

受話器を落としそうになった。

だが、探し続けてきた昭和初期の名馬「ヨドリ与那嶺小のヒコーキ」は、美技を競う琉球競馬の頂点に立った馬である。集団で速さを競う石川兼久の群馬に出場することはあり得ないだろう。フィギュアスケートで華麗な舞いを見せる浅田真央や高橋大輔がスピードスケートに出場するようなもので、畑違いの競走だった。

「伊波の馬で、たしか仲間研夫さんという方が飼っておられた茶色い毛色でした。オートバイという名の馬もかなり速かったが、ヒコーキだけには歯が立ちませんでした」

昭和初期まで沖縄で行われていた、もうひとつの競馬「群馬」を飾った同名の快速馬である。

それでは、平良真地の大競馬を制した「ヒコーキ」はどこにいたのだろうか。島尻ではその馬名が南風原や豊見城、東風平など多くの地誌に記されていたが、所在は明らかにならなかった。古老の証言をもとに糸満で調査しても成果は上がらなかった。中頭では「ヒコーキ」を知る二人の古老に出会えたが、いずれもヨドリ与那嶺小とは別の飼い主だった。

石川兼久の競馬が途絶えて間もない昭和六年、満州事変勃発。やがて、沖縄には時代の大津波が押し寄せ、県内一〇〇以上の馬場で隆盛を誇った伝統の競馬をそっくりのみ込んでいく。その末路を追う中で、平良真地の大競馬を制した「ヒコーキ」の蹄跡が見つかるかもしれない。

私は再び沖縄へ渡った。

琉球競馬の終焉

アブシバレーなどの年中行事に小柄な沖縄在来馬が細やかなゆったりとした足取りで華麗さを競う。馬場を囲んだ松並木の下から歓喜の指笛が鳴り響く。そんな琉球競馬の前途に暗雲が立ちこめたのは大正六年、第一次大戦から三年後のことだった。陸軍の要請で、数え年三歳以上の牡馬は種牡馬を除きすべて去勢（断種）すると定めた馬匹去勢法の施行である。沖縄県では本島と宮古島に適用された。

陸軍は日清戦争、北清事変、第一次大戦の青島（中国山東省）出兵で軍馬に煮え湯を飲まされていた。〈我が日本軍は抜群の働きを為し戦術、武器等においては毫も他の連合軍に対し遜色なかりしも、独り軍馬に至りては性凶暴にして駕御に便ならざるのみか、去勢を行わざるものありしため牝馬を交用するに能わず〉（『富国強馬』「牧畜雑誌」一八二号収録、明治三三年）。日本の軍馬は気性が悪くて使いものにならず軍の作戦に影響する。去勢によって気の悪さを解消するのが馬匹去勢法の主な目的だった。だが、沖縄の馬は老人や子供でも扱えるほどおとなしい。琉球競馬では騎手の指示通りに四肢を華麗に上げるほど従順な気性である。そんな沖縄在来馬に対しては別の狙いがあった。在来牡馬を去勢し、在来牝馬にはヤマト（本土）から導入した大型種牡馬と交配させて、馬体の大きな子を産ませようとした。軍馬に適した大型改良（雑種）馬の生産である。

馬産地、宮古島では去勢法施行一年目（大正六年）に一九四頭の牡馬を去勢したが、すぐに猛反対の狼煙が上がった。「もともと温厚でスタミナもある宮古馬をなぜ去勢するか！　かえって性格が粗野になって持久力も落ちるだけだ」「売り物にならなくなる！　価格が半減だ」「牡馬が全部去勢されたら種牡馬不足になって生産頭数がガタ落ちだ」。要請団を繰り出し、国に撤廃の陳情を重ねた結果、大正一一年、陸軍省馬政局は宮古島を馬匹去勢法の適用区域から外した。「沖縄県の馬産・馬政局事業時報」によると、去勢法が適用されていた五年間（大正六〜一〇年）に宮古島で去勢されたのは二六三頭。後半の二年間（大正九、一〇年）は一頭もいない。去勢を逃れるために牡馬を隠したり、去勢法が適用されなかった近くの伊良部島に逃がしたのだ。去勢法撤廃後は在来馬同士の交配が再開。〈昭和一五年頃までは、宮古群大会の速歩競馬（ヌーマピラス）で優勝した馬（在来馬）が民有種雄馬として交配に用いられていた〉（『日本の在来馬　宮古馬』、新城明久）という。

だが、沖縄本島は去勢法から逃れられなかった。政府はサラブレッド系、アングロアラブ系など洋種の国有大型種牡馬を次々と送り込み在来種を駆逐していく。本島側も積極的に大型雑種化を受け入れた。〈大正六年頃、当時島尻郡技手たりし故西村助八氏が時の東風平村長・神谷夏吉氏等と相謀り、島尻郡産馬畜産組合を結成し組合で種牡馬を購入して在来馬の改良に努めた〉（昭和一三年四月三日付『琉球新報』）という。大正に入ると、本島では主要幹線道路の拡幅整備が本格化。大正四年には那覇と名護を結ぶ国頭街道が開通し、山原船を使った海上輸送から荷馬車による陸上輸送が主流となる。荷馬車を牽かせるために馬の大型化が急務だった。サトウキビの大茎種が普及し始めるのもこの時期。茎の大きいサトウキビ圧搾用の鉄車を牽かせるため、より馬力のある大型馬の需要が高まる。軍馬作りを目的にした去勢法は沖縄の産業振興にもかなっていた。

その結果、本島の小さな在来馬は激減。昭和八年の陸軍第六師団獣医部の調査によれば、宮古群島の飼育馬八五九七頭、八重山群島の飼育馬三一九七頭のうち九九％は在来馬だった。対して、去勢法の適用を受けた沖縄本島では、二万七七五三頭のうち五五％が改良雑種化され、残り四五％の在来馬のうち牡馬の大半は去勢されていた。平良真地で琉球競馬の頂点に立った「ヨドリ与那嶺小のヒコーキ」が、もし昭和八年まで本島にいたとすれば……。その血を子孫に伝える道は閉ざされたのかもしれない。

去勢法は古都・首里の街並みも変えてしまった。「首里はそれまですべて石畳道だったのですが、石畳では改良大型馬が滑って通れない。そのため、コーラル道に変わったのです」と、第一章で首里・平良真地の概要を教えてくれた宮里朝光さんは振り返る。宮古馬など沖縄の在来馬は蹄室堅牢。蹄鉄を履かずに石の道を歩かせても蹄底が傷むことはなかった。だが、本土から移入した種牡馬との交配で生まれた大型改良馬は、蹄が脆弱で石畳の上を歩けなかったのだ。

〈去勢は日時を決めて、野里馬場やその他の馬場に馬を集めて行われた。字内でも二歳（数え年三歳）の若雄に、感染防止のため、尻尾に白い包帯をまいて運動をさせる風景がみられた〉（『北谷町・上勢頭誌』）という。琉球競馬も去勢による在来馬の減少で苦境に立たされる。大正九年には乗馬用（競走用）在来馬が一二二四頭（那覇五、中頭郡五九〇、島尻郡五七二、国頭郡五七頭。「沖縄県の馬産」）もいたが、昭和一〇年には七八頭（那覇四、中頭五八、島尻一六、国頭〇。

『北谷町史』）まで落ち込んでしまう。馬場があっても舞い手がいない。競馬開催を断念する村が相次いだ。〈昭和五、六年頃から宮古馬が少なくなり、西原では昭和一〇年頃から馬勝負はなくなった〉（『西原町史』）、〈（今帰仁村の競馬は）昭和一〇年代の初め頃までは続けられたが、その後はぷっつり姿を消してしまった〉（今帰仁村『じゃな誌』）。

一方、去勢法の適用から逃れた宮古島でも異変が起こった。満州事変が勃発した昭和六年、ヤマト流の全力疾走による競馬が持ち込まれ、二・二六事件の昭和一一年頃には伝統競馬に代わってヤマト競馬だけが開かれるようになる。競馬は世相を表す鏡でもある。列島は軍事一色。華麗さよりも屈強さを求めた世相が競馬の中身まで変えてしまったのだ。かつて一〇〇場にも及ぶ馬場を舞台にした琉球競馬は風前の灯火だった。

〈流石《さすが》移民王国、馬までも……農林省が助成金を出し大量移植奨励。いままで内地にあまり知られていなかった沖縄馬もいよいよ時局の脚光を浴びつつ、内地農産物確保に重き・役を買ふことなった〉（『大阪朝日新聞』昭和一四年五月二四日付）。

昭和一二年、支那事変（日中戦争）が起きると沖縄県産馬の需要がにわかに高まった。道路が整備されていない中国の内陸部ではトラックが役に立たず、軍馬が輸送の主力となったため、本土の農耕馬を対象とした軍馬徴用に拍車がかかる。農耕の担い手を失った農村はたちまち生産力が低下していった。

一方、沖縄県はこの時期、軍馬徴用地区に指定されておらず、県産馬を農耕馬不足に悩む鹿児島、宮崎、熊本県などへ送り出したのだ。二三万五〇〇〇円の関連予算を組んだ農林省から沖縄

—本土間の輸送費、飼料代、斡旋施設建設費などの助成を受け、昭和一三年に本土三二府県へ移出された県産馬は約五〇〇〇頭に及んだ。同年の『琉球新報』は〈今日までその名も知られなかった沖縄馬は時局の波に乗って一躍、馬匹界の寵児となり、その値も昨年（一二年）夏頃まで五〇円以下の低廉なものがたちまち二〇〇円を突破し、改良馬の主要産地たる島尻、中頭両郡の一部地方では馬景気を示現した〉（四月三日付）と報じている。

三山時代の一三八三年、明へ九八三頭を送り出して以来の沖縄産馬の大量移出である。在来馬の「ヨドリ与那嶺小のヒコーキ」も、改良雑種馬が主体だったこの移出団に混ざってヤマトの土を踏んだのだろうか。それとも、沖縄にとどまり、やがて訪れるこの世の地獄と直面することになったのだろうか。今となっては調べる手立てもない。

ところで、この時期には、軍馬がらみで沖縄を有名にした出来事がもうひとつあった。昭和一三年、陸軍省は軍馬の重要性を国民に広めるため、「愛馬進軍歌」の作曲を栗林忠道・馬政課長（後の硫黄島司令官）主導で一般公募。一等当選を果たしたのは、沖縄県恩納村名嘉真出身の中学教師、新城正一だった。「えんどうの花」、「なんた浜」の作曲で知られる宮良長包の愛弟子である。宮良は当選祝いに「愛馬進軍歌」を楽譜にして愛弟子にプレゼントした。昭和一四年四月八日の『琉球新報』には、「栄冠彩る師弟愛」の見出しとともに、その楽譜が掲載されている。五線譜の上に並ぶのは、兵隊が銃を背負って騎乗した馬の姿。軍馬の絵を音符代わりにデザインしたものだ。霧島昇と松原操の歌でコロムビアから発売されたレコードは全国で爆発的にヒット。沖縄県出身者が国家的な栄誉に輝いたことで県民も熱狂した。

〈「国を出てから幾月ぞ　ともに死ぬ気でこの馬と　攻めて進んだ山や川　取った手綱に血が通う」という勇壮な愛馬進軍歌にのって、北谷町、恩納村、金武村の若者たちは満州開拓団（約千人）、満州開拓青少年義勇軍（約六百人）として満州開拓へ出かけ、氷雪の荒野に苦難の数年を過ごすこととなった〉（『北谷村史』）という。

そして、琉球競馬終焉の時がやってくる。陸軍省は畜産検査官を頻繁に沖縄へ送り大型改良化の進展を確認していたが、大正九年時点で一六一〇頭にすぎなかった県内の大型改良馬が去勢法適用の成果で本島南部を中心に急増（昭和八年の時点で一万五五三一頭、そのうち本島には一万五一八九頭）。昭和一二年、沖縄から改良馬二〇〇余頭を購入した台湾総督府が、飼育良好と評価して翌一三年にも一九〇頭を発注するに至り、陸軍省は質量とも軍用に耐え得ると判断。翌一四年公布の「軍馬資源保護法」を沖縄県にも適用させた。二歳（数え年三歳）から一七歳（数え年一八歳）までの馬は性別を問わずに軍用審査を受けなければならない、馬の〝徴兵検査〟を義務づけた法律だ。〈検査場までの手当ては日当三五銭と一里につき五銭の旅費が支給された。また、軍用保護馬に指定されると、飼料代として三七銭の助成もあった〉（『沖縄二〇世紀の光芒』）というが、もちろん検査を拒むことは許されなかった。昭和一四年の『琉球新報』は〈検査に応ぜぬものに関しては憲兵隊にて厳重取締のうえ処分することになっている。馬の徴兵検査は県下にわたり実施されつつあるが、首里市では市内の馬全部を城下記念運動場に集め精密な検査が行はれた〉（一〇月二五日付）と報じている。

検査の様子は住民の回顧録からうかがい知ることができる。

〈全部で十二、三頭ぐらい、んぢゃちゃしが（審査を受けたが）、とぅーらんたせー、ただちゅまーるやたさ（不合格になったのは一回だけだったよ）。軍馬しらびやー（審査官）はヤマトから十人ぐらい来よったが、半分は獣医だったよ。審査は（具志川）記念運動場だったが、初めは、ぶるんじー（総出）して運動場をまーる、まーる（円陣を作って歩行）させていたよ。馬に乗ってではなく、歩いてだったよ。審査官が「止まれ」「進め」といって号令かけよった。そして、通らない馬（不合格の馬）は円陣の外へ出されよったよ。その後、一頭ずつ丁寧に調べていた。くぬふーじー、真っ直ぐたっちょーみ（こんな具合に前足が真っ直ぐ前に向いて立っているか）とか、胸や尻、それから前足の膝がしらを何回もさーやー、さーやー（なでまわしたり）していたよ。そして、合格した馬は、お尻にヤチバン（焼印）を押しよった〉（具志川・川田の山口栄昌さん、明治三〇年生まれ。『大正・昭和戦前の具志川を語る』掲載）。

馬の〝徴兵検査〟に先だって、沖縄県は県産馬の軍用調練（鍛錬）を実施。国家総動員法が公布された昭和一三年の『沖縄日報』は〈軍用候補馬の資質向上をはかり、もって国防上遺憾なきを期すと共に、産業上の要求に応ずべく鍛錬馴致を実施することになった。県がきのう政府へ補助申請をなした鍛錬予定馬数は四八〇頭で、（本島を）二四班に分かち鍛錬馴致することになった〉（三月一日付）と報じている。〈候補鍛錬馬の選定基準は以下のごとくである。年齢＝四歳以上一六歳以下、体高＝一米四〇以上（四尺八寸二分）……〉（『琉球新報』一三年四月二日付）。体高一メートル二〇前後の在来馬を二〇センチ以上も大型化した雑種が軍事調練の対象だった。

軍用候補馬鍛錬の模様は指導員の回顧録に残されている。

〈（具志川地区の）鍛錬の集合場所は記念運動場で、そこで輪乗り、駆け足、早足、並足等の訓練をやってから字具志川、田場あたりを一周するんです。馬の持ち主の中に素人も多くて、馬から落ちたりして大変でしたよ。乗馬姿勢や手綱のさばき方なんか基礎から指導しました。指導員のほとんどは、軍隊での野戦重砲隊出身でした。私もそうでしたが、重砲隊員は毎日馬を世話したり訓練したりしないといけなかったので、いつのまにかどんな馬でも乗りこなせるようになったものです〉（具志川・栄野比の平川秀一さん、大正元年生まれ。『大正・昭和戦前の具志川を語る』掲載）。

大政翼賛会が発足した一五年には、鍛錬で優秀とみなされた馬を集めた「軍用候補馬競技会」が創設される。〈各班とも毎月の普通鍛錬は指導員の熱心なる指導のもとに行っているが、六月には真和志村（現那覇市）与儀馬場で、県主催第一回軍用候補馬競技会を開催されるので、これに出場、優勝を期し各班ともいつに倍し猛訓練をなしている〉（一五年六月三日付『琉球新報』）。

琉球競馬では優勝馬に賞品として酒や手拭いが贈呈されたが、軍用候補馬競技会の優秀馬には賞金が授与された。この年一二月に開かれた競技会の賞金は一等五〇円、二等三〇円、三等二〇円、四等一〇円。玉城村百名の白山という名のセン馬（去勢した馬）は六月の競技会で二等、続く一二月には一等になっている。当時、高給取りと言われた小学校正教員、新聞記者、巡査の月給（三〇〜四〇円）分を二期連続で稼いだのだった。軍部の肝いりで押し進めた県主催の大会だけに高額賞金を用意した一方で、競技終了後には来県した競技会審査長の陸軍佐官が厳しい注文をつけている。「駄馬格であるため体形は理想的でなく、調教、能力においても不十分で、一層鍛

今帰仁・仲原馬場での出征兵士の壮行会（「なきじん研究」より）

錬すべし」（一五年六月の競技会審査総評）。さらに一八年には県の主催に加えて各郡主催の軍用候補馬競技会が新設。中頭郡の競技会には〈具志川、読谷山、北谷、美里の四カ村から自慢の愛馬各一五頭が出場（中略）審査の結果、一等・北谷班、二等・具志川班、三等・読谷山班。北谷の仁水号、吉原号、読谷山の真山号の三頭は個人優良馬として褒賞を授与された〉（『大阪毎日新聞地方版』一八年一〇月九日付、馬の所有者名省略）と報じられている。

戦場で役立つ軍馬に仕上げるため、鍛錬は全島規模に及んだ。一県一紙統合令により一六年に創刊された「沖縄新報」（琉球新報、沖縄朝日新聞、沖縄日報の統合紙）は同年六月二九日付で、月例の軍用候補馬鍛錬場に指定された馬場を告知している。北から兼久（名護）、金武、楚辺（読谷）、野里（嘉手納）、具志川、胡屋、与儀（那覇）、豊見城、宇江城（糸満）、長堂（大里）、津嘉山（南風原）、東風平、安里（具志頭）、上江洲口（玉城）＝一五年には渡慶次カタノー（読谷）や知花弁当（現沖縄市）、宮平（南風原）など。

去勢法で激減する沖縄在来馬を辛うじて確保し琉球競馬を存続していた野里などの馬場は、軍用候補馬鍛錬場に指定されたのを契機に競馬を打ち切った。一八年、南方視察の帰りにマニラから沖縄本島へ立ち寄った東条英機首相兼陸軍相は女学校の琉球染織の実習に触れ、「こんなものが戦争の役に立つのか！」と激怒したという。軍部にとっては沖縄伝統の美を競う競走も戦争の役に立たない無用の長物でしかなかったのだろう。「ヒコーキ」の馬名が地誌に残されている読谷・楚辺のスピガニク（楚辺兼久馬場）も〈ウマハラセー（旧暦四月アブシバレーの競馬）は昭和一六年頃まで行われていたが、昭和一八年頃（「沖縄新報」では一六年）には軍保護馬の訓練の査閲が行われた〉（『楚辺字誌』・読谷）。琉球競馬は時局をわきまえない娯楽として廃止され、「軍用候補馬競技会」、「軍用候補馬鍛錬」という名の国防競馬、国防調教に変貌する。体高一メートル二〇にも満たない小柄な宮古馬に代わって一メートル四〇以上の大型改良馬が馬場を走り、指笛の代わりに軍隊ラッパが鳴り響いた。

「ヒコーキ」が優勝した沖縄神社祭の奉納競馬（平良真地）も昭和一八年一〇月二〇日で幕を閉じる。「平良真地の左右に広がる松並木の土手が幼少の頃からの見物場所でしたが、競馬が途絶えると、軍が陣地を作るための資材にすると言って切り倒しました」（宮里朝光さん）。鮮やかな舞い手とともに、馬場に彩りを添えたリュウキュウマツまで失った平良真地の上を、西風がむなしく通り抜けていく。那覇の街を焼き尽くした一〇・一〇空襲（昭和一九年）の一年前だった。

〈沖縄における競馬行事は昔は全村民はもとより、全県民をも引き寄せる盛大な行事の一つ〉（「沖縄民俗」第二号）と言われた伝統競技、〈会日（開催日）を定め、数間切の士民相集りて駆馳（疾走）するを最上の娯楽となし、遠近より行厨壺酒を携へ来たり観るもの多し〉（『沖縄風俗圖繪』明治二九年発行）と記されたウチナーンチュ最上の娯楽は沖縄から完全に消滅した。

琉球馬の最期

役場から届く軍の召集令状は「赤紙」、在郷軍人への演習令状は「白紙」と言われたが、馬の徴発令状は「青紙」。大型改良馬の軍事調練「軍用候補馬鍛錬」を進めてきた陸軍は昭和一九年、沖縄守備軍（第三二軍）の創設とともに青紙を大量に発行させる。徴発した馬の数は軍事機密。徴発方法を指示した文書は戦争で消失したため、記録には残っていないが、「徴発で威力を発揮したのが馬籍簿ではないか」と、沖縄戦関連の書籍を発行している那覇出版社編集長の桑高英彦さんは言う。

馬籍簿とは軍馬徴発のため大正一〇年に制定された馬籍法に基づく、馬の〝居住台帳〟である。「昭和一三年六月、馬政局の命により軍用保護馬の指定登録が開始され、馬籍簿整備される」（「村のあゆみ」恩納村役場）と記されているように、本島では軍用審査に合格した馬を登録していった。馬籍簿作りを担当した具志川・栄野比の平川秀一さんはこう回顧する。〈助手として二カ月ぐらい審査員に同行し、各市町村を回り、合格した馬の馬籍作りをしました。それぞれの馬の特徴を書き出すんですよ。向こう白とか流れ星、右前足一白とかいう具合に……〉（『大正・昭和戦前の具志川を語る』）。昭和一九年の『沖縄新報』は〈宮古郡では一一月六日午前〇時現在を期して支庁、農業会、役場、翼壮団を一斉に暁天動員して各戸別の家畜現有調査を行なった〉（一一月二〇日付）と報じている。いずれにせよ、徹底した事前調査で馬籍簿を作り、徴発に乗り出したとみられる。

徴発した馬は本土防衛のため県内一五カ所に計画した軍用飛行場の突貫工事に動員された。今帰仁、本部、名護の馬は伊江島、読谷へ。〈(伊江島飛行場建設の）作業には伊江村内で馬車をもっている農家はほとんど出ましたが、北部の他町村からも馬車を持って来ていました。日本軍の舟艇で運搬していましたが、米軍の舟艇に比べると小型で馬車四〜五台乗せられるぐらいでした〉（『伊江島の戦中・戦後体験記録』）。〈伊江島（沖縄守備軍の飛行場）や読谷飛行場（守備軍の北飛行場）設営に駆使されるようになり、空襲などで多くの馬も戦死してしまった〉〈今帰仁村『じゃな誌』）。今帰仁編で紹介した篤農家、渡名喜長英さん自慢の愛馬、喜界島生まれの栗毛馬も、軍用馬として飛行場建設に駆り出され伊江島で死んだ。昭和一八年に召集令状を受け取った渡名喜さんが陸軍・鹿児島第六師団の兵士としてソロモン諸島のブーゲンビルに出征中のことだ。

馬車スンチャー（馬車運搬）の町として知られた与那原。同地の馬車持ち《ムチャー》だった与儀三郎さんの回想録が『与那原町史』に残されている。〈戦争が始まる前、私は馬と一緒に小禄飛行場（海軍飛行場）の建設で軍に徴用された。与那原の荷馬車持ちたちは、軍の飛行場作りや陣地構築などの仕事をさせられ、戦争によってほとんどの馬が死んだと思う。中には運の強い馬もいて戦禍をくぐりぬけ、戦後も働いた馬もいたが……〉。

軍馬の使役は過酷だった。『宮古畜産史』によれば、〈馬は宮古の守備隊のために、文字通り身を粉にして働かされた。平良町パイナガマ近くの石粉採掘現場から海軍飛行場（現在の宮古空港）までの石粉運搬。一日中こき使う。やせ馬に鞭を打って石粉を運ぶ。いたわるという心のかけらもみることができない。部隊の移動の度にその弾薬や荷物を運び、時には、薪炭用材の運搬にもかりだされた〉という。本島でも大きな違いはなかっただろう。

一方、軍の徴用を免れた小柄な在来馬の多くは村単位で組織した馬耕班に組み込まれ、食糧増産運動の担い手として、田畑で犂《すき》を牽《ひ》かされた。〈徴用も国のため、またモーバタキー（雑草地）を開いて増産に励むのも国のためといわれた。イモの供出も多くなってきて馬耕に一生懸命になった〉（具志川・兼箇段の和宇慶マツ子さん、大正十五年生まれ。『大正・昭和戦前の具志川を語る』より）。乗馬用（競走用）の在来馬は農耕経験がないため、各村で馬耕講習会もさかんに開かれたという。美しく着飾り、松並木のもとで華麗に舞った「ヒコーキ」も畑地で慣れぬ犂を牽かされたのだろうか。

昭和二〇年四月一日、米軍が沖縄本島に上陸。地上戦が始まると、日本軍は正規の徴用手続きを踏むことなく村民から馬を取り上げたという。〈佐敷国民学校にいた暁部隊から、馬車を持ってこい、と言われて、二、三日徴用された。部隊が玉城かどこかに移動するから、馬を置いて行けと言われた。いやだ、と言ったら「戦争だ、何で軍隊の言うことを聞かない」と言うので、自分で飼っている馬は死ぬも生きるも一緒だ、と言ったが、馬も馬車も取り上げられた。部隊には馬にやる餌もないだろうから、明日また馬も一緒にくるからと言っても聞き入れられなかった〉（佐敷町屋比久・山城静衛さんの証言。『佐敷町史』より）。

本島中南部には琉球石灰岩で形成された「ガマ」と呼ばれる自然壕が数多くあり、戦時には住民や日本兵の避難場所にもなった。だが、馬はガマに逃げ込むことも出来ない。鉄の暴風と呼ばれた艦砲射撃や空襲にさらされた。本島南部最大の上江洲口馬場で原山勝負の競馬を開催した玉城村仲村渠二区住民の山之端宏正さんは次のように証言している。

〈私の祖父は国の種馬を預かっていた。（二〇年）三月二八日の午前一〇時頃、（玉城村）仲村渠二区（上江洲口）上空から三機の敵機が攻撃し、あっという間に火の海となった。私（当時一五歳）は祖父が大事にしていた種馬を助けに家に走ったが、家も馬小屋も燃え落ち、馬も弾に当たってすでに死んでいた。私は壕に戻り、祖父に馬が死んだことを泣きながら告げると、大変ショックを受けているようだった。そして祖父の願いから消火の時に関わった兵隊に頼み、翌日の三月二九日夕方、私も一緒になって屋敷近くのキャッサバ（タピオカ）畑に葬った〉（『玉城村史』）

同村仲村渠のウフニク原と呼ばれる畑地の岩陰に隠れていた十数頭の偽装した車馬（野砲牽引馬）も米軍の偵察機（通称「トンボ」）に探知され、機銃掃射や艦砲射撃で全滅したという。

そして、首里攻防戦に敗れ沖縄守備軍の南部撤退が決まると、軍馬も在来馬も荷役として運命を共にする。馬にも及んだ「軍民官共生共死」のスローガン。その結果、おびただしい数の犠牲が生じた。最後の防衛拠点として激しい攻防戦が展開された与座岳に隣接する糸満市大里。その地誌は〈戦況の悪化につれて、食糧として軍が（馬を）屠殺するようになった。また、空襲と艦砲射撃によって倒れ、特に爆弾の破片による被害が多く、戦争被害は九〇％に達していた。昭和二〇年の大戦で大里の馬は全滅した〉（『大里字誌』）と記している。〝戦死馬〟の実態調査は行われていないが、都道府県農業基礎統計によると、昭和一九年の県内飼育馬は三万一九一四頭、二〇年の沖縄戦を挟んだ翌二一年には七七三一頭。生き延びたのはわずか四分の一にすぎなかった。

〈恨でぃん、悔やでぃん、飽きざらん　（恨んでも悔やんでも飽き足りない）

昭和一九年、那覇港から鹿児島へ出発した学童疎開船「対馬丸」が米潜水艦に撃沈される事故で父親と長男を、大阪大空襲で妻と次男を失い、自らは本土復帰の翌四八年、飲酒運転した米兵の車に衝突されて亡くなった比嘉恒敏さんの作詞作曲で知られる「艦砲ぬ喰《く》ぇーぬくさー」（艦砲射撃の食い残し）。恒敏さんの遺児・でいご娘がうちなーぐちで歌うこのフレーズに沖縄戦に対する県民の思いが込められているが、生き残った馬たちもまた「艦砲ぬ喰ぇーぬくさー」であった。

〈終戦後まもなく米軍の捕虜になっていた大田小（玉城前川の屋号）のおじいさん、大城平松さんは、具志頭村から知念村志喜屋の捕虜収容所に移動する途中、具志頭村平原にさしかかった時、生後四カ月位の小馬を見つけた。馬好きのおじいさんはどの様にしたらよいか、迷っていると小馬の方から近寄ってくる。あまりの可愛さに志喜屋の収容所まで連れて行くつもりであったが、自分は捕虜の身なので玉城の役場で管理をお願いした〉（『玉城前川誌』）。生後四カ月の子馬といえば、離乳期前。母馬から片時も離れないはずだが、孤児となって具志頭をさまよっていたのだろう。

一八歳で徴兵、沖縄守備軍の重機関銃砲兵として摩文仁の白兵戦をくぐり抜けた嘉手納在住の津嘉山正弘さんは「離ればなれになった親兄弟の消息さえなかなか分からなかった時代。馬の行方どころではなかった」と振り返る。

泥沼の日中戦争では約半数の軍馬が命をなくしたといわれる。〈昭和一二年から二〇年までの間に徴発された軍馬の数は、おおよそ六〇万ないし七〇万頭に及んだものと推測される。事変勃発から終戦まで軍馬をもっとも多く用いたのは〝支那方面〟であり、その総出動馬数は二四万三二九頭で、八年間に一一万六一一一頭を消耗し、終戦時残存馬数は一二万四二〇八頭であった〉(『富国強馬』)。沖縄戦では在来馬も含め、四分の一に激減。犠牲の大きさがうかがえる。

宜野湾・大山駅構内で乗馬する米兵（「写真集ぎのわん」）

戦前、那覇を起点に与那原、嘉手納、糸満の三方面に鉄軌道を延ばした沖縄県営鉄道（通称・軽便鉄道）。その嘉手納線の大山駅（現宜野湾市）構内で米兵が馬に乗って競走している写真（昭和二〇年撮影）が残されている。体形からみておそらく競走用の宮古馬。生き残った琉球競馬の舞い手が松並木の馬場から一転、線路の上で追われる姿など誰が想像できただろうか。

「ヨドリ与那嶺小のヒコーキ」が頂点に立った馬場の風景も、一変していた。昭和一九年に徴兵、台湾での捕虜生活を経て二一年、首里の自宅に戻った宮里朝光さんがかつて競馬を見物した平良真地へ足を運ぶと、あたり一面は瓦礫と不発弾の山。「この地は沖縄戦の激戦地でしたから。競馬の見物場所だった土手が戦争直前の甘藷増産運動でイモ畑に変わっていて、それ以外は残骸だらけで見る影もなかった」と振り返る。

戦後、沖縄本島では、道路に転用された平良真地や今帰仁・今泊馬場、米軍基地に接収された読谷・楚辺兼久馬場(通信基地トリイステーション)、野里馬場(嘉手納基地)、北谷・桑江馬場(キャンプ・レスター)、宜野湾馬場(普天間基地)、瑞慶覧馬場(キャンプ・フォスター)のように、在来馬が美しく脚を伸ばした舞台そのものがなくなった。

糸満市の真壁グスク跡の近くには馬魂碑が萬華之塔などの慰霊塔とともにひっそりとたたずんでいる。コバテイシの大樹が陰影を作る碑の周辺には行き交う人もなく、深い静寂に包まれた祈りの空間。馬魂碑には「愛馬よ、安らかに眠れ」、「野砲兵第四二聯隊　山三四八〇部隊　戦友有志」と刻まれていた。満州(中国東北部)からから転戦し、真壁が終焉の地となった同部隊の残存兵と遺族が平成二年に建立したものだ。「輓馬部隊だけに在満時代からの数多くの軍馬も共に戦野を駆けたが、日を追って斃れる数を増し戦火の消えたとき、ついに一頭の姿も見ることはなかった」。馬魂碑の隣に建つ同部隊の慰霊碑「鎮魂」にはこう記されている。

梅雨に入った沖縄本島南部の戦場。軍馬は飼葉も水も満足にもらえないのに、野砲兵に叱咤激励されて二トンもの大砲を牽いた。雨でぬかるんだ道に脚元を滑らせながら……。心ある砲兵にとっては戦友だった。北海道新聞によれば(平成一七年二月一〇日付)、この野砲兵連隊の元下士官が戦後、北海道から来沖して軍馬の遺骨収集を続けたという。

「ヒコーキはどうなったのか?」

馬魂碑に手を合わせながら心の中で問いかけてみる。昭和初期、平良真地の大競馬を制した名馬がこの時まで生きていれば、戦災から逃れられなかっただろう。ヤマトで競馬の頂点に立ったカイソウ（昭和一九年の日本ダービー馬）は名古屋の陸軍第一三方面軍に配属され、翌二〇年五月の名古屋大空襲で火の海に消えた。琉球競馬の頂点に立った馬も相前後して同じ運命をたどったのか。それとも、今帰仁村に伝わる青毛の名馬「ヤキマーイヌオーギー」のように焼土の中を奇跡的に生き残ったのか。消息は分からない。馬魂碑の前にそびえるコバテイシの枝葉が時折、静寂を破るように揺れるばかりだった。

糸満・真壁にある馬魂碑

第七章「ヨドリ与那嶺小」と「ヒコーキ」が歩んだ道

「ヨドリ」の謎

　沖縄県内で多い姓のベスト三は、一位・比嘉、二位・金城、三位・大城。では、与那嶺は……。三五位。ベスト三には遠く及ばないが、それでも、県内の電話帳登録件数だけで一一九八件（静岡大学人文学部・城岡研究室調べ）。苗字からはとても探しきれない……。琉球競馬最後の名馬ヒコーキを探す旅は結局なんの成果も上がらないまま、むなしく東京へ引き揚げた私は、こんな数字を前に途方に暮れるしかなかった。

　ヒコーキの所在、飼い主を示す記述は西原町史にたった一行。「中頭にはヨドリ与那嶺小のヒコーキという名馬がいる」と書かれているだけ。他の地誌や昭和初期の文献を調べても「ヨドリ与那嶺小」の名はみつけられない。昭和初期に発行された琉球新報、沖縄毎日新聞、沖縄朝日新聞などの地元紙は沖縄戦で大半が焼失しており、わずかに残された紙面を閲覧しても手掛かりは得られない。

「ヨドリ与那嶺小」とは、「〝ヨドリ〟という屋号の与那嶺さん」、あるいは、「〝ヨドリ与那嶺小〟という屋号の与那嶺さん」のどちらかだと思われる。分家の屋号には「前」「後」、「東」「西」「南」

「北」の方向を示す文字や「次男」、「三男」など出生の順番を示す言葉とともに「小」が付されるケースが多いことから、後者の場合、「ヨドリ与那嶺という屋号の分家筋にあたる与那嶺さん」ということになる。では、「ヨドリ」とはどういう意味を持っているのか。その言葉の意味が分かれば「ヒコーキ」の持ち主に近づける可能性があるが、沖縄語の辞書やデータベースを検索しても記載はない。八方ふさがり。藁をもつかむ思いで、沖縄県産本を出版するボーダーインク社の編集者でコラムニストの新城和博さんに尋ねてみた。

「ヨドリという屋号の意味ですか？ 確かなことは言えませんが、もしかしたらヤードゥイかもしれませんよ」と新城さんは言う。

ヤードゥイ（屋取）とは帰農士族の開墾地のことだ。一七四〇年頃から三司官・蔡温のシマ降り（士族の地方開墾）政策により、無禄の士族たちが首里や那覇、泊での生活に見切りをつけ、具志川、北谷、越来（現沖縄市）を中心とした本島各地へ分散。屋取集落を形成して農業に従事する。屋取の数は、一八七九年の廃藩置県直後に激増し、最終的には沖縄本島の全六〇〇集落のうち一四〇近くまで膨れ上がった。帰農士族の子弟には読谷村瀬名波・川平屋取の屋良朝乗や佐敷村兼久屋取の当真嗣吉、三国志に登場する関羽の生き写しと言われた今帰仁村上謝名屋取の豪傑ブッセーカナヤッチーら競馬の名手が多く、屋取の周辺には馬場跡が多数確認できる。たとえば、嘉手納の屋良馬場、北谷の桑江馬場、大里の長堂馬場、玉城の上江州口馬場などは屋取のすぐ脇に作られていた。そんな経緯を考えれば「ヨドリ」＝「ヤードゥイ」説には説得力がある。

「となれば、屋取が多かったのは具志川（現うるま市）、北谷。それに越来、今の沖縄市のあたりですかね」と新城和博さんは言う。地域別の士族戸数を見ても、この三地区が突出している。明治三六年の統計によると、具志川では士族戸数の占める割合が全戸数の四五％、北谷は四九％、越来（現沖縄市）では四六％。豊見城（四％）、真壁（六％）とは対照的である。大正一四年の調査（『論集沖縄の集落研究』収録、田里友哲）では、具志川が最も多く、五〇を超える屋取集落が確認されている。三〇集落前後の北谷、越来と合わせて屋取の三大分布地である。王府王朝時代、具志川や北谷は人口が少なく、手入れの行き届かない休閑地が多かったという。王府がこの土地を農民から返上させ、士族に払い下げたため屋取が増えたのだ。

しばらくして新城和博さんから〝屋取の与那嶺〟について、耳寄りな情報がもたらされた。「苗字を研究なさっている方に調べてもらったのですが、具志川の喜屋武、上江洲、あるいはもっと沖縄市寄りの宮里、江洲あたりに与那嶺姓が確認できるようです。周辺を当たってみる価値はあるかもしれませんよ」。「ヨドリ与那嶺小」の在地「中頭」とは、屋取集落の多い「具志川」を指しているのだろうか。再び沖縄馬場巡りの旅に出よう。

だが、その前に具志川で開かれていた競馬の舞台を少しだけ振り返っておきたい。

遺念火の出た馬場――具志川

「てぃんぐゎんんまいーぬ、いにんれー、たーがん　みーちょんどーやー」（天願馬場の遺念火は誰もが見ているよ）

遺念火（ひとだま）にまつわる伝承が残るのが、具志川最大の馬場「天願ジョウ」（ジョー）

である。『具志川市史・民話編』にその由来が次のように記されている。

〈お年寄りの話では、天願にとてもきれいな人がいたらしい。また、田場（天願に隣接した集落）にはサムライ（士族）がおって、そのサムライと女が天願馬場で会っていたという。サムライは首里の王様からの言いつけで、田場には勤めで来ていたと思う。サムライが首里に帰ってしまってから、天願のきれいな女は、思い焦がれて死んでしまったらしい。それからだよ、遺念火が出るようになったのは〉（大正六年生まれの男性話者）

愛する男から引き離された女の情念が遺念火となり、ちぎりを結んだ馬場を徘徊する。女の深い情念は首里の平良真地編で紹介した組踊「執心鐘入」のように鬼に化身することもあれば、ひとだまに変わることもあるのだ。

具志川には三山統一前の按司時代からグスクの周辺に馬場があったという。天願グスク、安慶名グスクの近くには天願ジョウ、江洲グスクには宮里馬場、喜屋武グスクには仲嶺馬場。当時は按司と呼ばれる地方豪族が群雄割拠した時代である。豊見城編などでも述べたが、グスク周辺に馬場が造られたのは、もともと軍馬の調練が目的だったからだろう。調練の舞台は近世に入って競馬の舞台へと変わっていく。なかでも天願ジョウは特別な馬場だった。

〈中頭郡に二つしかないもの、数ある馬場や兼久のうち首里王府から『ジョウ』の名称を用うることを認許されたのは具志川の天願ジョウと中城村（現・北中城村）のワナマジョウ（和仁屋馬場）の二個所だけであるといわれる。それは馬場の長さが三百間（約五四五メートル）、巾が十間（約一八メートル）もあって、約三千坪を有し、しかも直線コースがとれるものという王府の公認条件に合致したからであるといわれている〉（『具志川市誌』）。

明治一三年の沖縄県統計概表によると、天願馬場の長さは二・一四町（二三三メートル）。三百間（約五四五メートル）という王府公認基準の半分しかないが、〈昔から非常に大きな松が周囲に植えられて、馬場の長さにしても、おおよそ一〇〇メートルくらいあるのではないかと思うぐらいの、沖縄一というほどの馬場であった〉（前出・大正六年生まれの話者、『具志川市史』）、〈この馬場は、全長五〇〇メートル以上はなかったかねえ〉（大正二年生まれの話者・同）との証言も残されている。

沖縄一の規模を誇る馬場は住民にとって遺念火の現れるパワースポットであると同時に、競走馬の華麗な走りで沸くレジャースポットでもあった。

〈天願馬場の馬ハラセーは、五月（旧暦四月）のアブシバレーの日と八月十五日夜と年二回行われた。その時はみんな畑仕事を休んで村中の人が弁当を持って見に行った。当時は（他に）見る物がないので大変楽しみだった。特に子供たちはイーリムン（玩具）を買ってもらえるから一番楽しみだったね。おもちゃ屋が並び、ジューシーメー売ヤー（炊き込みご飯売り）もいて、たいへんにぎわった。でも買って食べることはたいへん恥ずかしいことだった〉（明治三一年生まれの女性話者、『明治の具志川を語る』より）。また、明治四一年の『琉球新報』は〈中頭郡具志川村の原山勝負差分式は去《さる》二十四日、天願馬場に於て挙行したり。余興として競馬の催ありたり〉（七月二八日付）と報じている。

天願ジョウから南東へ約二・五キロ、金武湾沿いには、田場兼久《ガニク》と呼ばれる砂地の馬場もあった。明治一三年の沖縄県統計概表によると、長さ二・〇七町（約二二五メートル）と県内馬場の平均的な規模。現在の昭和製紙工場周辺である。明治四四年の沖縄毎日新聞によれば、ここでは アブシバレーの他に、甘蔗鍬草勝負の差分式の後にも競馬が開催された。甘蔗鍬草勝負とはサトウキビの早刈り競争ではない。サトウキビの生育状況の審査会である。この時代は他にも鼠駆除勝負（ネズミを捕獲後、切り取って乾燥させた尻尾の数を競う）など農業奨励を目的とした勝負が各地で行われた。

ヤナムンの出た馬場――知花

さて、問題の「ヨドリ与那嶺小」の所在である。新城和博さんの情報によると、与那嶺姓が確認されているのは、具志川の喜屋武、上江洲、さらに沖縄市寄りの宮里、江洲。いずれも具志川の南部に位置している。この一帯の馬場といえば宮里馬場と仲嶺馬場。民俗研究家・西村秀三氏らの調査報告書を元に現在地を探ると、宮里馬場は県道二二四号線と一六号線が合流する宮里交差点の周辺、仲嶺馬場はその一六号線を宮里交差点から東へ一キロほど進んだ高江洲集落の西端にある。ただし、どちらの馬場も明治一三年の沖縄県統計概表に記載されておらず、競馬が行われていたかどうかもはっきりしない。明治三一年、高江洲北西部の志林川（小字）で生まれた糸洲蒲さんによると、明治末期、当地の住民は約四キロ離れた隣村の美里まで競馬見物に出掛けていたという。馬主を父に持つ糸洲さんは『具志川市史』に次のような回想談を寄せている。

〈明治四〇年頃の話になるかな。私の父もヌインマを持っていた。ナークー（宮古産の馬）と呼ばれる小柄な馬だった。競走の一週間前になると、良いえさが与えられ、たてがみ、ひづめが切り揃えられ、キーガチ（毛並みを揃える）して体調が整えられた。また馬具等が赤、白、黄、紺の原色の縫い込み生地や造花で飾り立てられ、馬主の思い入れは大変なものだった。毎年アブシバレーや八月の十五夜になると、ビントーンマイー（弁当馬場）に、村々の名馬が集められ、そのあでやかな技が競われた。当時私は九歳。馬場の松の下にはたくさんの人で満杯。人々はカンプーを結い、膝までのスディチラー（芭蕉衣）を着け、素足の観戦であった。さて、馬走《ンマハラ》しだが、当日は馬主が乗るのではなく、それぞれの馬の乗り手として、前もって選ばれたがんじょうな若者が、そのりりしい乗馬姿と技を競った。マルガケ（全力疾走）ではなく、組み足の上げ下げによるザンメー（姿態・動作）と速さによって成績が決められた。疾走競技もあった。場内には指笛が飛びかい、わきにわいた。子女たちは着飾った騎乗の青年や馬の躍動に熱狂した〉（一部抜粋）。

　馬主の娘・糸洲蒲さんが出掛けたビントーンマイーとは、美里村（現沖縄市）の「知花弁当馬場」である。明治一三年の沖縄県統計概表によれば全長二・四五町（約二六七メートル）。『沖縄県史』には〈中頭では美里の知花の弁当馬場。その美麗は中頭一であった。ここでは毎年八月十日が馬揃いの日で、首里や那覇、中頭の各村から名馬が集まった。原山勝負の差分式にも余興として競馬を催した〉（一部抜粋）と記してある。当時の『琉球新報』にも知花の競馬は頻繁に報じられた。

〈中頭郡美里間切の春季原山勝負ハ、本月十一日、ベントウ馬場に於て儀式を挙行したり。余興には競馬二十五組の競争ありて西方の勝となりたり〉（明治三六年六月二一日付）

〈中頭郡美里尋常高等小学校の落成式は去る二十一日挙行せられたり。（中略）尋常高等小の征

露軍歌終て宴会に入り、弁当馬場にて十数組の競馬ありたり〉（明治三七年五月一七日付）

日露戦争で遼東半島（中国遼寧省）を巡る攻防戦が激化した当時の記事である。

〈競馬は所謂《いわゆる》弁当馬場に於て行われ、これもなかなか盛んにして、乗馬の数二百の上にも出でたるやに見受けられたるも、当日は踊の余興多き為め競馬を見る者割合に少かりき〉（明治三九年一〇月一〇日付）

この競馬は中頭郡重要物産品評会の余興としてエイサー、ウシデーク、組踊、棒踊と同時開催された。

「ヨドリ与那嶺小」が具志川南部の住民だったとしたら、糸洲蒲さんの父親のように持ち馬を知花弁当馬場で走らせていたはずである。地誌にその名が残されていないだろうか。旧美里村を含めた沖縄市内の文化財を調査している沖縄市立郷土博物館に問い合わせてみた。

「ヨドリ与那嶺小という名前は郷土史料に記録がありません。念のためもう一度調べてみますが……」と同博物館の川副裕一郎さんは言う。民俗学の文献にも当たってみたが、やはり収穫はなかった。代わりに目を引いたのが、知花弁当馬場にまつわる昔話である。

★ヤナムン（魔物）の棲む馬場

明治一四年、知花で生まれた金城山助さんの「家まで追っかけてきた火の玉」と題する昔語りが『南島の民俗文化』（上江洲均）に収められている。

〈昔、ある人がビントー馬場を通って帰ってくる時、牛の形をした黒いものに出会った。そこで褌《ふんどし》をはずし、それを振って難を避けて帰ってくると、こんどは道端に火玉があった。それも同様に退散させた。しかし、フール（豚舎）には行かず、まっすぐ母屋に入ったため、三年目に火災が起きた。火玉がそのまま残ってどこかに住み着いていたのであろう、とうわさされた〉。沖縄では当時、豚の鳴き声が魔物を追い払うと信じられており、外出先で魔物を見たときはフールで豚の鳴き声を聞いてから家に入る習慣があった。知花弁当馬場で魔物と出会いながら邪気払いを怠ったための悲劇である。

知花弁当馬場（熊本県立図書館所蔵）

また、「一六歳は伝達係」と題した昔話にはこう記されている。

〈一五歳の九月には結髪して一人前の大人のかっこうになった。これをカタカシラといい、この祝いのことをカタカシラ祝《スージ》いと呼んだ、一六歳になったある晩のこと。友人と二人で登川へ公文を届けに行かされたことがあった。ふだんから魔物の立つ場所として知られるビントー馬場付近まで来たところ黒いかげを見た。二人とも褌をはずして叩いたところ、水が顔にはねかえって二人とも大笑いだった。水たまりに松のかげが映っていたのである〉

インターネットどころか、電話も電報もない時代。集落間の連絡は、烽火《のろし》、ホラ貝、早馬の急報か、伝達係を介した「村つぎ」（番所間は「宿つぎ」）しか手段がなかった。知花から登川への村づき役が見た魔物は知花弁当馬場を囲む松の影だったが、遺念火で知られた天願馬場同様、奇怪な言い伝えが残されていたようだ。

知花弁当馬場の跡地に足を運んでみると、一部が県道三二九号線に合流する「かりゆし通り」と呼ばれる市道、一部が「馬場都市緑地」と名付けられた公園になっている。公園でゲートボールに興じる地元の古老は「周辺に住宅が建って狭くなったけどね、昔の馬場はこの市道の四倍ぐらいの広さがあって、赤道（隣町のうるま市）まで延々続いていたんだよ」と言う。ヒコーキに関しては、「さあ、聞いたことがないね」と首をひねる古老に、ひとだまについても恐る恐る尋ねてみた。「日が暮れた後はここに来ない方がいいよ。ヤナムン（魔物）が背中に乗っかってくるよー」と筆者を脅かすと、ケラケラと乾いた笑い声を立てた。

知花の花織

ところで、この知花弁当馬場の「弁当」とは、どんな意味なのだろうか。近隣の住民が弁当を手に見物に集まったからだろうか。

「いやいや、この一帯は以前、弁当原《ビントーバル》という地名（小字）だったんですよ。ですから、馬場のことを地元ではビントーと呼んでいました」と語るのが知花子ども会（知花自治会内）の会長をつとめる池原秀樹さん。知花子ども会では地元に残る民話の他、伝統文化に触れる活動も続けているが、競馬と関わりのある文化財といえば、平成二四年、国の伝統工芸品に指定された知花花織の「馬乗上着・袴」（沖縄市立郷土博物館所蔵）。寄贈した池原ノブさんの祖父が知花弁当馬場の競馬で着用した乗馬用の上着と袴である。ノブさんの祖母か曾祖母が王朝時代の末期（一九世紀半ば）に製織したとされる。知花の花織は明治末にいったん途絶えたため現物が数点しか残っておらず、その技法を伝える第一級の染織資料だ。同時に、王朝時代の馬勝負の姿をうかがわせる第一級の競馬資料でもある。競馬用のルーブク（胴着）や袴を製織した読谷山花織が緯糸（横糸）を浮かして模様を作る〝緯浮花織〟なら、知花に伝わるのは経糸（縦糸）を刺繍のように浮かせて織り込む〝経浮花織〟。御絵図という図柄見本に従って製織する貢納布ではなかったため、織り手の自由な感性が布地一枚一枚に多様な生命を吹き込んだという。琉球競馬は、騎手の着衣まで琉球の至芸に彩られていたのだった。

中頭一の美麗を誇った弁当馬場に中頭や首里、那覇の逸材がそろい踏みした知花競馬。その終焉は意外に早くやってきた。知花の一帯が美里村だった時代（昭和四九年以前）の地誌を探し出すと、そこには次のように記されていた。〈馬勝負も大正の頃から自然に無くなり、馬場は道路となり、馬は皆、荷馬車ひき、すなわち馬車馬、あるいは背中に荷物を乗せる駄馬となった。（中略）村の原山勝負の差分式後の余興として熱狂されていた競馬と相撲が、明治の末頃から相撲だけになり、昭和の頃からは青年競技大会になった〉（『美里村史』）。大正以降は地元紙も知花弁当馬場の競馬を報じておらず、明治末に途絶えたとみられる。

知花花織馬乗上着（沖縄市立郷土博物館所蔵）

知花花織馬乗袴（沖縄市立郷土博物館所蔵）

美里村(現沖縄市)の塩田地帯で知られた泡瀬にも潟原兼久と呼ばれた馬場があった。『泡瀬誌』によると、〈泡瀬の塩田の陸地寄りに満潮時でも塩水の浸からない所があって、製塩には不向きな相当広い場所〉が競馬の舞台。日露戦争が勃発した明治三七年には遼陽(中国東北部)占領大祝勝会の余興として角力、手踊りとともに競馬も泡瀬潟原で催された。同年九月九日の『琉球新報』はその時の模様を〈ここかしこも見物人の山を為し、彼も面白く、これも珍し等言い合ひて、各十二分の興を尽くし、午後七時頃散会したり。当間切にては前古未曽有の盛会なりき〉と報じている。また、明治四三年九月二〇日の同紙は競馬の様子をこう記した。〈泡瀬馬場に於いては、中頭郡有志の競馬ありたり。会するもの数十騎、常に淋しき砂原の馬場も今日は打ち変わり、周囲は見物人の垣、細長なる場内は鞭の音、馬蹄の響、いななき声とにて満ち、南風を横切って東西に疾走する様は修羅の巷《ちまた》もかくやと思はる〉。だがこの馬場も弁当馬場同様に明治末で競馬開催を取りやめている。

知花弁当馬場に再び馬が集まるのは、伝統競馬の廃止から四半世紀を経た昭和一五年頃、「軍用候補馬競技会」、「軍用候補馬鍛錬」という名の国防競馬、国防調教だった。

「ヨドリ与那嶺小のヒコーキですが、やはり記録には残っていません」。沖縄市立郷土博物館の川副裕一郎さんから連絡があった。明治末で競馬が途絶えた地域の史料をいくら探しても、昭和初期の名馬にたどりつくはずがなかった。

直線五〇〇メートルの規模を誇った〝王府公認馬場〟具志川の天願ジョウの競馬も大正に入って早々と姿を消したようだ。〈(天願馬場の競馬は)私達が十四、十五歳(明治四五年~大正元年)

天願ジョウ跡

までは盛んだったが、だんだん下火になってきて闘牛に変わっていった〉（明治三一年生まれの女性話者、『明治の具志川を語る』）という。大正以降の地元紙にも具志川の競馬に関する記事は見当たらない。昭和初期のヒコーキもこのマンモス競馬場で走ることはなかったのだろう。

　戦後、天願ジョウは平坦な地形に目を付けた米陸軍によって物資集積所にされた。昭和三六年には通信兵が配置され天願通信基地へ。楚辺スピガニク馬場跡に建設した読谷トリイ通信基地と連携してベトナム、米本国との長距離通信を担った。復帰後、段階的に返還されると、土地区画整理事業を経て平成三年、「みどり町」として生まれ変わった。戦前の「具志川村字天願」から「うるま市みどり町」へ。一変したのは住所だけではない。地図を手に足を運んでみると、碁盤の目のような同じ幅の道に近代的な市役所の庁舎や学校、住宅、郊外型店舗が整然と並ぶ、平成生まれの街。「てぃんぐゎんんまいーぬ、いにんれー、たーがん　みーちょんどーやー」と、住民を怖がらせた遺念火どころか、王府公認馬場の面影さえどこにもなかった。

ついに分かった「ヨドリ」の意味

中頭の屋号「ヨドリ与那嶺小」＝ヨドリ→屋取→具志川の与那嶺さん――。説得力があるように思えた「ヨドリ＝屋取」情報も調べてみると何一つ収穫は得られなかった。そのうえ具志川管内の屋号を掌握するうるま市教育委員会からダメ押しの電話。「お問い合わせのヨドリという屋号は、具志川には全く見当たりません。昭和一九年に具志川で実施した屋号調査の記録が残っているのですが、そこにもヨドリの名はありませんでした」。

またしても空振り。ヒコーキの手掛かりはもう何も残っていなかった。沖縄に地縁や血縁もなく、東京で毎週開催される中央競馬（ＪＲＡ）の予想に追われるだけの競馬記者には限界だった。予想がなかなか当たらないから沖縄への旅費もままならない。「ヨドリ与那嶺小のヒコーキ」探しは断念するしかなかった。

「ヒコーキとかいう名馬の正体は分かったたか？　尻尾ぐらいは捉まえたか？」

灯台もと暗しという。八方ふさがりの局面を一気に打開するきっかけを作ってくれたのは、意外にも私の自宅（埼玉県越谷市）近くにある行きつけの寿司店主だった。「ヨドリの屋号が見つからない？　ヨドリの意味も分からない？　だったら、頼りになるヤツを紹介するよ」。宮古島城辺出身の店主、島尻照男さんは少年時代に実家で宮古産馬を飼っていたため、ヒコーキ探しの旅の土産話に熱心に耳を傾けており、調査が行き詰まった時、助け船を出してくれたのだ。「宮古島に住んでいた若い時分から古いウチナーグチの調査に明け暮れた面白い従兄弟でさー。ウチナーグチの達人。あの男に聞けば沖縄の言葉は何でも分かるよ」。店主に紹介されたのは、言語学の第一人者として知られる琉球大学の狩俣繁久教授。すぐに教授の研究室へ電話をかけてみる。

「ヨドリというのは屋取の意味でしょうか？」。こちらの質問に狩俣教授は即答した。

「ヨドリとは〝ようどれ〟のことですよ。要するに夕暮れ、夕凪という意味ですが、沖縄でようどれという場合は……」

「ヨドリ与那嶺小」の姿を覆い隠していた霧が一気に晴れていくような気がした。「ようどれ」は琉球語（ウチナーグチ）で「ユードゥリ」と発音するが、「ヨドリ」と表記する例もあったのだ。沖縄で「ようどれ」にまつわる代表的な場所と言えば……。一三世紀に浦添を治めた英祖や薩摩藩に侵攻された一七世紀前半の琉球国王、尚寧が眠る王陵「浦添ようどれ」。

ヒコーキの飼い主は〝浦添ようどれの与那嶺小〟だったのか。

第一章で述べたように、浦添には「ヨドリ」と名の付く屋号が存在せず、調査対象から外していた。だが、ヨドリが屋号名ではなく所在地を指しているなら、まさしく浦添の馬主だったことになる。浦添市史には競走馬を持っていた資産家として「字当山の与那嶺小」の名が記されていた。浦添市教育委員会文化課の安斎英介氏によると、この地は屋取から発達した集落だという。当山の位置を地図で確認してみる。浦添ようどれのすぐ北隣に当山集落があった。さらに、当山自治会長を務める神山高成氏から入手した戦前の屋号地図を広げてみる。集落の最も浦添ようどれ寄りの民家に「ユナンミグヮ（与那嶺小）」と記されていた。ヨドリ与那嶺小と当山の与那嶺小が一本の線でつながった。

「『ヨドリ与那嶺小』というのは私の実家です」

当山自治会の紹介で「当山の与那嶺小」の娘さんに電話してみると、受話器の向こうから期待通りの答えが返ってきた。応対してくれたのは、大正二年生まれの生駒(旧姓・与那嶺)ミツさん。

「戦前、父の与那嶺真宏が競走馬を飼っていまして、馬勝負でよそのムラに出掛けた時、『ヨドリの与那嶺小《ユナンミグヮー》』と名乗ったようです。自宅の前に浦添ようどれがあったからでしょうね。与那嶺小はうちの屋号。若い人は知らないでしょうが、〝小《グヮー》〟とは分家の意味なんです。つまり、ようどれのすぐ目の前に住んでいた与那嶺の分家。間違いなく私の実家のことです」

胸の高鳴りを抑えられないまま、戦前に実家で飼っていた競走馬の名前を尋ねてみた。

「『ヒコーキ』という馬でした」

空耳ではないかと思って、もう一度、ミツさんに確かめてみる。受話器から同じ馬名が聞こえてきた。いつたどり着けるともしれなかった名馬を巡る長い旅のゴールが、突然目の前に広がった。夢でも見ているようで、次の質問が浮かばない。

「それにしても、どうして、『ヒコーキ』が私の実家の馬だとお分かりになったのですか。私はもう、あの馬のことを記憶の片隅に押しやったまま、あの世へ向かうものとばかり思ってましたのに……」

ヤマトの記者から突然、電話で八〇年以上前の馬について問われ、驚きのあまり、声を裏返す生駒ミツさんにこれまでのいきさつを手短に説明すると、すぐに那覇行きの航空券を予約した。その夜は「ヒコーキ」探しの日々がまぶたに浮かび、空が白んでくるまで寝付けなかった。探し出してみると、達成感よりも不安感が胸をかすめた。

ようやく解き明かされる「ヒコーキ」の実像が、もし、本島各地の地誌に名を残した駿馬とはほど遠い、どこにでもいる平凡な馬だったとしたら……。蹄跡を追いかけながら思い描いてきた名馬像が当事者の証言で壊されないか、ミツさんに会うのが少しだけ怖かった。

ミツさんの思い出

平成二三年七月初旬の昼下がり。待ち合わせていた那覇・国際通り沿いのホテルに生駒ミツさんは娘の勝子さんとともに姿を見せた。歩行補助用の手押し車を押しているが、半袖のワンピースを着た背筋は真っ直ぐに伸び、数え九七歳のカジマヤー祝いを終えたご婦人とは思えない凜とした佇まい。

「わざわざ東京からお越しになって……。沖縄は暑いでしょう？　夕食には早すぎる時間だし、とりあえずコーヒーでもお飲みになりませんか？」

生駒ミツさんはビルの地下にある喫茶店に誘うと、娘さんに手押し車を預けて、独力で階段を下りていった。

二〇年以上前に出版された地誌にわずか数行記載があるだけの謎に包まれた名馬。その実像がようやく結ばれようとしていた。橋渡しをしてくれた浦添市教育委員会の安斎英介氏によると、郷土史の各種調査でも当事者が存命で肉声を直接聴けるケースは滅多にないという。静かな喫茶店の一番奥に席を取り、ミツさんの声に耳を澄ます。

「戦前に私の父、与那嶺真宏（明治一五年生まれ）が飼っていた馬というのはね……」

大正二年生まれ、九八歳になったミツさんは遠い記憶の糸を少しずつたぐり寄せるように、琉球競馬最後の名馬について語り始めた。

「白い馬……。ヒコーキは白い宮古馬でした。馬の毛色といえば、茶色や栗色が多かったですから、とても珍しかったのですよ。ほかの宮古馬と同じように小柄な牡《オス》でしたが、尻尾がすーっと長くてね、毛並みのとても美しい馬でした。姿形に何ともいえない気品があって他の馬とは雰囲気が全く違っていたのです。私が物心のついた頃、小学校に上がった時（大正八年）にはすでにウチにいました。確か、馬勝負も見に行ったことがあって……」

ミツさんは注文したアイスコーヒーに口をつけると、遠くを見つめるような眼差しで記憶の引き出しにしまい込んでいた光景を探し出した。

「安波茶、今の浦添市役所のあたりに昔は馬場（安波茶馬場）があって、ヒコーキが馬勝負に出るというので、家の者総出で見に行ったんですよ。あれは、私が小学校何年生の時だったか。いえ、女学校に入る前だから、一二歳から一四歳の頃だったような気がします。確か、肌寒い二月のことでした。子供ですから馬勝負のことも馬の走りの良し悪しも全く分かりませんが、愛用の乗馬袴をはいた父がヒコーキに乗って、真っ直ぐ二〇〇メートルぐらい延びた馬場で競走していました。せっかく勝っても賞金が出ないので、ガッカリした覚えがあります。名誉を懸けた男の勝負なんてことは、娘にはちっとも理解できませんから、賞金も出ない遊び事にどうして大人たちは夢中になるのか不思議でねえ。でも、ヒコーキは随分評判になっていました」

ミツさんが記憶していた安波茶馬場は当山集落から南西に一キロ半。浦添村の主要馬場だった。琉球王朝時代に創設され、廃藩置県の翌年（明治一三年）の沖縄県統計概表によると直線二・〇九町（二二八メートル）。村主催の原山勝負差分式の余興として競馬が開かれていた。大正六年七月一九日付の『琉球新報』は〈浦添村にては昨十八日午前十時より風薫る安波茶馬場に於て、春季原勝負褒賞授与式を挙行せり。午後一時を以て授与式は終わりを告げ、午後三時より余興に移りたるが、各字より寄り集まりたる見物人を以て、さしもの広き馬場も黒山を築きたり。各字より選出されたる乗馬選手を紅白二組に分かち、四十組の盛んなる競馬ありて午後六時散会せり〉（抜粋）と報じている。同紙によればこの年、浦添村で飼育された馬は七六八頭（中頭全域では八五四〇頭）。その中から選りすぐりの競走馬八〇頭が出走した。ミツさんが四歳の時の記事である。日清戦争後の明治三四年一一月には満期除隊した兵隊の帰郷を祝う競馬も行われた。

生駒ミツさん

ミツさんがこの馬場で「ヒコーキ」の競馬を見たのは大正末から昭和初頭のこと。「なにしろ八〇年以上も前のことですから、私の記憶違いでなければいいのですが……」と不安そうな表情を見せたが、ミツさんの話は、筆者の懇願に応えて当山自治会長・

神山高成氏が集めてくれた古老の証言とも一致する。「ウマシューブ（馬勝負）はさとうきび収穫の中休みに安波茶の広場で行っていた。大勢の見物人が集まり、野菜なども売られていた。与那嶺グヮーの馬はヒコーキグヮーといっていた」（当山集落に住む石原千代さん＝大正八年生まれ＝の証言）。

尾の長い気品に満ちた白馬が、乗馬袴の「ヨドリ与那嶺小」を背に二〇〇メートル余の安波茶馬場を華麗に舞う。周囲にはその走りに固唾を飲む大勢の村人と野菜売りなどの出店。ミツさんより六つ年下の証言者、石原千代さんが少女時代に耳にした馬名をいまだに覚えているほど「ヒコーキ」は鮮烈な印象を与えたのだろう。なにしろ、昭和二、三年頃には平良真地の大競馬に中頭代表で出場し、琉球競馬の頂点に立つ馬である。

〈十月二十日の沖縄神社祭の奉納として平良真地での競馬は戦争直前まで首里を中心に沖縄を二分し、島尻方と中頭方で勝負する大競馬であった。天界寺松尾に勢ぞろいした乗馬約二百が赤や紫の布で着かざり、よろい武者を先頭に二列になってしゅくしゅくと平良真地に乗り込んでいく姿は、琉球の往時をしのび実に壮観であった。午前十時ごろから午後四時ごろまで競馬が行われ、沖縄中はもちろん遠く離島からも見物人がおしよせ一日中にぎわった〉（『那覇市史』抜粋）。〈中頭にはヨドリ与那嶺小のヒコーキという名馬がいる。昭和初期の沖縄神社祭の奉納競馬には、中頭はヒコーキとトヌバル、島尻は自動車小とマンガタミ馬がいて、双方どっちも負けられない勝負が、平良馬場でくりひろげられた。万余の見物人が手に汗をにぎる見事な勝負を展開した結果、優勝の栄冠は中頭のヒコーキに挙がったという〉（『西原町史』抜粋）。

筆者が沖縄の名馬探しの旅に出る発端となったこれらの記事の概要は、ミツさんと会う約束をした際に伝えておいた。だが、ミツさんの記憶の引き出しを何度ひっくり返しても、「平良真地」、「沖縄神社祭」は見つからなかった。

「ヨドリ与那嶺小」の歴史

「お役に立てなくて、本当にごめんなさいね。そんなに凄い馬だったなんて、あなたに教えてもらうまで知りませんでした。ヒコーキが平良真地で優勝した昭和二、三年といえば、女学校（県立沖縄第一高等女学校）に入学する前後です。あの頃までヒコーキは確かにウチにいたのですが、女学校のことでバタバタしていて聞きそびれてしまったのか、あるいは父が話さなかったのか。いずれにせよ、初耳なんですよ」

琉球競馬の頂点に立ちながら、父・真宏氏がその朗報を家族に話さなかった……。もし、そうだとすれば、後に述べる当時の競馬に対する逆風が与那嶺家にも吹いていたのだろう。

「与那嶺の家は周りが言うほど生活に余裕があったわけではないのですが、戦前、ウチにはサーターヤー（製糖小屋）があって、馬たちがサトウキビの圧搾機を牽いていました。畑でも馬が鋤《すき》を牽いていましたが、ヒコーキにはそんな農作業を一切させませんでした。競走専用でしたから」

ミツさんから当時の裕福な暮らしぶりを自慢するような言葉は聞かれなかったが、戦前の沖縄で乗馬といえば富の象徴。賞金の出ない琉球競馬で農耕馬の十倍近い値が付いた競走馬を持てるのは資産家《ウェーキー》に限られていた。『浦添市史』は当山の与那嶺小を「物持ちの農家」と記している。

戦前の当山は仲間、伊祖、西原にまたがる屋取（士族の開墾集落）で、一番組から三番組まで三地区に分かれ、それぞれの住民はサトウキビと芋の畑作で生計を立てていた。浦添ようどれに接したミツさんの実家、屋号「与那嶺小《ユナンミグヮ》」が属した一番組には、サーターヤーが一つだけあり、約二〇世帯が使用したという。

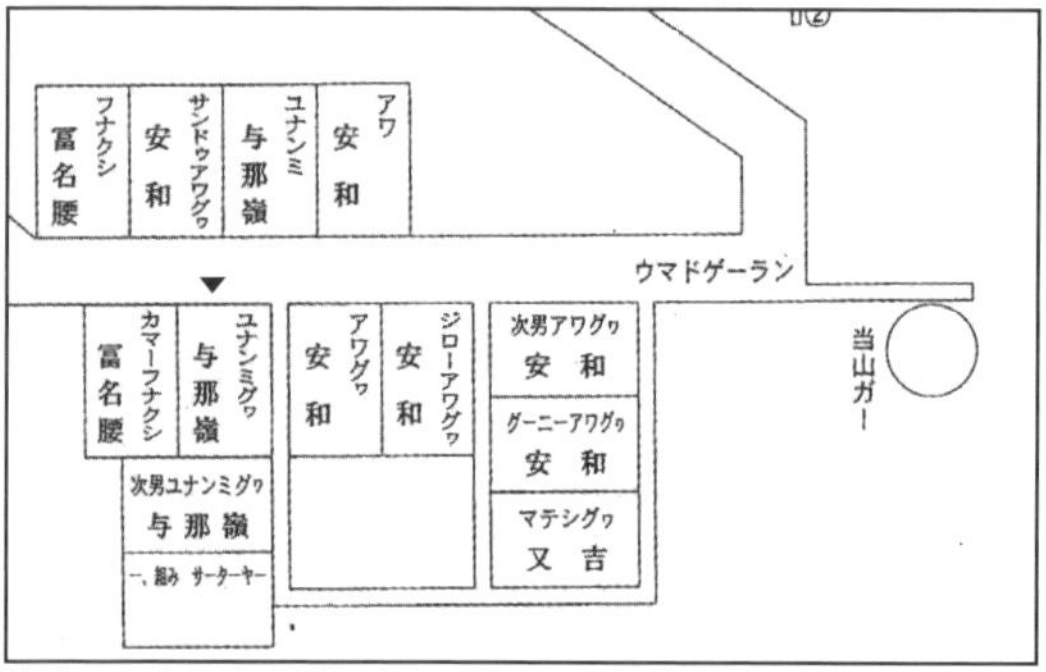

戦前の当山区班区分図より（作図：田場盛文氏）▼がユナンミグヮ

戦前の屋号地図で確認すると旧普天間街道沿いにあったミツさんの実家のすぐ脇にサーターヤーが建っている。

「通り（旧普天間街道）を挟んで向かい側にある〝ユナンミ〟という屋号の家が与那嶺の本家で、私の実家の奥にあった〝次男ユナンミグヮ〟というのは父の弟の家です。製糖小屋は弟の家の隣にありました」とミツさんは言う。

『当山区成立八十八周年記念誌』によると、藁葺き屋根の民家が立ち並ぶ集落で与那嶺小は数少ない瓦葺き《カーラヤー》屋敷。旧暦三月三日、浜下りの代わりに開かれた当地の年中行事クシユックヮーシーでは、当山井戸《ガー》で井泉の拝《カーウガン》みをした後、一番組の住民がそろってミツさんの家に集まると、当時貴重品だった豚をつぶして振る舞われたという。

小高い山の谷間を士族が開墾した屋取集落・当山。ミツさんの祖父・思仁さんら与那嶺家の一族が首里からこの地へ移ってきたのは、明治一二年の廃藩置県の直後だった。与那嶺家は東風平出身の與那嶺筑登之親雲上真春（一六五三年〜一六八八年）を始祖とする首里士族「新参・弘姓」の末裔にあたるが、琉球王国が滅亡すると、帰農して未開の地に生活基盤を築いた。父・真宏氏が生まれる三年前である。当時の当山は田畑がほとんどなく、辺り一面原野。歴史考古学者の安里進氏（沖縄県立芸術大学教授）は同記念誌に〈この一帯がサトウキビ畑になったのは明治以降で、近世には農地として開発困難な原野だったと考えられる。この一帯のジャーガル土は強粘土質で、雨が降ると粘りの強い重い土になり、乾くと硬くなるので鉄鍬でも耕作にはかなりの労力を要したからだ。当山一帯に古い集落ができなかったのは、農地に適した土地が少なかったからだと考えられる。都落ちしてきた屋取の士族たちは、このような原野に耕地を少しずつ広げていった〉と記している。

ミツさんの祖父・思仁さんも慣れない手つきで鍬を握って原野を耕し、サトウキビや芋畑を開いていった。「移ってきたときは民家が四、五軒しかない寂しい所だったそうですが、泣き言一つ口にせず、がむしゃらに働き続けたと聞いています」とミツさん。苦労が実ってサトウキビ生産で成功し、一代にして「物持ちの農家」といわれるほど財を築いた。そんな思仁さんにとって競馬は遊び事にしか映らなかったのだろう。

「高額な乗馬は財産を食いつぶすだけだと私ら孫にいつも話していました。父がヒコーキを飼っていることにも、いい顔はしませんでした。祖父とともに当山を開墾した与那嶺の年寄りたちも馬勝負に対して同じ感情をもっていたと思います」とミツさんは語る。

馬や馬具に装飾を施し、ゆっくりとした細やかな四肢のリズムで美を競う。琉球独自のスタイルを持つ競馬は首里の精神文化に深く根ざした伝統競技とはいえ、裸一貫、土にまみれて財を成した屋取の長老たちにとっては、金を生まずに浪費するだけの道楽だった。真宏氏の夫人は、ミツさんを産んだ後に亡くなっており、家族のなかに理解者はいない。それでも、〝ヨドリ与那嶺小〟こと真宏氏はその道楽に深くのめり込んでいった。

「いま思い返しても、父の頭の中には馬勝負のことしかなかったと思うのです。当時は競走馬の売り買いや馬主同士の情報交換を那覇の辻町でやっていて、しょっちゅう出掛けていました。乗馬の稽古も随分やっていたみたいです。家では祖父の厳しい目もあるので馬勝負のことはあまり口にしませんでしたが、酒が入ると、話すのはもう馬のことばかり……。勝負に勝つと、辻でどんちゃん騒ぎになりました」

ミツさんは新たにオーダーしたコーヒーに口をつけると、一瞬だけ顔をしかめた。コーヒーの渋みからだろうか。それとも、祖父から刷り込まれた、父の〝道楽〟に対する感情からだろうか。

「ヒコーキのほかにも何頭か、我が家に出たり入ったりしていました。でも、物心がついた時から女学校に入る時（昭和三年）までずっと飼っていたのはヒコーキだけです。馬名がついているのもこの馬だけでした」

ミツさんは言葉をつないでいるうちに、遠い記憶が蘇ったのだろう。「あっ、そうだわ」と声音を弾ませた。

「父は頻繁に馬勝負に出掛けましたが、私が小学生に入った頃は家にほとんどいなかったのです。ヒコーキを連れてね、本島中を歩き回っていました。馬勝負が命という人だったから、村（浦添）の馬場だけでは満足できなかったのでしょうね。県内のどこかで大きな馬勝負が開催されると聞くと、じっとしていられません。西原、首里から島尻、中頭、山道を越えて遙か山原にも行ったと思います」

モヤに包まれていた名馬の蹄跡が鮮明な輪郭を結んだ。

沖縄を駆け巡った「ヨドリ与那嶺小のヒコーキ」

私は「ヒコーキ」の蹄跡を探すために本島を縦断しながら各地の馬場を巡ってきた。首里を皮切りに今帰仁、名護、読谷、嘉手納、北谷、宜野湾へ。那覇から島尻に南下して、具志頭、玉城、南風原、大里、豊見城、東風平、糸満。思いがけない情報がもたらされて再び中頭に移動し、コザ、北中城、石川、具志川、知花へ。その多くの地誌には琉球競馬の代表的な馬として「ヒコーキ」の名が記されているが、足を運んでも蹄跡のかけらさえ見つけられなかった。だが、ミツさんの話でようやく実像が立ち上がってきた。「ヨドリ与那嶺小」こと与那嶺真宏氏のヒコーキが本島各地の馬場へ競馬の旅を続け、郷土史に名を残していったのだ。毛並みの美しい宮古馬が長い尾を伸ばし、白い馬体を躍らせながら。

「ヤキマーイヌオーギー」（焼け残りの青毛）の言い伝えが残る今帰仁村の仲原馬場、今泊馬場で開かれたアブシバレーの競馬。屋良朝苗元知事の兄・朝乗氏が名手ぶりを発揮した読谷村・渡慶次カタノー馬場の六月カシチー競馬。琉球王朝の宮廷画家・自了と佐渡山安健が描いた名馬にまつわる伝承が残る北谷村・砂辺馬場の二十日正月競馬や野里馬場で開かれた原山勝負差分式の競馬。海に面していない東風平村の村営馬場で旧暦五月五日に開かれた馬勝負「陸のハーリー」。王朝時代の馬の魔術師、松嘉那ゆかりの南風原町・宮平馬場で年一回開かれた村競馬。三山時代に軍馬の調練場だった豊見城馬場を舞台にした原勝負差分式の競馬。大正中後期あるいは昭和初期まで競馬が続いたこれらの馬場で名声を広めていったのだ。

「ヨドリ与那嶺小」と「ヒコーキ」が本島を漫遊したのは、ミツさんが小学校に入学してまもない頃というから大正八〜九年のこと。沖縄が空前の砂糖景気に沸きかえっていた時代である。第一次世界大戦（大正三〜七年）による世界的な砂糖不足で、大正九年の黒糖相場は大阪市場で一〇〇斤あたり三九・〇五円、那覇市場でも三五・九五円の最高値を記録。当時の沖縄を代表する言論人・太田朝敷の言葉を借りれば、「都鄙（都会、地方）共にわけもなく景気に陶酔」の真っただ中だった。

〈往年好景気時代には、県内で優勝馬として有名なりしヒコーキ号、ジドウシャ号の如きは千金以上も唱へられたる由である〉（『真境名安興全集』）と歴史家の真境名安興が記したヒコーキとは、当山の白馬を指していたのだろう。大正一一年に陸軍省が発行した『馬政局事業時報』には〈沖縄本島至る所の競馬場において常に優勝を占めつつある俗称ヒコーキ号といふ宮古産馬は、二千円にて売買せられしと云ふ〉と書かれている。真宏氏がヒコーキをどこで手に入れ、当山へ連れてきたのか。その経緯をミツさんは知らないが、島尻の地誌の中に〈東風平には飛行機となづけられた走馬がいたが、消息は絶えた〉（『大里村字古堅誌』）との記述がある。東風平……。

それは真宏氏の士族としてのルーツ。「新参・弘姓」与那嶺家の始祖・與那嶺筑登之親雲上真春の出身地だった。この記述もヨドリ与那嶺小のヒコーキを指しているとすれば、東風平から当時の価格で二〇〇〇円、瓦葺き住宅が買えるほどの高額で購入し、本島各地の競馬に挑んでいったのだろう。その馬上には常に真宏氏がいた。

「馬勝負というと、父はいつも愛用の乗馬袴を持って家を出ました。私は浦添・安波茶の馬勝負しか見たことがありませんが、どこの馬勝負でも父が手綱を取ったはずです」とミツさんは言う。腕達者な騎手に頼んだ馬主が多いなか、人馬一体となって名馬の蹄跡を残していった。

真宏氏が旅を続けていた大正八年頃、本島の鉄道網はまだ整備されていない。貨物輸送とともに県民の足にもなった「ケイビン」こと沖縄県営軽便鉄道の嘉手納線（古波蔵—嘉手納）。戦前の当山住民は那覇や北谷に出掛ける際、徒歩で二〇分程度の牧港駅から乗車したというが、開通したのは大正一一年。当時の「ヒコーキ」が当山から今帰仁や読谷、北谷村の馬場に向かうときには、大正四年に開通したばかりの国頭街道（那覇—名護—羽地—今帰仁）を北上したのだろう。

しかも、ミツさんの記憶によると、真宏氏は「ヒコーキ」の手綱を引きながら歩いて競馬の旅に出たという。屋良朝苗元知事の兄で、読谷競馬の名手だった屋良朝乗氏にも重なるエピソードである。朝乗氏の孫、朝一さんは「競馬に向かうとき、祖父の朝乗は馬に乗らず、手綱を引っ張りながら馬場まで歩いて行きました。競馬の前に疲れさせてはいけない、という勝負へのこだわりがあったのでしょう」と語っている。真宏氏も同じ思いだったのではないだろうか。当山から今帰仁まで七〇キロ余の道のりは大人の足でも丸二昼夜。徒歩の旅路は当時、四〇前だった壮年の身にもこたえたはずだ。人を乗せるための馬をあえて引っ張って歩く。道楽の域をはるかに超えた、執念さえ垣間見える。何が「ヨドリ与那嶺小」を競馬に執着させたのだろうか。

「ヒコーキという美しい馬に身も心も奪われたのでしょうか。あるいは何か別の理由があったのか。子供だった私にはうかがいしれないことです」とミツさんはいう。

首里士族の誇り。首里から当山に帰農して三世代目にあたるミツさんの凛とした佇まいに、私はスナップ写真に収まった屋良朝乗氏のりりしい乗馬姿を思い浮かべた。明治二五年生まれの朝乗氏もまた廃藩置県で首里を離れた帰農士族（屋取農民《やーどうい》）の子息だった。

第一章で述べたように、沖縄馬場調査の第一人者、西村秀三氏は、近代に入って琉球競馬が隆盛を誇った背景の一つとして、帰農士族の存在を挙げている。「あくまで個人的な見解ですが、屋取農民がかつての境遇（士族時代）をしのぶ題材として馬勝負に精を出したと想像できます」。

戦前の当山住民の間には士族意識が強く残っていたという。〈当山の人は首里からの流れで婿取り、嫁取りは平民の部落を避けていました。自分たちはユカッチュ（士族）だといって気位が高かったです。お母さんにはアヤー、お父さんにはターリーと言っていました〉（田場千代さん談、『当山記念誌』）。母親をアンマー、父親をスーと呼ぶ平民の言葉を使わず、士族の呼称で通したほどである。真宏氏も娘のミツさんにターリーと呼ばせた。かつての境遇をしのぶ思いもことさら強かっただろう。

廃藩置県後、生活に困窮した大多数の士族（無禄士族）は中頭や国頭など地方の農村で開墾を続け、琉球王国の再興を夢見たという。

しばし国頭ぬ　うくに身ゆしぬでぃ　とぅむに立ち上がる　じしち待たな
（しばし国頭の奥に身を忍ばせ、共に立ち上がる　時節を待とう）

琉球民謡の名曲「廃藩の武士《さむれー》」でこのように歌われた王国再興の宿願である。

日清戦争が起こったのは真宏氏が一三歳の時。王国復活の頼みとした旧宗主国・清国の南洋艦隊（黄色軍艦《ちぃる》）が沖縄に押し寄せてヤマトの軍隊を一掃すれば、夢がかなう。帰農士族層は色めき立った。だが、黄色軍艦は来沖せず、日本の勝利に終わると、一気にヤマト化（日本への同化）の波が押し寄せてくる。そんな時代に真宏氏は多感な少年期を過ごした。夢散した王国復興、二度と戻ることのない士族時代をしのぶ思いが王国の伝統競技へ駆り立てたのかもしれない。

沖縄の競馬人に逆風が吹き始めたのは、「ヨドリ与那嶺小」が本島の旅を終えて間もない大正一〇年だった。前年に那覇市場で最高値を記録した黒糖相場が五〇％の大暴落。その後も低落を続けた。第一次大戦後の恐慌と、戦場になった欧州の砂糖生産再開による供給過剰が原因だった。人口六〇万人の七割が換金作物としてサトウキビの零細農家を営んでいた沖縄は致命的な打撃を受ける。それまで一％にも満たなかった国税滞納率は四七％に跳ね上がり、公務員、教員の給与欠配、沖縄銀行など三行の破綻……負の連鎖が起きた。農民の困窮は切実で、米も芋も不足し、毒性を含んだソテツの実や幹を食べて飢えをしのいだ、「ソテツ地獄」である。生活苦から身売り、本土への出稼ぎも激増する。

大正末には本島北部の主要馬場として知られた名護兼久の競馬が廃止。山原《ヤンバル》（北部）は本島の中でも困窮が著しく、裕福な農家にも競走馬を飼育する余裕がなくなったのだ。当山集落のある浦添村も切迫していた。王朝時代から砂糖の生産地として発展を遂げてきた地域。糖価の暴落で競馬どころではない。与那嶺小の一家も少なからぬダメージを受けた。

「サトウキビ、イモなどの生産で生計を立てていましたから、物持ち農家でも競走用の馬を持つのは楽ではなかったはずです。私財を切り売りしての生活でした」とミツさんは言う。

真宏氏の〝道楽〟に向ける家族、親戚の視線も一層険しくなった。それでも「ヒコーキ」とともに競馬を続けた。昭和二年には本島が大干魃に見舞われ、甘藷生産にも甚大な被害が生じる。平良真地の大競馬を制したのはちょうどその頃だった。

「ヨドリ与那嶺小」が競馬の頂点に立った昭和二、三年といえば、首里城正殿の改修が緒についた時期に当たる。琉球処分で最後の国王・尚泰が東京に移住させられた後、王朝の象徴だった正殿は熊本鎮台の駐屯兵に踏み荒らされ、主不在のまま見るも無残な姿をさらしていた。「琉球第一の大建築であり、和漢の要素を摂取して新たに琉球特殊の様式を大成したもの」。本土の著名な建築学者・伊東忠太博士は取り壊しが決まった正殿をこう評価し、沖縄神社の拝殿として保存するよう政府に働きかける。伊東らの尽力で大正一四年に国宝指定を受け、昭和二年には工事査定を完了。三年、修復工事が始まった。不思議な巡り合わせである。王朝時代をしのび首里の伝統にこだわる帰農士族が、首里城正殿を拝殿に仰ぐ沖縄神社の祭礼競馬で優勝する。しかも、首里文化の象徴として蘇ろうとするときに……。

だが、このとき、名馬はすでに円熟の峠を登り切っていたのだろう。「ヨドリ与那嶺小」とともに本島を旅した大正半ばから八年前後の時を経ていた。どの地誌にも「ヒコーキ」の生年は記されていないが、四歳で旅に出たとしても一二歳。美技で勝負する琉球競馬は、速さと力が求められる本土の競馬に比べて競走寿命が長いとはいえ、馬の一二歳は人間でいえば四五歳に相当する。競走馬としての潮時が近づいていた。

一家をとりまく経済環境もいっこうに好転の兆しが見えなかった。砂糖相場の暴落に端を発した大正後期の不況は昭和恐慌へとつながり、昭和五年には県内各地の小学校で欠食児童が激増。児童の糸満売り、辻売りも絶えることがなかった。

消えた「ヒコーキ」

ミツさんが「ひめゆり学徒」で知られる県立第一高等女学校を卒業したのは昭和七年。名馬との別れは突然やってきた。

「私が女学校を卒業した頃です。気がつくと、ヒコーキがいなくなっていて……。ヒコーキの厩《うまや》の中には農耕馬が入っていました。どうして家から消えたのか、おそらく不況で生活が苦しくなって売ったのだろうと思いますが、今となっては、はっきりした理由は分かりません。女学校卒業後、しばらくして岡山に職を得た私は一人で沖縄を離れたので、ヒコーキはどこでどうなったのか……。消息を耳にすることもありませんでした」

ミツさんの就職先は、後に人間国宝となる芭蕉布の染織家、平良敏子も勤めた倉敷紡績である。当時、「沖縄女工」と差別的に呼ばれていた出稼ぎ女性従業員の世話役として昭和九年に岡山県へ転居したが、その前年に実物の飛行機を初めて目の当たりにしている。昭和八年、琉球新報社が催した航空大会。日本人女性初のパラシュート降下に成功したばかりの宮森美代子が瀬長島上空から降り立った。ミツさんは女学校時代の同級生たちとこの航空大会に足を運んだ。プロペラの付いた複葉機が、上空を舞う姿に同じ名前を持つかつての飼い馬を思い出したという。

「沖縄に飛行機なんてまだ飛んでいなかった時代にいったい誰が名付けたのか……。おそらく父だったような気がしますが……」。馬名の由来を尋ねてみると、ミツさんは小首を傾げたが、実は宮森美代子のパラシュート降下以前にも沖縄で飛行機の離陸が試みられている。大正四年、琉球新報社主催の飛行大会。檜と竹で造ったカーチス推進型が那覇・潟原（泊、前島周辺）の塩田地帯から飛び立とうとした瞬間、電線に引っかかって墜落した。ミツさんが二歳の時である。沖縄最初の定期便（郵便輸送機）が就航したのは、小禄に飛行場が開設された昭和一〇年。旅客輸送の開始は翌一一年。八人乗りのフォッカー3M型と一四人乗りのダグラスDC2型が福岡～那覇～台北間を就航した。いずれにせよ、昭和初頭に飛行機を見た沖縄県民はほとんどいなかったはずだ。

「ヒコーキはそれまで誰も見たことがないような類いまれな馬だというので、そんな名がついたのかもしれません」

ミツさんの記憶によれば、父・真宏氏はヒコーキを手放した後も、競走馬を数頭手に入れて馬場通いを続けたという。だが、琉球競馬を取りまく環境は年を追うごとに悪化していた。不況に加えて、軍馬に適した大型改良馬を増産するため去勢の嵐が吹き荒れ、競馬の担い手だった小柄な在来種は駆逐されていく。大正九年に一二二四頭いた本島の乗馬用（競走用）在来馬が昭和一〇年にはわずか七八頭に激減。馬場の主役を失った琉球競馬は終焉へ向かう。一〇年代初頭には蔡温松に彩られた今帰仁・仲原馬場や、浦添に隣接する西原村の村営馬場で開催を断然。辛うじて存続していた嘉手納・野里馬場、読谷・楚辺兼久などでも大政翼賛会発足の一五年前後に廃止となり、軍の要請で創設された「軍用候補馬競技会」に代わっていく。時代は馬に美しさではなく、戦場で役立つたくましさを求めていた。最後まで伝統の灯をともし続けた平良真地、「ヒコーキ」が頂点に立った舞台も一八年に閉鎖。沖縄のすべての馬場から琉球在来馬の蹄音が消えた。

「チチシス　スグカエレ」。真宏氏の訃報が当時、結婚して京都に転居していたミツさんの元に届いたのは昭和一九年。琉球競馬が消滅した翌年である。道楽と言われながら帰農士族として一心不乱に打ち込んだ伝統競技の最期を見届けての旅立ちだった。

「はっきりしたことは分かりませんが、乗馬で下半身を痛めてしまい、それが元で亡くなったという話もあります。当時は戦況の悪化で、もう本土から沖縄へ帰れるような状況ではありませんでしたし、その後、家の者とも戦争で別れてしまったので詳細を知ることはできませんでした」

昭和一九年、南西諸島近海には米軍の潜水艦が出没し、貨客船の「嘉義丸」、「台中丸」、軍用船の「富山丸」が撃沈されていた。那覇から長崎へ向けて出航した学童疎開船「対馬丸」の沈没では七五八人の児童が遭難死する悲劇も起きる。九州―沖縄間の航路は生命の危険にさらされていた。ミツさんは帰郷を断念するしかなかった。

「本土の防波堤」に位置付けられた沖縄本島にはこの年、地上戦闘部隊が中国大陸から移駐。

首里司令部の最重要防衛地点となった浦添村には〝石部隊〟と呼ばれる第六二師団（正規兵約一万一五〇〇人）が配備された。収容できる兵舎はなく、学校やムラヤー（集会所）、民家に分宿。沖縄国際大学の石原昌家ゼミが作成した戦災実態調査表（『浦添市史』掲載）によると、ミツさんの実家、屋号「与那嶺小」も日本軍の利用民家に指定されている。そして、昭和二〇年、本島に米軍が上陸すると、浦添村は最激戦地となった。当山も首里防衛の最前線。〈日本軍は仲間高台から嘉数の米軍陣地へ当山の石畳を経て盛んに夜間切り込み攻撃をかけていた。だが、地元住民を道案内にしたその攻撃は凄まじい反撃をうけて、もはや陣地を奪回する力はなく、著しい兵員の消耗に終わった〉と『浦添市史』は記している。

米軍は同年四月二三日に王陵・浦添ようどれが造成されている浦添城趾を攻略。翌二四日、当山を占領すると、周辺の自然壕や古墓に避難していた住民の家屋をナパーム弾やガソリンなどで焼き払い、首里へ向けて進撃を続けた。戦災実態調査表には、当山の全四九世帯のうち四八世帯の家屋が全壊と記されている。

「与那嶺の家も火炎放射器で焼き払われたと聞いています。だから、戦前の写真も残っていないの。ヒコーキや父の写真があれば、あなたのお役にも立てたのでしょうけど……」とミツさんは申し訳なさそうに言う。

戦災実態調査表によれば、当山住民二二九人のうち戦死者一二六人、戦死率は五五％。戦死地の内訳は、避難先の真壁村（現糸満市）が三八人と最も多く、次いで浦添村内の二七人。屋号別の戦災状況も記録されていた。屋号「与那嶺小」……家族数五人、戦死者四人。生き延びたのは当時一一歳だった甥の真順さんだけだった。

ミツさんは沖縄戦で家族を失った悲しみを言葉にする代わりに、「きょうはヒコーキの話でしたよね」と言って、まぶたに焼き付いている記憶を筆者に告げた。

「あの馬と父について今でも忘れられない光景があるのです。私が娘だった時代に、お御召艦が沖縄へ来た時の思い出です」

「父のかけがえのない宝物……」

ミツさんが八歳の時の思い出。大正一〇年、皇太子殿下（後の昭和天皇）が渡欧の際、御召艦・香取で沖縄を訪問された時のことだ。香取の艦長を務めたのは沖縄県人として初めて海軍兵学校を卒業した那覇出身の海軍大佐、漢那憲和。

「父は私の兄が海軍に志願していたこともあって、ヒコーキにまたがり、与那原港まで出迎えにいったのです。そのときの人馬の精悍な姿は今でも鮮明に覚えています」

競馬に向かうときは「ヒコーキ」を消耗させないように手綱を引き、自らは歩いて家を出た真宏氏が娘に見せた乗馬姿。「ヒコーキ」にまたがった父の姿は普段とは別人のように凛々しく、父を乗せた「ヒコーキ」は白い毛並みに美しい光沢を放っていたという。

それから一四年後の昭和一〇年には白馬の右流間《うるま》など宮古島の生産馬三頭が皇太子殿下の乗馬に指定された。

〽馬ぬ美しゃや　白さど美しゃ　　（馬の美しさといえば白さ）
美童美しゃや　色ど美しゃ　　（娘の美しさといえば色気）

宮古民謡「なりやまあやぐ」ではこう歌われているが、ヒコーキの白い毛並みの美しさは宮古島を代表する名馬、右流間にも見劣りしなかっただろう。

「父のかけがえのない宝物……」。懐かしそうにつぶやいたミツさんは、喫茶店を出る間際、こんな問いかけをして名馬にまつわる記憶を静かに語り終えた。

「ひとつだけ知りたいと思っていたことがあります。あの白い馬は、いったいどこから私の生家に来たのでしょうね。なぜだか私には遠いところから来たように思えてならないのです」


地誌に記されたように、ヨドリ与那嶺小のルーツ、東風平から来たのだろうか。あるいは、ミツさんが言うように、もっと遠い海の向こうから……。

大海から上陸してくる馬を竜馬、あるいは神馬と称す――。

八重山の民俗学者、喜舎場永珣氏はこう記した。

宮古では、ダーズ（大地）の神は白馬に化身して、来訪するという。

琉球競馬のとう尾を飾ったヒコーキとは、苦難の沖縄近代史を走り抜けた白い神馬だったのかもしれない。

ようどれから平良真地へ

すべての取材を終えた後、ミツさんの生家があった当山屋取の南端に足を運んだ。現在は閑静な住宅街になっているが、南に隣接する丘陵を見上げれば、「浦添ようどれ」の高い石垣が夏の陽光を受けて白く輝いている。一三世紀の本島中部一帯を支配した英祖王、　七世紀前半の琉球国王・尚寧が眠る王陵である。前述したように、戦前の当山は仲間、伊祖、西原にまたがる屋取で、当山集落を横切る牧港川の北側を嘉数の前《カカジヌメー》屋取、南側をトーヤマ屋取と呼んでいた。大正五年に両屋取が合併して当山集落となり、沖縄戦から二年後の昭和二二年に当山行政区として独立したという。屋号「与那嶺小」の屋敷があった一画（現・浦添市当山一丁目）は旧トーヤマ屋取で、戦前は字仲間の行政区（原名アガリバル）に組み込まれていた。明治三六年の沖縄県統計書では仲間の全戸数（二七四戸）のうち士族は五分の一に当たる五九戸。そのなかの一戸がミツさんの生家だった。

浦添ようどれ

　生家跡から旧普天間街道を東へ数一〇メートル歩くと、旧暦三月三日の井泉の拝み《カーウガン》、正月には若水を汲んだという

当山の石畳道

当山井戸《ガー》が今もひっそりと佇んでいる。その北側は石畳の急坂。馬も転んでしまう街道の難所だったことから「ウマドゥケーラシ」（馬転ばし）と名付けられたという。明治三五年の『琉球新報』には〈馬転ばしなどという坂は騎馬のままでは昇降も出来ぬほどの険路。この坂道の昇降には信心も半ば失せしなるべし〉（『沖縄歴史の道を行く』掲載）と書かれている。宜野湾並松《ジノーンナンマチ》のもとに県下の名馬を集めて年三回開かれた宜野湾馬場の競馬に向かうとき、「ヨドリ与那嶺小」も「ヒコーキ」を転ばさないよう懸命に手綱を握ってこの坂を下ったことだろう。

その先の牧港川に架かる当山橋を渡り、坂を上がり切るまでの二〇〇メートルが「当山の石畳道」。普天間宮参詣が琉球王府の公式行事になった一六六四年頃の敷設だという。石畳道のさらに北に位置する当山小公園には平成二二年に建立された田場盛義顕彰碑。当山出身の田場盛義（明治二七年〜昭和一二年）は沖縄初の外交官として知られるが、『風に舞ったオナリ』（田中水絵著）によると、盛義の妹で実業家の国吉鶴《ツル》さんが昭和一四年頃、満州の競馬場で石洲という名の競走馬を所有していたという。琉球競馬を代表する名馬が育った集落から沖縄初とみられる女性馬主が出現する。馬にまつわる不思議なつながりである。

当山から平良真地まで三キロ半の道のりを浦添市教育委員会文化課の安斎英介さん、玉栄飛道さんの案内でたどってみた。

ミツさんの生家跡から南西に延びる旧普天間街道を歩いていくとすぐに上り坂になる。浦添丘陵越えの「テージヌヒラ」（たいまつの坂）。かつては切り通しになっていたそうで、「大正時代、この坂道は馬車や人力車が通行できず、坂の先にある県道から歩くしかなかった」（ミツさん）という難路だった。この坂の周囲に広がる浦添墓地公園を越えて県道一五三号線にぶつかった所が旧普天間街道の終点である。傍らには「御待毛《ウマチモウ》」と記された歴史文化財の案内板。王朝時代、普天間宮参拝から帰路に就いた国王を、この地の仲間集落の村民が出迎えた広場だったという。

国王一行はここから「中頭方西海道」と呼ばれた宿道《すくみち》を通って首里城へ戻った。読谷・喜納の番所と首里城久慶門を結んだこの宿道は、一五九七年、浦添尚家出身の尚寧王によって浦添―首里平良町間に石畳が敷かれ、大正一二年に一部経路を変えて郡道へ。その後沖縄戦で破壊された道を拡張して現在の県道一五三号線となった。「ヨドリ与那嶺小」と「ヒコーキ」が各地の競馬に出場するため本島を縦断した大正中期には王朝時代の名残をとどめる宿道、平良真地の大競馬に挑んだ昭和初期には郡道を歩いたのだろう。

県道一五三号線を首里へ向かって南進すると、すぐに安波茶の交差点にさしかかった。右折して西へ向かえば、市役所の南駐車場に姿を変えた安波茶馬場跡。左折して東へ向かえばフトキントウンマウィー跡（真和字堂馬場跡）。〈フトキントウは昔、有名な馬場で、競馬ごとに見物人が黒山の如く集まり、南の岩陰から墜落して死傷者を多く出したため、安波茶馬場に移転した〉と

『浦添市史』は記している。一八世紀後半に作成された琉球国惣絵図にはフトキントウンマウィーの代わりに安波茶馬場が描かれているので、転落事故が起きたのは、それ以前のことだろう。跡地は霊園になっているという。

安波茶交差点から目指す平良真地まであと二キロ半。県道一五三号線をそのまま南へ直進した後、平成に入って再整備された石畳の宿道へ歩を進めた。琉球石灰岩を連結した真新しいアーチ状の安波茶橋を渡る。小湾川上流に架けられたこの橋も尚寧王時代の建造といわれるが、沖縄戦で倒壊。石畳道とともに復元されたものだ。橋の先に続く石畳の坂を上り切り、再び県道に合流するすぐ手前には「金剛嶺」の石碑。市指定史跡「経塚の碑」である。正史『球陽』によると、尚真王（一四七七～一五二六年在位）の代、松林に覆われ人里離れたこの地に妖怪が出没し人々を怖がらせたため日暮れになるとすっかり往来が途絶えた。そこで和歌山から来琉していた真言宗の僧侶・日秀上人が一五二二年、お経を小石に書き写して埋め、その上に金剛嶺の文字を刻んだ石碑を建てたところ、妖怪は退散し、安心して往来できる宿道に戻ったという。国頭村奥間の金剛山、恩納村山田の教典碑にも通じる伝承。『浦添市史』には〈この原地一帯はウチョーモー（お経を埋めた原）とも呼び、地震の際、この地だけは揺れないと言われ、「チョーチカチカ」を三度唱えると被災しないという新たな民俗をも地方

安波茶馬場跡

に伝播せしめた。さらに浦添の経塚なる地名もこれに由来している〉と記されている。

経塚は当山と同じく屋取から発展した集落。ミツさんら当山の人々は、経塚住民に氏神と崇められるこの碑の前にさしかかると、手を合わせたという。「ヨドリ与那嶺小」も「ヒコーキ」とともに競馬の必勝祈願をしてこの道を通過したのだろうか。

経塚の碑の先で合流した県道一五三号線を歩いた後、再び宿道に分岐し、さらに南下する。「九尺道」とも呼ばれるニシヌヒラ（北の坂道）を越えて経塚橋を渡ると、電柱に貼り付けられた住所標識は浦添市経塚から那覇市首里大名町へ変わった。平良真地まで五〇〇メートル。ここからはひたすら上り勾配が続いた。慶長の役で薩摩藩の軍馬が、沖縄戦では米軍の戦車が首里攻略を狙って進軍した坂道。フェーヌヒラ（南の坂道）と呼ばれる急坂に息が上がっても、さらにもうひとつ坂が待っている。

北谷森　登ゆさ
宜野湾森　登ゆさ
浦添の坂　登ゆさ
平良ふな　登ゆさ

北谷村（現嘉手納町）の屋良から首里までの順路を歌ったオモロ「屋良ぐわいにや」にも登場する「平良ふな」とは現在の首里大名町一帯の地名だ。首里へ至る宿道・中頭方西海道の最後に

平良真地馬場跡

残された「平良ふな」の難坂を上り終え、ミチグヤーと呼ばれる変形十字路を右に折れる。そこが名馬を巡る長い旅の終点だった。

道幅が突然広がった。民家を挟んだ左手に末吉宮、右手には石で埋められたンマアミシグムイ跡。戦争で伐採されたリュウキュウマツの代わりに植えられた街路樹が揺れている。平良真地の馬場跡から蹄音が聞こえたような気がした。

白い馬体がまるで神馬のような流麗な脚さばきでしなやかに舞う。リュウキュウマツの木陰から一斉に歓声が挙がった。ヒコーキグヮー。希代の名馬を賞賛する指笛の響きは新北風《ミーニシ》に乗って末吉宮の森を揺るがせ、ヒノキ材が並ぶ改築中の首里城正殿にまで届いたという。

沖縄神社祭礼の一〇月二〇日、本島を二分した平良真地の大競馬からすでに八十余年の歳月が流れた。

（了）

番外編

島々の名馬ものがたり　伊江島、石垣島、宮古島編

沖縄の競馬はかつて離島でも連綿と続いていた。たとえば、伊江島、石垣島、宮古島。本島とは趣の異なる独自の競馬が隆盛を誇り、歴史に名を残すような名馬がいたという。「ヒコーキ」の蹄跡探しを終えた私は、それらの島々を巡ってみた。

伊江島

波瀾万丈！ マーパラシェ

スタートを告げる旗が振られると、宮古島産や喜界島産、宮崎産などの雑種馬、さらにはサラブレッド……種類の違う馬たちが、丸太に囲まれた二〇〇メートルの直線走路を全速力で飛ばし始めた。砂を蹴散らし、地響きを立てながら、走路の左右で見守る観衆の前を猛スピードで通り過ぎていく。目を凝らしてみると、疾走する馬は鞍もアブミも着けていない。騎手が両足で馬の横腹を強く挟んで下半身を固定し、大きな掛け声とともに手綱を激しくしごいていた。二〇〇メートル走路を往復し、真っ先にゴールに入ったのはサラブレッド……。

沖縄の伝統競馬の中で唯一、映像が今日に残されているのが、伊江島の「マーパラシェ」(競馬)。裸馬競走である。手に汗握る冒頭のレース展開は昭和五五年にＮＨＫで放送された「新日本紀行馬を駆る島人、沖縄県伊江島」（ＮＨＫアーカイブ収録）のワンシーン。馬に馬具を着けず手綱一本で競走する裸馬競馬は、モンゴル、ネパール、イタリア、ペルーでも見られるが、国内の本格的な競走は伊江島でしか行われていない。一七世紀の近世王朝期から戦前まで約三〇〇年にわたって島の農耕馬で続けられ、戦後は馬産振興と観光村おこしを兼ねて本土からの移入馬などで四年間開催された。馬具に色鮮やかな装飾を施して美技を競った沖縄本島の競馬とは対極にある、裸で速さを競う競馬。華麗と野趣。本島本部半島から伊江水道を隔ててわずか五キロの離島で、なぜ本島と全く異質の競馬が花開いたのだろうか。伊江島の長老を訪ねた。

伊江港から西へ約三キロ半、戦時中には一〇〇〇人を収容できる住民の避難壕《ごう》になったことから千人ガマとも呼ばれるニヤティヤ洞。その洞窟のすぐ近くで大正一一年生まれの名嘉元武志さんは畜産業を営んでいる。かつて伊江村議として裸馬競走を復活させた立役者。放し飼いされた牛馬の鳴き声が聞こえてくる自宅には馬を制御するため鼻面に装着する沖縄・奄美伝統の木製馬具「ウムゲー」（面繋《おもがい》）が並べられている。名嘉元さんはウムゲーの手入れをしばし休めて、裸馬競走の由来から語り始めた。

「この伊江島は平坦地なので昔から馬の生産が盛んなところでした。三山時代には北山王が馬を明国へ朝貢するため、馬産に適したこの島を支配し生産拠点にしたとも言われます。琉球王朝時代には、王府が厳しく制限していたサトウキビの作付けを伊江島に許可したので黒糖生産が盛んになりますが、サトウキビ畑は馬耕ですし、キビの運搬にも馬は欠かせません。そのため盛んに飼育されたのです」

『伊江村史』には〈(北山王は)島の北東に馬の飼育場を設けて盛んに飼育させている。馬の調練まで島人にさせている〉と記されており、伊江島で馬の飼育管理や調練を命じられた家の屋号「ヌクン屋《ヤー》」(馬係の略)、「ピトゥン屋」(馬人の略)が戦前まで残っていたという。沖縄県統計書によると、明治四二年の伊江村の黒糖生産高は国頭郡トップで、二位が今帰仁村、三位は金武村。琉球王府の布令(一六九七年)でキビの作付けが許された地域(国頭地区は金武、今帰仁、本部、伊江島)が上位を占めている。馬の飼育頭数を地区別にまとめた明治三八年の統計では伊江村が七〇〇頭。二位・金武(四四八頭)、三位・名護(三九三頭)を引き離して断トツだった。

「そんな馬産の隆盛に加えて、伊江島の人間は『イーハッチャー』(伊江蜂)と呼ばれるほど勝負事が大好きな気質ですから。古くから農家の休息日だった五月折目の遊びとして裸馬勝負が始まったと伝えられているのです」と名嘉元さんは言う。五月折目(麦穂祭)は年中行事として旧暦五月下旬に二日間行われ、初日の午前中に屋敷の内外を清め、その日の午後からは完全休養と定められていた。この休暇を物忌《ムンヂレ》みといい、畑仕事はもちろん、草刈りや針仕事も禁止。掟を破るとハブに噛まれるとされた。二日目の午前中には門中が元家《ムートゥヤー》に集って五穀豊穣を祈願し、神酒を酌み交わす。「酒が入ると、互いに馬の自慢話になり、勝負好きの気質がたちまちもたげて、『よし、どっちの馬が速いか、

名嘉元武志氏

勝負しよう』ということになります。これがやがて恒例になって五月折目のマーパラシェに発展したようです」

『伊江村史』によれば島で裸馬競走が始まったのは一七世紀。本島の競馬とほぼ同時期である。農村最大の娯楽だった点も、本島と共通する。だが、鞍もアブミも着けずに裸馬で走らせた競走は、本島とは明らかに異質だ。

「伊江島に乗馬用の馬具がなかったからだと思います。私が子供の時分（昭和初期）も乗馬鞍というのは見たことがありません。荷物を積むための小さな鞍しかなくて、普段から人はその運搬用の鞍の後ろ側に鞍なしで騎乗しました。アブミも着いていませんから、落馬しないように両足で馬の腹を挟んで、しっかり体を固定しながら乗っていました。伊江島にあった乗馬用の鞍といえばただ一つ、五人のノロ（神女）が八月折目の神事で城山《グスクヤマ》を登る時に使った横乗りの鞍だけです」

馬に側乗（横乗り）する姿は今日ほとんど見られないが、かつては女性の乗馬法だった。沖縄本島には拝所を巡るノロが使った側乗用の鞍や、上級士族夫人の側乗姿を描いた王朝時代の風俗画が現存している。

ぐすぃくだき　ぬぶてぃ　（城山登って）
いりんかてぃ　みりば　（西の方を見れば）
ふさとぅから　んじる　（フサト拝所から出てくる）
んまぬちゅらさ　（馬の美しいことよ）

伊江島にもノロの乗馬を愛でたこんな琉歌が残されている。

一方、男たちは運搬用の鞍の後ろに何も着けずに騎乗した。年が明けてサトウキビの収穫期になると、その運搬鞍にキビを積み上げ、サーターヤーと呼ばれる製糖場まで運んだという。裸馬競走の騎乗法はわざわざ馬術を学ぶまでもなく、馬を使った農作業の中で自然と身についていた。出場する馬も、農業に使役しない専用の競走馬を用いた本島とは異なり、毎日の労働で苦楽を共にしてきた在来や喜界島産の農耕馬である。裸馬競走はサトウキビと畜産で知られた島の暮らしが育んだ伝統文化だった。

沖縄本島の競馬はすでに紹介したように近世王朝時代から明治初期にかけて、士族から農民(平民)に伝えられたとみられるが、伊江島に士族層が移住したのは明治二〇年以降。その人数も限られ、明治三六年に行われた県内の地域別戸数調査では平民の戸主(世帯主)が一一一一人に対して士族の戸主は三八人、士族の割合はわずか三・三%にすぎない。県内平均二七・九%、同じ離島でも宮古(三九・一%)、八重山(三二・一%)に比べて極端に少ない。本島の競馬が伝わる機会も多くはなかったはずだ。逆に、本島の住民にとって、伊江島のマーパラシェは野趣に富み、人気を集めた。

大正八年発行の『沖縄県国頭郡志』は〈(本島の)競走では普通の駆け(並足)にして、一足跳びの駆け方はこれを採らず。郡内の本部、今帰仁、名護、羽地四カ村、最も盛んなり。しかれども、伊江村は毎年旧五月お祭り裸馬の競技あり。鞍を置かず一足跳びにて優劣を判す。その妙技、神に入り、勇壮なること比類なく、コサック兵もかくやあらんと推測さる。また、島民の気

昭和五二年に復活した裸馬競走

質を表明せるものというべし〉と記している。裸馬競走は明治から大正時代にかけて那覇・古波蔵や読谷、北谷、佐敷など本島の一部でも開かれた記録がある。

だが、飾り付けた馬で美技を競う琉球競馬の〝余興〟として数組行われた程度で、裸馬による本格的な競走は伊江島でしか見られなかった。その人気ぶりを昭和五二年の『琉球新報』は〈戦前のマーパラシェは）島外からも見物にやってくるほどの評判だったから、観衆も馬場を埋め尽くすほどだった。興奮したファンの声援に馬のほうがおどろいて、群衆の中に飛び込み、ケガ人も出た〉（一一月六日付）と記している。

名嘉元さんによれば、戦前の舞台は馬場通りと呼ばれた伊江村東江前の村営馬場。松の大木が立ち並び、西端には競走の後に馬が汗を流す「ンマウィーブチャ」（馬場池）もあった。本島では「ンマアミシグムイ」と呼ばれた小堀である。

「馬場は東西に三〇〇メートル延びていて、走行距離は二五〇メートル、幅は一五メートルぐらいありましたね。二〇〇頭近く出場するから、一回の競走で一〇頭以上走りました。最初の組は馬場の東端からスタートし、西端のゴールに向かって全力疾走で勝負する。次の組は西端からスタートして東端のゴールに向かって飛ばす。東端にも西端にも馬が待機していて交互に走るわけです」

本島の競馬は二頭のマッチレースだが、伊江島では多頭数のレース。〈全農家が一頭以上を飼育し、三、四頭も珍しくなかった。したがって出走馬も五百頭をくだらなかったそうだ。（五月折目の）第一日目は各部落で予選をし、二日目午後の本番は村営馬場に会場を移して覇を競った〉

（『琉球新報』昭和五二年一一月六日付）という。名嘉元さんが語った、東西から交互にスタートする一〇頭以上の競走とは二日目の本番のことだ。

「当時、私はまだ子供だったので参加することはありませんでしたが、勝負は一回だけで、順位を決めることもなかったです。だから、賞品は何もありません。門中の親戚同士、仲間同士で馬を自慢し合い、大勢の観衆の前で雄姿を見せるのが目的でした。乗り手の間ではどっちが先にゴールするか、酒を賭けて勝負していました。なにしろ、みんな、『イーハッチャー』ですから。真剣勝負でしたよ」。名嘉元さんが何度も口にした「イーハッチャー」（勝負好き、負けず嫌い）という村民気質。取材を終えたのちに招かれた酒宴の席で筆者もその一端に触れることになる。

負けず嫌いの性格から競走に備えて特訓も積んだ。昭和五三年出版のルポ集『やんばる路を往く』にはこんな記述がある。〈十三歳から騎手として活躍した玉城長久さんは数頭から一頭を選ぶと、畑にも駆け足で往復し、ひづめを強くするために海水で洗うなど練習を怠らなかった。日程が近づくと卵や豆腐で馬にスタミナをつけるのでマーパラシェのたびに上位にくいこんだと胸を張る〉。当時のマーパラシェは綱引きや村芝居などの娯楽以上に人気を集めた伊江村最大のカーニバル。競走が近づくとイーハッチャー気質を抑えきれなかったのだろう。

そんな島を挙げての競馬は戦禍が迫った昭和一八年、三〇〇年の歴史にいったん幕を閉じた。その年、満州から陸軍・田村大隊が移駐し、二二万坪もの畑地を軍用地として接収（形式上は売買契約）。島内外から軍作業員を徴用し日本軍の伊江島飛行場建設に着手する。〈伊江島の東、中飛行場では徴用労働者三一四八人、馬車約三〇〇台、勤労奉仕隊二〇〇〇～五〇〇〇人などが動員され、軍民合わせて連日約六〇〇〇人が緊急建設作業に従事させられた〉(『沖縄県の百年』)という。競馬どころではなくなっていた。

だが、当時の様子を名嘉元さんは知らない。一六歳になった昭和一三年に、出稼ぎのため島を離れていた。台湾の製紙工場で二年間、一五年からは横浜・鶴見区へ渡って製鉄工場でさらに二年間働いた。一七年には召集され、陸軍第五八師団歩兵九五大隊要員として宮崎から中国へ出兵している。〈軍隊ではややもすると、沖縄の人を馬鹿にする風潮があり、島袋をわざと「クソブクロ」といったりされた〉。名嘉元さんは自叙伝『回想』(平成二一年出版)にこう記している。機関銃射手として日中戦争の最前線に配属されている間に、故郷は沖縄戦の縮図といわれる戦禍を被った。

戦時下の馬

昭和一九年の一〇・一〇空襲、翌二〇年一、三月の大空襲と艦砲射撃。四月一六日には米軍一〇〇〇人、戦車八〇台が上陸した。同二一日の伊江島占領宣言を経て二七日に戦闘が終結するまで、住民三六〇〇人のうち一五〇〇人が犠牲となった地上戦と住民自決(強制集団死)。その筆舌を尽くしがたい体験をヤマトの記者が競馬紹介の中で軽々に述べることなど到底許されないだろう。ただ、裸馬競走の担い手にもなった馬たちの戦中体験については書いておきたい。

戦前に一〇〇〇頭近く飼われていた農耕馬は飛行場建設の使役馬として駆り出された。住民の先祖代々の墓を軍の弾薬庫や壕に使用するため明け渡す際にも馬力を尽くした。米軍上陸前の二〇年三月、住民三〇〇〇人が空襲で航行不能となった村有船の代わりにクリ舟で今帰仁村に疎開する際にも力になっている。だが、艦砲射撃が激しくなると避難壕にも入れず、ただ逃げ惑うしかなかった。

大正一二年に伊江島で生まれた知念金一さんは『伊江島の戦中・戦後体験記録』にこんな回顧談を寄せている。

〈私の家には個人製糖所があり、馬を使いサトウキビを圧搾して黒砂糖を製造していました。飛行場づくりには地ならし作業が始まった頃から馬車を持って参加しました。いくらかの労賃をもらいましたが、ほんのわずかで、奉仕といってもいいくらいでした。当時、家には馬二頭、牛一頭がいましたから、空襲が続くと小屋につないでいても暴れて、それが可哀想になり、手綱を切って逃がしてやりました〉（抜粋）

二頭の馬のうち一頭は一〇年以上飼っていた「ホルーガ」という名の赤毛馬だったという。

当時の村民にとって馬は単なる役畜ではない。〈伊江島では家族の一員として取り扱われ、飼料を与える時も、草を「カマセー」と言って敬い言葉を使い、「草クヮーセー」とは言いませんでした。伊江島の農家の人達は、若い馬を買い求めたら、目の上に白髪の毛がはえるまで（老馬になるまで）手放しませんでした。馬を交換する時は、お互いに盃を取り交わして、別れを惜しんだものです〉。戦前、伊江島の農家と馬取引をしていた浦添・伊祖のバクヨー（家畜業者）の子息が『浦添市史』にこんな談話を残している。馬は家族も同然だった。戦火の中、知念金一さんは断腸の思いで手綱を切り、赤毛のホルーガを小屋から出したのだろう。馬には鉄の暴風と呼ばれた艦砲射撃を避けるすべなどあろうはずもない。それが分かっていても、他に手立てがなかった。

戦闘終結後、米軍は伊江島飛行場を修復して本土空襲の拠点とし、防諜上の理由で二〇年五月下旬、島内の全住民二一〇〇人を渡嘉敷島(一七〇〇人)、慶留間島(四〇〇人)に強制移住させる。戦災を生き延びて住民と行動を共に出来た馬は、渡嘉敷島へ渡ったわずか七、八頭にすぎなかった。その中にホルーガが含まれていた。再び知念金一さんの回想談。

〈伊江島の空襲が激しくなった時に手綱を切って逃がした馬は渡嘉敷島に移ってから会いました。小屋に行くとうちの馬がいたのでびっくりしました。山城萬英さん(家畜係)の話では伊江島で生き残った馬(七~八頭)を全部集めて、船に乗せて渡嘉敷島まで連れ来たと言ってました。「よく助かったね」と言って頭を撫でてやりました。馬も私のことを分かっているようでした。動物でも長い間養われていた主のことは分かるみたいです。ホルーガがあの戦禍の中をどのように生き延びていたか不思議としかいいようがないのですが、本当に感動しました〉(『伊江島の戦中・戦後体験記録』抜粋)。

渡嘉敷島では米軍の食糧配給が行き届かず、雑草や海草で食いつなぐ自給自足の生活。戦災で亡くした家族、行方知れずになった友人を思いながら見知らぬ土地で暮らす不安に飢えが追い打ちをかけた。山中に隠れていた日本軍に伊江島村民六人が斬殺される事件も起こった。そんな〝難民生活〟の支えになったのも馬である。

〈私は馬を使えましたからスキ(鋤)を引っ張らせて田んぼを耕しました。ホルーガを使って農耕しました。ホルーガは伊江島飛行場づくりの時も使われていましたので、久しぶりに自分の馬が使えたと思うと感無量でした〉（知念金一さん回想談、前掲書より抜粋）

『伊江村史』には一〇カ月の渡嘉敷島滞在中、〈十五、六歳の若者を選び、競馬をした際は米軍人から大変賞賛された〉との記述がある。望郷の念に駆られて、ホルーガなど伊江島から連れていった馬で裸馬競走に興じたのだろうか。

渡嘉敷島、慶留間島に渡った住民は翌二一年四〜五月に再び米軍の命令で本島の今帰仁、本部へ移動、二二年三月になってようやく帰島を許される。ただし、島に戻れた馬はわずか一頭。帰島の船に知念さんの愛馬の姿はなかった。

〈ボルーガはその後どうなったか分かりませんが、地元（渡嘉敷島）の人に飼われていたと思います。見届けることをしなかったので、今となっては心残りになっています〉（前掲書）

一方、米軍上陸前に今帰仁に疎開していた住民三〇〇〇人はその後、久志（現名護市）へ移動。二一年には海外、県外から引き揚げてきた一〇〇〇人の伊江島出身者が合流し、翌二二年に帰島している。その中には中国からの帰還兵、名嘉元武志さんも含まれていた。

「戦前はさとうきび農業と畜産で知られた島でしたが、戻ってみると、草木が一本もなくなっていて、さとうきび畑は米軍によって全てコーラルで敷きならされていました」と名嘉元さんは振り返る。畑に戻すためツルハシでコーラルを掘り起こすと、遺骨や不発弾が見つかった。変わり果てた郷土を米軍のジープが我が物顔で疾走し、伊江島飛行場を発着する米軍機が轟音を上げる。戦前に苦楽を共にした頼みの馬も村民が本島から連れて帰った一頭だけ。帰島の翌二三年には処理前の不発弾を満載して伊江港に停泊していた米軍LCT（陸揚艇）の爆発で住民一〇三人が死亡する大惨事も起こった。二九年には米軍の射撃場建設のため強制土地接収が始まる。すべてはマイナスからの生活再建だった。

戦後の歩み

そんな苦難の中、島に再び馬の活力がもたらされたのは昭和二四年。約七〇〇頭の米国産馬がアメリカから本島中東部の勝連港に到着し、四〇〇頭が県内住民に有償で配布された。そのうち伊江島には三二頭。名嘉元さんは勝連まで出向いて馬を受け取っている。

〈当時、自動車や機械類はなく、馬は物資の運搬、馬耕と二役をこなした。アメリカ馬は山羊のようだという噂がまことしやかにささやかれていたが、行ってみるとみな大きく立派な馬だった。なかには野生の馬もおり、仕込むのに手間取った。人間の知恵は大したもので、陸では手がつけられない野生馬は海の中で調教すればうまくいく。（昭和三三年）村の発電事業がスタートした際、八〜九メートルある電柱を運んだのもアメリカ馬だった。その後、那覇に出て、一時馬車ムチャーをしたが、その時もアメリカ馬が大活躍した〉

名嘉元さんは自叙伝『回想』にこう記している。昭和三〇年代の伊江島には馬耕、運搬用の馬が一〇〇〇頭を超えていたという。

だが、馬が活躍した時代も長くは続かなかった。昭和四〇年代に入ると農業の機械化が進み、農耕の役割を終えた馬は減少の一途をたどる。伊江村農林水産課によると、島内の飼育頭数は統計を取り始めた昭和四五年の一一二頭から、四六年・九六頭→四七年・六九頭→四八年・五二頭→四九年・四四頭→五〇年・三七頭→五一年・二八頭→五二年・二六頭、五三年には一八頭に減った。

裸馬競走が復活したのは本土復帰後の五二年、農耕馬が風前の灯火だった時期である。宮古島や喜界島、宮崎県産の雑種など島内の飼育馬二六頭のうち二一頭が出場して、第一回伊江島まつりのメーンイベントとして三四年ぶりに開催された。当時、村議として裸馬競走の責任者を務めた名嘉元さんは『回想』でこう振り返っている。〈その頃、馬主はほとんど高齢農家の先輩たち。裸馬といっても、なかなか話にのってこない。馬を持っている先輩たちに集まってもらい、あの手この手を使ってようやくオーケーしてもらった〉。

五五歳になっていた名嘉元さんは競走に出場する代わりに指導役を買って出る。島の風景から消えていく馬を伝統文化の力で支えたいとの思いがあった。同時に、馬を伊江島の新たな観光資源にする狙いもあった。そのため、戦前の五月折目から夏休みの七月へ開催時期を移し、競馬の舞台もかつての馬道から伊江ビーチ沿いへ。「直線二五〇メートル、幅一〇メートルの競走用走路を伊江ビーチから防風林を挟んだ内側に作りました。ヌチドゥタカラの家（米軍の土地収奪に抵抗した阿波根昌鴻氏が建設した反戦平和資料館）の東側のあたりです。走路の幅の関係で三〜四頭ずつ走り、勝った馬同士で決勝戦をやりました。騎手の中には手綱を放し、馬の上で手をヒラヒラさせながらカチャーシーする者までいて、ヤンヤの大喝采でした。マスコミにも報道されて、大変な反響でした」と名嘉元さんは語る。人口五〇〇〇人前後の島に当日訪れた見物客は一万人余。観光事業として大成功した。

伊江島の馬耕講習会風景（『回想』名嘉元武志著より）

だが、馬不足は解消されないままだった。そこで、伊江村は「各農家に馬一頭」の目標を立て、五四年から、馬一頭購入につき二〇万円の補助金を支給。補助金交付の条件は観光のため購入馬を裸馬競走に三年間、出走させることだった。島の畜産家が競走用の馬を買い付けに本土へ向かう。名嘉元さんは北海道で馬探しをしたという。同年には村の助成を受けて買い入れた一〇頭が新たに出場。その中に含まれていた四頭のサラブレッドが裸馬競走の中身まで変えることになった。

「サラブレッドはあまりにも速すぎました」。名嘉元さんは苦笑しながら当時を振り返った。サラブレッドは戦後の農耕馬と比べて馬格こそさほど変わらないが、スピードだけを追求して血統の淘汰を重ねてきた競走のプロである。加速力が違いすぎた。

「一緒にスタートしては勝負にならないから、ハンデをつけて、農耕馬よりかなり遅れてスタートさせたんです。それでも、あっという間に抜き去っていきました」。

日本はもちろん世界にも類がない、裸馬による農耕馬VSサラブレッドのハンデキャップ競走。それは各農家が手塩にかけて育てた自慢の農耕馬同士を勝負させた五月折目の競走とは明らかに異質だった。暮らしの延長線上にあった伝統競技から距離が生じた。裸馬競走の宣伝を担当した知念正行さんは「サラブレッドは農耕も運搬も出来ず、年に一度の伊江島まつりにしか用途がなかったので負担にもなったんです。農耕馬と違って二五〇メートルの直線では止まり切らず、危ないという声も上がりました」と振り返る。三四年ぶりに復活した裸馬競走は結局、四回目の開催を終えたところで休止となった。

裸馬競走の行われた昭和五〇年代以後、伊江島の飼育馬は社会情勢の変化とともに急激な増減を繰り返してきた。四八年に起こった第一次オイルショックによる燃料価格の高騰が収まったのもつかの間、五四年の第二次オイルショックで再び値上がりすると、農家の間に馬耕復活の機運が高まった。「耕耘機では燃料代がかさみすぎる。そこで、省エネ対策として馬耕を復活させたんです。さとうきびの株刈りでは再び馬に鋤《すき》を引かせるようになりました」（名嘉元さん）。地方競馬全国協会の助成事業を活用して五六年までに農耕用繁殖牝馬六七頭を購入。村も前述の一頭二〇万円の補助とは別に子馬生産助成金として一頭当たり一万円を支給し馬産をバックアップした。馬耕の経験がない若者のために名嘉元さんら戦前生まれの村民は馬を使った株刈りの講習会も開いた。その結果、島内の飼育頭数はV字回復。村の統計によると、五四年・三五頭→五五年・七〇頭→五六年・七九頭、五七年には八七頭まで増えている。だが、オイルの値上がりが収束し燃費のいい農業機械が普及すると馬耕は再びすたれ、飼育数も激減。六〇年・二六頭→六一年・一九頭、六二年・八頭→六三年・五頭→平成元年一頭。そして平成三年、島には馬が一頭もいなくなった。

「馬を復活させて島おこし」。ここ数年、伊江村では裸馬競走の元騎手や畜産家らが伊江島うま愛好会（その後「伊江島愛馬倶楽部」に改称）を組織し、馬の増頭、育成、活用に力を注いでいる。島外から馬を移入、観光乗馬にとどまらず、民泊事業や地域教育でも馬を用いた島おこし。その拠点として乗馬施設「伊江島ビーチサイドホースパーク」（知念和幸代表）を整備し、ホースセラピー（動物介在療法）まで視野に入れた本格的な活動である。島内飼育頭数も平成二〇年に二三頭、二一年四〇頭、二二年には六四頭まで回復した。「馬にはさまざまな可能性が秘められている。その可能性を村おこし、地域貢献に役立てたい」と語るのが伊江島愛馬倶楽部・内間賢生会長。裸馬競走や馬耕に汗を流した記憶が遠のいた今日でも、村民の馬に懸ける情熱は生きているのだ。

取材を終えた後に招かれた夜の宴。星空の下、島酒を酌み交わしながら、馬談義に花が咲く。「産地や品種が何であろうと、伊江村で育てば島の馬さーね。だから、我々は『伊江島うま』と命名しているわけよ。松阪で育った牛を松阪牛と呼んでいるようにね」と内間賢生会長。宴がたけなわになると、三線を持ち出し毛遊《もーあし》びが始まる。筆者にも一丁渡された。「あんた、琉球民謡もやっているらしいな。それなら三線勝負だ」と内間会長が真正面で三線を構え、まるで相撲の立ち合いのようにこちらをにらみつける。戦後、裸馬競走を復活させた名嘉元武志さんにも自宅を訪ねた折に三線勝負を挑まれており、一日に二回目。「イーハッチャー」と呼ばれる勝負好きな村民気質の一端に触れた思いである。

乗馬施設「伊江島ビーチサイドホースパーク」で馬の世話をする若者たちの夢も聞いた。「いつか裸馬競走を自分たちの世代でもやってみたいんです。復活させるのがとても大変なことは分かっているし、昔のように在来馬もいないけど、島の伝統を受け継ぎたい。戦後いったんは復活させたのだから自分たちだって……」。若いイーハッチャーたちは熱っぽく語った。「勇壮なること比類なく、コサック兵もかくやあらん」と賞賛された五月折目の伝統文化を再び蘇らせようとする新しい息吹が芽生えている。どんな伝統文化も時代とともに姿、形を変えていくものだが、欠かせないのは地域の暮らしに根を下ろすことだろう。馬を用いた村おこしの活動が島に根付いたとき、若いイーハッチャーの夢が叶うと信じたい。

渡嘉敷島への強制移住から六七年余、赤毛のホルーガはその後、どんな〝馬生〟を過ごしたのだろうか。もし、後世に血を残せたのなら、裸馬競走復活の日にはその子孫が〝里帰り〟してマーパラシェに出走する。戦火を生き延びた赤毛の末裔がつなぐ伊江島馬文化の過去と未来。そんな夢想をしながら島を離れた。

石垣島

赤馬の時代

琉球王朝時代の本島を代表する名馬が「野国青毛」「仲田青毛」なら、八重山を代表するのが「赤馬」である。その伝説になった名馬の誉れは、石垣島の祝いの席に欠かせない座開きの民謡「赤馬節」を通じて長く語り継がれてきた。いったい赤馬とは……。

「ヨドリ与那嶺小のヒコーキ」が平良真地の大競馬を制した昭和初期から、さかのぼること二二〇余年。琉球王朝時代の一七〇二年に、石垣・名蔵湾の沖合から一頭の赤い子馬が浜辺に上陸した。宮良村（石垣島南東部）に住む大城師番という下役人が、その赤馬を引き取って愛情を注ぐと、神馬のような美しい姿で風を切る優駿に成長した。世果報《ゆがふ》は海の彼方ニライカナイからもたらされる。そんな言い伝えを体現するような赤馬の名声は、首里に平良真地を創設した琉球国王・尚貞（一六六九―一七〇九年在位）の耳に届き、翌一七〇三年、御料馬として首里に召し抱えられたが、荒れ馬に豹変して王府の馬役人の手に負えない。そこで石垣島から元の飼い主・大城師番を連れてきて乗せたところ、再び神馬の舞いを見せた。『八重山民謡誌』によると、人馬の絆に感動した尚貞王は「師番よ、この赤馬は汝と不離一体の名馬であって、神から授かった神馬である。何者もこれを私することは不可能である」と言って、赤馬を師番の元に返したという。

いらさにしゃよ　　（何と嬉しいことか）
今日ぬ日　　　　　（今日という日）
どぅきぃさにしゃよ　（とりわけ嬉しい）
黄金日　　　　　　（価値ある日よ）

この赤馬節の歌詞は愛馬とともに石垣島に戻れた大城師番の喜びを歌い上げたものだ。

そこへ白羽の矢を立てたのが琉球を支配していた薩摩藩だった。赤馬の名声は藩主・島津公にまで達し、馬献上の令達書を送りつけると、強引に薩摩藩の公用船に乗せてしまう。赤馬は鹿児島へ向かう途中、つなぎ止められた縄を噛み切り、豪雨の中、宮良村に独力で引き返した。そして、師番に再会できたところで息絶えたと伝えられる。

この赤馬伝説に似たような物語を以前、何かで読んだことがあるような……。四十以下の世代なら既読感を覚えるかもしれない。「モンゴルに伝わる『スーホの白い馬』とほぼ同じ筋立てです」と語るのは八重山の出版社・南山舎の垣迫憲介さん。「スーホの白い馬」とは、モンゴルの伝統楽器モリン・ホール（馬頭琴）の由来にまつわる伝承で、馬と人との絆が描かれた名作でもある。日本では絵本として出版され、昭和四九年から小学校二年生用の国語の教科書（光村図書出版）

にも採用されている。同出版によれば、四九年以前にもこの民話の骨子を「白い馬」の題名で小学二年の教科書に掲載していたというから幅広い世代で読み継がれてきたことになる。別の国語教科書で学んだ読者のために、あらすじをおさらいすると……。

羊飼いの少年スーホはモンゴルの草原で白い子馬を拾い、家に連れて帰ると大切に育て始めた。やがて、白い子馬は雪のような純白の名馬に成長する。ある日、王様が主催した競馬に出場することになった。優勝すれば王女の婿になれるというお触れである。白い馬は飛ぶような走りで勝利を挙げたのだが、強欲な王は婿にする約束を反故にしたうえ、自らの乗馬にしようと無理矢理、スーホから奪い取ってしまう。「スーホに会いたい」。白い馬は王を背中から振り落とし懸命に逃げた。だが、追手の放った矢を浴び、スーホの家に帰り着いたときには、純白の毛並みが真っ赤に染まっていた。スーホに抱かれると、安心したように永久の眠りについたのだった。ある晩のこと、悲嘆に暮れるスーホの夢枕に白い馬が立ち、こう告げた。「どうか私の尾や皮を使って楽器を作ってください。そうすれば、私はいつもあなたと一緒にいられます」。

スーホが奏でた心に染み入る柔らかい楽器の音色は人々に深い感動を与え、やがてモンゴル中に広まる。〝草原のチェロ〟モリン・ホール。棹の先端に馬の頭をかたどった彫刻が施されているため馬頭琴とも呼ばれるこの弦楽器の二本の弦は、古来、馬の尾を束ねて作られたという。

八重山とモンゴル、王朝時代に交流のなかった二つの地域から類似した民話が生まれたのは単なる偶然だろうか。どこの国にもかつては支配者による理不尽な収奪と、支配者にも断つことができない人馬の強い絆があった。民話の類似性は社会の類似性が生み出したのかもしれない。

近世王朝時代、離島の民は酷税にあえいでいた。薩摩藩への貢納を八重山、宮古に負担させるため琉球王府は、古琉球期から課してきた人頭税を強化する。耕作地の面積とは関係なく、一五歳〜五〇歳の農民全員に頭割りで課税。重病人にも免責は認めず、年貢（男は粟、女は上布）の納入が滞れば村民に連帯責任を取らせた。甘蔗の作付けを禁じて稲作が義務づけられた八重山では、人頭税とは別に、過重な所遣米（地方税）も取り立てられた。そんな離島の風土で育まれた伝統の馬行事も、本島とは異質だった。

馬行事

花で飾った編み笠をかぶった乙女が男たちの仕立てた馬に乗って、白保、平得の集落入り口から名蔵川に通じる旧馬道で鮮やかに舞う。石垣島の馬行事といえば、白保、平得地区に伝わる「花馬」。旧暦一〇月末から一一月の吉日に開かれる稲の発芽祈願祭・種子取《タニドウリ》で乙女たちが披露する乗馬の競演である。かつて、集落の娘たちが潟原《カタバル》と呼ばれる名蔵川河口の干潟からシイナ（二枚貝）を集落に持ち帰った姿を再現したという。その由来について八重山の民俗学者、喜舎場永珣氏は次のように書いている。

〈種子取に於ける八重山名物の一たる「潟原馬」というのがある。古くは石垣町の四字に大浜村の五部落の乙女等がスデナ（八重山の伝統衣装）、裾《かかん》（真っ白い木綿布の腰巻）に、編笠、麦かん笠等を被って未明に名蔵川の下流にある潟原に集合し、御役人の前で花のようなミヤラビ達が馬揃えをなしたうえ、競馬をさせてご覧に入れ、それから砂中にいる「シイナ」と称する二枚貝の吸い物の料理を役人へ上げ、自分等もいただいて、その殻をアミツクと称する物入れに入れて、また轡《くつわ》を並べて二、三百の馬は花のように着飾られたる乙女に御されつつ各自の部落へと急ぐ光景。南国でなければ見られぬ絵巻物が一里余も続いていた〉(『南島論叢』)

潟原を舞台にしたことで「カタバル馬」と呼ばれた種子取祭の馬行事。石垣島では古来、マラリア感染を避けるため集落を媒介蚊(夜間吸血性のハマダラカ)の生息しない南部の海岸沿いに作り、蚊が多く発生する内陸部の水田地帯へ馬で往復していた。二枚貝など潮干狩りの収穫も馬で運んだ。カタバル馬行事は、馬が農民の生活に不可欠だったことを今に伝える馬事文化である。

白保集落では乙女たちが演じる「花馬」とともに、男たちによる馬の行列も披露されてきた。「赤口馬《アガフィチィウマ》」である。赤口という老人の顔を模した奇怪な仮面に汚れた蓑笠、野良着をまとって、やせ衰えた馬とともに早朝の集落を回る。華麗な花馬とは正反対の貧相な馬行列。稲穂にとりつく悪い虫が恐れをなして退散するよう、そんな姿に仮装したという。稲の初穂でこしらえた船に虫を乗せて海や川へ流すアブシバレーの風習は県内で広く行われてきたが、馬を用いた虫除け、魔除けは他に類を見ない。

白保集落は八重山、宮古を襲った明和の大津波(一七七一年)で人口一五七四人の九八%を失い、その後、波照間島から強制移住させられた四一八人によって復興した歴史を持つ。赤口馬が被災前からこの地にあったのか、波照間島から移住した住民の手で始められたのかは定かでないが、花馬同様、馬と密着した暮らしが生んだ独自の風習だった。

そんなカタバル馬行事を継承してきた白保の集落に稀代の快速馬が出現したのは昭和初期。「白保―石垣間、往徠（往来）三十二分で」

昭和一〇年の先島朝日新聞（七月三日付）はこんな見出しで詳細を報じている。

〈大浜村字白保の大泊一安所有馬（七歳）は脚の速いこと八重山一と云はれ、郡愛馬会の競馬には毎年、他の馬と較べ話にならず、石垣町―大浜村白保間の二里半（約一〇キロ）を三十二分で飛び、他の馬を驚かしてゐる。ちなみに同馬は時価二百円だが、大泊君は手離さず、本年は沖縄本島で競馬に出し、その実力を発揮させたいと意気込んでゐる〉

一〇キロの道のりを三二分。同じ距離の走破記録が他にないため比較できないが、二〇キロの走破タイムを競う馬の長距離耐久レース「エンデュランス馬術競技」の平成二三年山梨大会（二〇キロ・トレーディングライド）の最高タイムは、二時間一〇秒である。山梨エンデュランス馬術協会によると、「二〇キロ走の場合、高低差一五〇メートルの山道を走るのでタイムが余計にかかっていますが、平坦コースだとしても一時間以上はかかるでしょう」という。一〇キロ走三二分を計時した白保在住の大泊一安氏所有馬が同じペースでさらに一〇キロを走ったとすれば、二〇キロ一時間四分。今日の国内大会でも見劣りしない走破タイムを記録したことになる。

白保は赤馬を生んだ隣村の宮良と並び島内で最も馬産の盛んな集落だった。明治二五年の『琉球八重山島取調書』によると、白保の生産頭数は六五七頭、宮良は五四三頭。二村で島内全域（三六七一頭）の三分の一近くを占めていた。王朝時代には、白保北部のカラ岳に海上監視の遠見台が設置され、不審船を発見すると早馬で登野城村の蔵元（役所）に急報していたという。大泊一安氏の馬はまさに早馬の伝統を受け継ぐ速さである。

「この新聞記事の馬は、私の祖父、大泊一安《いちあん》が飼っていました」。大泊氏のお孫さんに電話がつながった。「黒紫米」の生産で知られる大泊農園（石垣市白保）の経営者、大泊力朗さん。稲刈りの最中だったようで、受話器の向こうからコンバインのうなるような回転音が聞こえてくる。

「私は昭和二三年生まれなので、物心のついた時には、もうその馬はいませんでした。亡き祖父や近所の年寄りに昔、聞かされた話ですが……」。力朗さんはこう前置きすると、農作業の手を止めて、一安氏が飼っていた不思議な馬について語り始めた。

希代の快速馬と「馬のタン」

八重山言葉で蚤を「タン」という。誰が名付けたのか、大泊一安氏の愛称は「馬のタン」。どんな暴れ馬が相手でも、一メートル五五センチの小柄な体をタンのように馬の背にぴたりと張り付かせて、振り落とされることがない。明治二一年、白保の農家に生まれた一安氏は馬乗りの神童と呼ばれ、小学校に入学した頃には大人も扱えない気性の荒い馬を乗りこなして山間の畑地から麦を運んだという。「馬のタン」の名手ぶりはやがて島中に広がる。評判を聞きつけた家畜商が一頭の小さな在来馬を連れて一安氏の農家を訪ねてきたのは昭和六年のこと。「この馬を買ってもらえないか」。馬の訪問販売である。一安氏の農家ではすでに四頭の馬を飼育していたため、「これ以上は飼えない」と断ると、家畜商は連れてきた馬の素性を明かした。

「実は、この馬は平得村で生まれたのですが、あまりに速すぎて誰にも乗ることができません。しかも、いったん走り出したら止まることを知りません。でも、あなたなら乗りこなせるのではないか、と思って連れてきたのです」

家畜商から買い取った一安氏は、石垣町の馬具職人に特別なくつわ（動きを制御するため口に装着する馬具）を作らせると、馬の背中に張りつき、鮮やかに乗りこなしたという。その希代の快速ぶりを披露したのが島の競馬大会だった。馬体がピカピカになるまでワラで磨き抜かれた島の快速自慢が勢ぞろいするなか、一安氏の馬だけはハンデを課されて、ほかの馬の数十メートルも後ろからスタートする。それでも、造作なく前方の馬を追い越して先頭に立っていた。「名馬、名手を知る」。優れた馬は騎手の良し悪しを見抜き、名騎手によって非凡な素質を発揮するという意味の古い言葉である。かつて誰にも乗りこなせなかった馬は「タン」の手綱で名馬に変貌した。

この快速馬は八重山言葉でパリアシ（小駆け）と呼ばれる側対歩《アンブル》で走ったという。本島の競馬と同じ上下動が少ない走法。一安氏は水をなみなみと注いだ茶碗を手に持って馬を走らせ、一滴もこぼさず村人を驚かせたこともあった。

昭和一〇年には石垣町―大浜村白保間の二里半を三二分で走破。一〇キロの長距離競走が石垣島で行われた形跡は見当たらないので、これは一頭で挑戦したものだろう。一安氏はのちに「（石垣町―大浜村白保間が）砂利道ではなかったら、もっと速い時計を出せたはずだ。パリアシでこの時計だから、大駆け（斜対歩）なら二〇分で走破できた」と、力朗さんに話している。島内には八重山一の快速馬に挑もうとする馬さえいなかった。

白保の名馬には羽が生えている。そんな噂の立つ出来事が起きたのは、一安氏が沖縄本島の競馬に出場するため石垣島を離れようとしたときだった。白保の自宅から石垣港までこの馬をゆっくり走らせていると、警察官に呼び止められた。公道で馬を〝疾走〟させるのは交通違反だという。希代の快速馬にとってはゆっくりとしたペースでも、端では疾走しているように映ったのだろう。だが、駐在所で始末書を書かされているうちに港から出航を告げる汽笛が聞こえてくる。急げ！　馬を飛ばして桟橋に着いたとき、船はすでに四、五メートル離岸していた。鳥のように飛んだのはその瞬間だった。別れの紙テープを手に見送る人々の頭上を軽々と飛び越え、デッキの上に舞い降りたのだった。

地を走れば豹のごとく、宙を舞えば鳥のごとし……。

「祖父の馬にはそういう破天荒な話が尽きません。残念ながら船で沖縄本島に渡っても競馬に出場する機会はなかったそうですが、その代わりに〝馬のタン〟の馬術を当時の県知事らの前で披露して帰ってきたといいます」と大泊力朗さんは言う。沖縄本島の競馬とは足並の美しさを競うもの。「那覇・首里　綾門大道編」で紹介した集団で速さを競う群馬（ブリュンマ）もこの時代には途絶えており、一安氏の馬が快速ぶりを発揮する舞台はなかったのだ。

稀代の快速馬はその後、一安氏の元で天寿を全うしたのだろうか。力朗さんに電話で尋ねると、すぐには返答がなかった。コンバインの回転音だけが受話器から聞こえてくる。「祖父は昭和五六年に九三歳で亡くなりましたが、馬の最期については何も聞かされませんでした。食用になったのかもしれないというような話を耳にした覚えもありますが……。少し調べておきます」。

「馬のタン」こと大泊一安氏の騎乗姿

後日、力朗さんから電話がかかってきた。「近所のお年寄りに聞いてみたところ、祖父はその馬を一二〜一三年間飼っていたという話でした。ただ、馬を手放した時、そのお年寄りは戦争にとられていたので、詳細は分からないそうです。両脚を腫らして知り合いに譲り渡したという話も耳にしましたが、確かなことは……」

一安氏は快速馬を昭和六年に購入し、一二〜一三年後の昭和一八〜一九年、太平洋戦争の最中に手放したことになる。沖縄戦が目前に迫った時代だった。石垣島は沖縄本島のような地上戦こそ免れたものの、農地の強制接収で日本軍の飛行場が三つ建設され、英艦載機の空襲と艦砲射撃にさらされた。住民は軍令で海岸沿いの集落からマラリアのはびこる山岳地帯に移動させられ、発病者が続出。四人に一人が亡くなったといわれる。戦争マラリアに追い打ちをかけたのが食糧不足である。島には独立混成第四五旅団（宮崎部隊、兵員三六四八人）などの地上戦闘部隊が配置されており、マラリアに羅患しない馬は牛とともに栄養源として標的にされた。『石垣市史』には〈メーラマキィ（宮良集落の牧場）の牛馬は大戦の際、日本軍の食糧として徴発され、終戦当時には一頭も残っておらず、やむなく廃牧となった〉と記されている。宮良に隣接する白保で飼われていた一安氏の快速馬は戦争を生き延びたのだろうか。今となっては誰にも分からない。

力朗さんの手元には無類の速さを誇った当時の写真が一枚だけ残されている。大樹の下で一安氏を背にした鹿毛の快速馬が、両前脚の大きな蹄をぴったり揃えてカメラに収まっていた。小ぶりでも全身が引き締まったアスリートのような体つき。カン性のきつそうな風貌。

当時、八重山在来馬にはウムイ、オモゲーと呼ばれる木製のくつわが用いられていたが、金属製のくつわ（ハミ）を口に噛ませている。家畜商から買い取った一安氏が、石垣町の馬具職人に作らせた特別なくつわとはハミを指していたのだろう。写真説明には「昭和九年四月八日、競馬記念」とある。先島朝日新聞が「白保―石垣間三二分　脚の速いこと八重山一と云はれ、郡愛馬会の競馬には毎年、他の馬と較べ話にならず……」と報じた一年前の撮影である。

「この馬は、前脚を着地した所に寸分違わず後ろ脚も着地させて進んだそうです。だから、走り去った後、地面には前脚の蹄跡しか残っていない。こんな馬が他にもいるでしょうか」。力朗さんは〝馬のタン〟に導かれて八重山一となった不思議な馬の話を語り終えた。

赤馬の碑（南山舎提供）

琉球が薩摩に支配された時代を「薩摩世」、砲弾やマリアに斃れた沖縄戦の時代を「戦世」という。宮良の赤馬が薩摩世を象徴する名馬なら、白保の快速馬は戦世の目前に出現した優駿だった。それらの名馬とともに、花馬、赤口馬の伝統文化を育んできた八重山の強い人馬の絆。宮良の村人に祝福されながら、琉球国王・尚貞の御料馬として首里へ旅立つ赤馬を八重山民謡・赤馬節ではこう謡っている。

赤馬ぬ　いらすざ
足四ちゃぬ　どぅきにゃく
生りる甲斐　赤馬
産でぃる甲斐　足四ちゃ
沖縄主に　望まれ
主ぬ前に　見のうされ

（赤馬のなんとうらやましいことか　四肢を持った赤馬の果報であることか　生まれ甲斐のあった赤馬　育て甲斐のあった四肢を持った赤馬　琉球国王に望まれて　御料馬として国王の前に披露される）

村民が名馬の旅立ちを見送った宮良村の丘は、後に「馬見岡」と名付けられた。その丘の上では誇らしげに左前脚を上げた赤馬の像が八重山の人馬を見つめている。

宮古島

人頭税廃止と競馬

宮古島の夜明けを告げた競馬の舞台は地図にもカーナビにも載ってない。「鏡原馬場ってどこにあるかご存じですか？」。レンタカーで宮古空港を出発してから三時間。尋ね回って、ようやくたどり着いた馬場跡は人里離れた畑の中にあった。「史跡　鏡原馬場跡　人頭税廃止運動　帝国議会請願記念祝賀会場跡」と刻まれた石碑の隣には七〇センチ程度に積み上げた石垣作りの競馬審判台。あの記念すべき年、審判台の上に立った帝国議会請願団四人の目には何が映ったのだろうか。

宮古島の南西にある鏡原馬場に大歓声が沸き上がったのは一八九四年（明治二七年）二月のことだった。宮古の農民代表として人頭税廃止を国会に請願し、税撤廃の確信を得て帰島した城間正安、中村十作《じっさく》、平良真牛、西里蒲の慰労祝賀会。漲水港で四人を出迎えた農民数百人は同村城辺《ぐすくべ》・保良《ぼら》出身の平良真牛を称えた「保良真牛があやぐ」を歌い、鏡原馬場まで約三キロの道のりを宮古の伝統舞踊クイチャーで練り歩く。

〈保良真牛があやぐ〉
保良真牛が沖縄上り参《くみや》まば（平良真牛ら請願団一行が上京してくれたら）
宮古皆ぬ　三十原《みそばら》ぬ男達《びきりやた》や（宮古島三十カ村の男たちは）
鍬《ぴら》とらぬ　金うさぬ富貴《うやき》そば（人頭税のためにクワを取らなくても豊かになるだろう）
（谷川健一『沖縄　辺境の時間と空間』参考）

農民数百人が鏡原馬場に着くと、島内から優駿を集め、当時、農民に禁じられていた競馬を催した。〈これは特に一行を歓迎するために新設されたもので、また、かねて平良の士族馬場に対抗する意味も含まれていた〉（『宮古島庶民史』）という。

そのときの競馬の模様が郷土誌に再現されている。

〈平良、下地、砂川各間切から優秀な宮古馬が会場に集まった。中村（十作）や城間（正安）らは、石垣で築いた審判台に立った。祝宴参加の農民たちは、競馬コースの周辺にあふれるほど、道端の松の並木のうえからも観戦したという。競馬は長さ六〇メートル程度の折り返し点をもうけて、三～四頭ずつの馬の健脚が競われた。走法はコースキ（本島ではイシバイ、ジーバイなどと呼ばれる中間速の走り）に限り、大駆けした馬はボーク（失格）とされた〉

（「宮古の在来馬」長濱幸男「宮古研究」第四号収録）

人頭税とは石垣島編でも述べたように人口に応じて頭割りで年貢を取り立てる税制度。男には粟、女には反布を課した。反布は苧麻から糸を紡ぐ上布で、十字絣の細かい柄には精巧な技術が要求される。島の女たちは製織するのに夜を徹したという。明治一二年の廃藩置県後も、明治政府が沖縄の旧支配層に配慮して旧慣温存を図ったため、人頭税はそのまま放置されていた。そんな悪税が廃止に近づいたとき、宮古農民は禁を犯して競馬に喜びをぶつけたのである。

ヌーマピラス

沖縄本島の農民には琉球王朝時代から乗馬が許されていたとみられる。江戸時代、農民の乗馬を禁じていたヤマトでも明治四年、新政府の太政官布告により解禁した。ところが、宮古島ではその二年後の明治六年、富川親方規模帳（琉球王府高官の布告）で、農民が畑を往復する際に農耕馬に乗ることまで禁止し、競馬に参加した場合にはムチ打ち刑に処すと通告した。沖縄本島では農民の娯楽になっていた競馬が宮古島では御法度。この差別的な禁令も人頭税廃止運動が起きる明治二七年まで放置されていた。本島と離島・宮古島の温度差。宮古方言で「ヌーマピラス」と呼ばれた競馬も、娯楽色の強かった本島とは異なる由来を持っている。

宮古島は平坦地が比較的多く、馬が最も警戒するハブ（馬は微量の蛇毒で絶命）も生息していないため馬産に適しており、王朝時代から琉球最大の馬供給地だった。優れた宮古馬は首里王府や薩摩藩に乗馬用として献上されたほか、一六五三年以降の江戸上り（琉球王府による慶

鏡原馬場跡　審判台

賀使、謝恩使の江戸派遣）でも宮古上布（太平布）とともに貢ぎ物になった。

特に将軍職就任を祝う慶賀使派遣の際には常貢の献上物。一七九〇年、第一一代将軍となった徳川家斉を表敬した江戸上りで、献上馬を引いて歩く慶賀使節一行の姿が「琉球人大行列記」に描かれている。正使・宜野湾王子ら九三人の使節団が二頭の献上馬を伴って六月に琉球を出発し、薩摩経由で一一月に江戸入り。江戸城大広間での将軍お目見えに先だって、〈進上物は南板縁に並べ置き、献上馬は庭上に引き立てられた〉（『琉球使者の江戸上り』）という。

徳川将軍家に献上する琉球馬を伴った琉球中山王使者登城行列図　（沖縄県立博物館・美術館所蔵）

献上馬の安定供給を図るため、琉球王府は名騎手で知られた真喜屋親雲上ら御目利（馬役人）を首里から宮古島へ頻繁に派遣。当時、島内で飼育されていた約二〇〇〇頭分の馬帳（馬の居住台帳）を作らせ、献上馬の選定を行った。その選定のための馬揃え（騎乗供覧）がヌーマピラス（競馬）の由来とみられる。首里王府、薩摩藩に加えて徳川将軍家への貢ぎ物である。よほど精錬された走りが求められたのだろう。

明治中期、宮古農民にも乗馬が許されるようになると、沖縄本島と同じ中間速で美技を競う競馬が、鏡原に加えて友寄、宮国、新里、与那覇、友利、福里、新城、長間、比嘉の馬場でも行われた。

宮古島市史編さん委員の長濱幸男氏は『沖縄タイムス』に〈競馬は祭りの日に催され、旧暦の三月三日（下地の与那覇）、五月五日（城辺の新城）、八月一五日（城辺の長間）は特に人気があり、島中の名馬が集まったという〉（昭和五二年五月二八日付）と記している。

最大の規模を誇ったのが友寄馬場（直線三四〇メートル、幅九メートル）。首里・平良真地創設から三年後の一六九八年、琉球王府の宮古在番役人、友寄親雲上が士族のための調練場として現在の宮古島地方気象台付近に設けた。

〈平良の気象台のあたりがンマバ（馬場）で、ここでは宮古全体の競馬が行われた。各地から選り抜かれた七、八十頭の駿馬が集まった。これらの馬は農耕用ではなく、乗馬、競馬用として平素特別に飼育された馬で、特性のワグ（鞍）を置き、アウン（あぶみ）、フチャ（くつわ）をつけ、麗々しく飾りたてられた。走法は行事として行われるときも普段でもすべてアスンスとし、インガキ（犬のような駆け足）はしなかった〉（『平良市史』）。

宮古言葉で「アスンス」、「コースキ」と呼ばれるのは中間速による側対歩の走り。本島の競馬と同じ走法だが、『宮古畜産史』によると、競馬でムチを振るうと失格になったという。本島にはそこまで厳格な決まりはない。王朝時代の精錬された献上馬選定の名残だろう。

伝統を受け継ぐ宮古馬

粟や宮古上布の人頭税に苦しめられ、馬さえ献上させられた歴史を今日《こんにち》の宮古人はどう受け止めているか。

「宮古のアララガマ（なにくそ精神）はそういう厳しい時代を経て生まれたんですよ。宮古人は根性が違いますからね。人頭税を撤廃させたように結束力、団結心も物凄く強い。酒飲みが多くて、すぐにオトーリになりますけどね。ところで、オトーリの意味、知ってます？　金持ちも貧しい人も車座で杯を回し公平に飲みましょうって意味なんですよ。不公平なところには結束力も団結心も生まれないですからね」と、城辺町で農耕馬を飼っていた島尻照男さんは言う。

「オトーリ」は、車座になって口上を述べながら酒を飲み回す宮古の習慣である。司祭が神歌を唄いながら御神酒をつぎ回した豊漁収穫祭の儀式「ウトュー」（御通り）が、時を経て、団結心を強めるための飲み会へ。苦難の時代がそうさせたのだろう。島尻さんは続ける。

「生活が苦しくても農家では馬を手放しませんでした。私らが子供の時代、昭和三〇年代までは馬がいないとサトウキビが生産できない時代でしたからね。馬に鋤《スキ》を引かせて苗を植える。馬を使って製糖工場へ運ぶ。だから、馬を大切にしましたよ。芋を食べるのはまず馬、そのあとに人間。米研ぎ水を飲ませて、湧き水で洗って藁でこすってやる。それから木陰で休ませる。蹄鉄は借金してでも揃えろって言ったものです」

馬は撫で柄。馬の善し悪しは育て方次第で決まるという意味の格言である。宮古馬の素直で我慢強い性質は、愛情をもって接した宮古人が作り出したものだ。

一六九八年開場の友寄馬場とほぼ同時期に内浜馬場として使用され始めた下地町の与那覇海岸（通称サニツ浜）。ここでは「ヌーマピラス」の伝統が今日まで連綿と受け継がれている。開催時期は旧暦三月三日の浜下り（宮古方言で「サニツ」）から夏休みシーズンへ。競走スタイルもアスンス、コースキで美技を競った競馬から、大駆けで速さを競うレースに変わったが、現在、沖縄県内で競馬が開かれているのはこの地だけだ。

干潟に設けた一周四〇〇メートルコースを駆ける宮古馬に熱い歓声が飛ぶ。二〇〇九年にはJRA（中央競馬）の元トップジョッキー・岡部幸雄氏も出場。「タケ原」（牡二二歳）の手綱を取ったが、五連勝中の「浜競馬の武豊」こと勝連清さん騎乗の「次郎」（牡一八歳）に及ばず二着。

「完敗です。前の年も宮古島の競走を見ましたが、宮古馬を走らせるにはサラブレッドとは違った技術が必要だと痛感しました。勝連さんみたいな熟練した人でなければ乗りこなすことはできません」

〝世界のオカベ〟を脱帽させた熟練技は、宮古人と宮古馬の絆の歴史が生んだものだ。

名馬「恒雄コーザ」

人頭税撤廃の動きに宮古農民が喜びを爆発させた鏡原の競馬から約半世紀、宮古島に再び朗報がもたらされたのは一九三五年（昭和一〇年）のことだった。城辺村で飼われていた宮古馬の珠盛《たまもり》、漲水《はりみず》と右流間《うるま》が皇太子殿下の乗用馬に指定、宮内庁から採用通知が届けられた。珠盛の父は昭和初期、沖縄本島で競馬の頂点に立った「ヨドリ与那嶺小のヒコーキ」とほぼ同世代の宮古競馬の名馬「恒雄コーザ」。郷土誌にはこんな逸話が残っている。

〈主人が恒雄コーザに乗って酒座から帰宅中、居眠りして落馬。地面のクッションが良かったた

皇太子殿下の乗馬になった珠盛（『宮古畜産史』より）

めか、馬の足元でそのまま寝こんでしまった。翌朝目を覚ますと恒雄コーザはじっとして身動きせず、足下の主人を見守っていた〉（「宮古の在来馬」「宮古研究」第四号収録）

恒雄コーザの産駒・珠盛など宮内庁に採用された三頭が東京へ旅立つ日、漲水港には人頭税廃止の国会請願団を出迎えた時と同じように黒山の人だかりが出来た。王朝時代からの馬作りがようやく報われ、港内は歓喜に包まれたという。

鏡原馬場跡を再び歩いてみた。石垣作りの審判台を起点に旧城辺街道の北沿いを真一文字に延びる平原。禁令を破って農民が開いた競馬の審判台から国会請願団が見たものは……。馬とともに苦難を生きた宮古人のアララガマ精神と団結心だったのかもしれない。

（番外編　了）

薩摩支配、廃藩置県を経て、ソテツ地獄と呼ばれた昭和恐慌、そして沖縄戦……。時代の大波に翻弄された琉球競馬は、琉球・沖縄史を映す鏡でした。戦前の歴史家・真境名安興は競馬の歴史を考察するにあたって、こんな一文を記しています。「競馬の文献の拠るべきものなく、従って判然としない」。真境名の時代にも琉球競馬をテーマにした書籍はなかったことになります。

「美を競う伝統の競馬が戦前まで続いていたなんて、ウチナーンチュの間でもほとんど知られていません。一冊の本にまとめてみませんか」。ヤマトの競馬記者が上梓するきっかけは、ボーダーインク社の編集者・新城和博さんからの提案でした。安請け合いしたものの、思いのほか時間を費やすことになりました。最も苦戦したのは真境名でさえ〝判然としない〟と嘆いた王朝時代の競馬です。戦乱の三山時代に作られた馬場は軍馬や朝貢用の馬を調練するのが目的でしたが、近世になると美を競う競走の舞台となり、全島に波及します。その変遷が記録として残されていないため歴史の大家も頭を抱えざるを得なかったのでしょう。歴史学は史料の裏付けを前提としますが、門外漢の私は素人の怖いもの知らずで、琉球競馬を「非武の文化」と解釈することで物語を描きました。

本書はヒコーキの蹄跡探しに主眼を置いたため、紹介できた馬場は沖縄県内の一部にすぎません。本島南部・佐敷町（現南城市）の屋比久兼久と新里馬場では春秋の原山勝負差分式に競馬が行われた記録があります。宜野座村松田にはアブシバレーに開かれた競馬の舞台が村指定文化財として今日まで一部姿をとどめています。金武町の寺門原馬場には〝移民の父〟当山久三が金武世界石を建て、競馬とともに移民送別の会場にもなりました。

那覇空港の西には大嶺馬場。旧暦四月のアブシバレーに競馬が開かれていました。那覇市銘苅にあった多和田馬場は全長三二七メートルの規模を誇っていましたが、沖縄戦で一週間にわたる首里攻防の死闘が続き、灰じんに帰してしまいました。牧港米軍住宅地区を経て返還された後、新都心として生まれ変わりましたが、昔日の面影は何も残っていません。那覇東町には親見世之前馬場が親見世（琉球王府の那覇行政府）から薩摩藩の在番奉行所、遊郭で知られた渡地方面へ真っ直ぐに延びていました。那覇市街地の九〇％を焼失させた昭和一九年の「十十空襲」に合わせて毎年一〇月一〇日前後、国道五八号線の久茂地交差点付近で開催される那覇大綱挽きも、王朝時代にはしばしばこの馬場で開かれていました。那覇港を挟んで親見世之前馬場の対岸（西側）にあったのが儀間馬場（現・那覇市住吉町）。王朝時代の首里那覇鳥瞰図屛風（那覇市歴史博物館所蔵）には、見物人を集めて二頭で競走している姿が描かれています。戦後、米軍の那覇港湾施設として接収され、かつての姿を屛風絵で想像する以外にない、忘れられた馬場です。

かつて「クミー」と呼ばれた島産馬を輩出した久米島や、町の天然記念物に指定されている在来種・与那国馬で有名な与那国島でも村民の娯楽として賑わいをみせたといいます。

それぞれの土地に歴史と文化を刻んだ競馬。その伝統競技に触れた世代はすでにトーカチ（八八歳の米寿祝い）、カジマヤー（九七歳の長寿祝い）を迎える高齢に達しており、古老の記憶を記録として後世に伝えるための時間はさほど残されていません。

原稿の執筆から出版にいたる過程の中で、快く取材に協力していただいた古老の方々の訃報に接しました。今帰仁村のアブシバレー競馬をうりずんの風物詩として語ってくれた新城紀秀さん。八重山商工の初代校長を務めた教育者でした。「沖縄の競馬は忘れてはならない独自の文化だから何でも協力しよう。まずは、そのスイカを残さず食べなさい」。石川の自宅で今帰仁産のスイカをいただいてから七カ月後の平成二四年二月一日、九五歳で天国へ旅立たれました。

「生駒ミツは平成二四年二月八日、永眠いたしました。九九歳でした」。〝ヨドリ与那嶺小〟こと与那嶺真宏氏の娘、生駒ミツさんの訃報が届いたのは、その一週後でした。ヒコーキの蹄跡を探す長い旅はミツさんに出会えたことでようやく目的を果たせます。もし、ミツさんにたどりつくのが一年でも遅ければ、ヒコーキの実像はモヤに包まれたまま終わり、本書も生まれなかったでしょう。刷り立ての新刊本を最初に読んでもらう約束は守れませんでしたが、不思議な力がミツさんに巡り合わせてくれたような気がしてなりません。

ミツさんの孫、与那嶺真宏氏のひ孫にあたる生駒千賀子さんは、後日、こんなメールを送ってくれました。

「名馬ヒコーキのことは私も小学生の頃に祖母のミツから聞いていました。白くて美しい馬が与那嶺の家にいたと知り、小学校の作文にも書いたことを覚えています。昔、那覇の牧志公設市場でばーちゃん（ミツさん）の方言を聞いた市場のおばあさんたちは私の姉に『あんたのおばあさんは何者ね？』と聞いてきたそうです。首里の方言を使っていたためです。那覇のまちぐゎー（市場）では絶対に使わない言葉を使っていたらしいのです。曾祖父（与那嶺真宏氏）の代ならば尚のこと、階層の違いは色濃く、方言の使い方、態度、スピリッツに士族の風格を残していたかもしれません」。

私は千賀子さんの文面に真境名安興の記した一文を重ね合わせてみました。

〈観衆の血を湧かしめ、随天自ら奮起するの大場面を展開するは独り沖縄に於いてのみ観賞し得るの光景である、誇りであると思ふ〉

琉球競馬は沖縄の誇り。その頂点に立ったヨドリ与那嶺小にとっても士族の誇りを投影できる伝統競技だったのでしょう。

本編では紹介できませんでしたが、ミツさんは生前、ヨドリ与那嶺小の同志として二人の名を挙げています。「父と親交が深かった馬主仲間といえば、西原（浦添市）から名護に移った仲程さんと宜野湾の天久さんという方でした」。宜野湾の天久……。その名は宜野湾市史にも記されていました。「戦前駿足の名馬といえばヒコーキと呼ばれる大謝名のスピ（姓は天久）というところの持ち馬であった。この馬は赤い毛並みをした宮古馬であった」。市史の天久という馬主がミツさんの記憶していた天久さんと同一人物だとしたら、ヨドリ与那嶺小のヒコーキにあやかって馬名を付けたのかもしれません。

天久氏が飼っていたヒコーキゆかりの地、宜野湾馬場で昭和一六年まで行われていた「じのーん大綱引き」が復活したのは平成一九年のことでした。勝った方が綱を担いで蛇行する「戻り綱《ムルイヂナ》」など独特のスタイルを古老の記憶で六六年ぶりに再現したのです。次は競馬の復活……。今は所在なげにたたずむ今帰仁村の史跡・仲原馬場に着飾った在来馬が集い、蔡温松の下で美技の一騎打ちを繰り広げる……。そんな夢想を抱きながら、琉球・沖縄史の厚みの中に埋もれていた伝統競技を巡る物語を締めくくります。

　沖縄に地縁も血縁もない私が本書をまとめるにあたって、多くの方々にご助力いただきました。浦添市教育委員会文化課の安斎英介氏ら各市町村の教育委員会、資料館、博物館のみなさま、浦添市当山自治会長を務める神山高成氏ら各地区の自治会、公民館のみなさま、沖縄在来馬についてご教授いただいた琉球大学名誉教授の新城明久氏、宮古島市史編さん委員の長濱幸男氏、民俗学的な視点から競馬や馬場についてご教唆いただいた国建・西村秀三氏、競馬に触れた古老の方々を紹介していただいたキャンパスレコード社長の備瀬善勝氏、少年時代、遊んでいるうちにンマアミシグムイ（馬の水浴び所）に落ちて溺れかけたエピソードを持つ「信濃路」の主人・比嘉清氏。ご厚情に深く感謝の気持ちを捧げます。

　なお、本書はＪＴＡ日本トランスオーシャン航空の電子マガジン「美ら島物語」に連載した記事を元に再取材を進め、大幅に加筆、修正したものです。出版するにあたり的確なアドバイスをいただいたボーダーインクの新城和博氏に心からお礼申し上げます。

平成二四年十月
梅崎　晴光

◆琉球馬、競馬年表◆

年	沖縄の馬、競馬、馬場関連の出来事
１３８３	明国から琉球馬９８３頭を買い付け
１３８５	中山王・察度が馬１２０頭、硫黄1万２０００斤を明国に朝貢
１３８６	中山王が馬１２４頭を明国へ朝貢
１３９４	本部の健堅之比屋、久米島の堂之比屋が明へ名馬献上
１３９６	南山王が馬52頭、北山王も37頭を明国に朝貢
１６１０	沖縄県内の在来馬頭数は約８０００頭
１６１５	三浦按針が琉球諸島航海日誌に３月３日、首里で競馬開催と記録
１６３５	牛馬の飼い主に牛馬出銀（1頭当たり銀2分5厘～２分）という付加税を導入
１６４０	宮廷画家・自了が野国馬の絵図を描く
１６４１	野国親雲上宗保が薩摩献上後、暴れ馬となった野国馬を乗りこなす
１６５５	野国親雲上宗保が琉球王府の初代御馬当職に就任
１６６２	冊封使・張学礼が中山紀略に8月の中秋の節に首里で走馬と記載
１６６６	真喜屋実継が薩摩藩で島津家御家流馬術「鎌倉流」を習得して帰国
１６６７	琉球王府の摂政、羽地朝秀が士族への仕置（令達）で馬術を奨励
１６７６	南風原・宮平の松嘉那が馬術の天才ぶりを発揮
１６８３	冊封使の汪楫が琉球使録で琉球では馬が全力疾走しないと明記

1695 平良真地（現・首里大名町）が尚貞王により開場
1697 宮古在番役人、友寄親雲上が士族の調練場として宮古島に友寄馬場開場
1703 石垣島の赤馬を尚貞王に献上するよう大城師番に令達が下される
1710 後の宰相・蔡温が今帰仁・親泊馬場の競馬に感激し漢詩に託す
1714 真喜屋実良が神当流の馬術教本を著わし、琉球に普及させる
1719 冊封使の徐葆光が中山傳信録で琉球馬の装飾を詳述
1733 那覇横目條目で、馬の処分を厳禁
1771 明和の大津波で宮古島の飼育馬約2000頭のうち403頭が死亡
1786 往来で馬を疾走させることを禁じた刑法典・琉球科律が成立
1790 徳川家斉の将軍職就任を祝う江戸上りで、宮古馬2頭を献上
1791 首里城・龍潭の東岸に松崎馬場創設
1814 豊見城の地頭代・座安親雲上が原山勝負を考案
1838 具志頭・新城集落の住民に琉球王府から馬場が拝領される
1844 キリスト教宣教師フォルカードの那覇滞在で旧暦5月4日の潟原競馬中止
1859 東風平・上田原馬場で流血騒動。競馬の舞台を東風平馬場へ移す
1871 具志川の馬泥棒に宮古島流刑2年の判決。
豊見城親方盛綱が薩摩で戦闘馬術習得も沖縄では広まらなかった
1873 富川親方規模帳（琉球王府高官の布告）で宮古島農民の乗馬を禁止

1878 宜野座村に汀良タンメーと称する人物が松田馬場創設

1879（明治12）廃藩置県。琉球王国は琉球藩を経て沖縄県に

明治13 沖縄県統計概表で県内71の馬場が記載

16 沖縄県内の在来馬頭数は1万2405頭

19 王朝の御用馬場・松崎馬場が沖縄県師範学校の敷地拡張に伴い消失

22 名護・大兼久馬場の競馬をナンガニク（名護兼久）に移行

25 沖縄県内の在来馬頭数は2万1720頭

27 宮古島・鏡原馬場で人頭税廃止の帝国議会請願成功を祝賀した競馬

31 尚泰の四男、尚順男爵が宮古馬（競走馬）を売却

32 在来馬に噛まれたり、蹴られたりして徴兵を忌避する事故が続出

33 宜野湾馬場で中頭郡中の名馬50組を集めた競馬

34 浦添・安波茶馬場で満期除隊した兵士の帰郷祝い競馬

35 奈良原繁知事が高嶺間切（現糸満市）与座馬場の競馬を見物

36 那覇潟原の紀元節奉祝競馬大盛況。那覇警察署が非常警戒。那覇潟原で明治橋開通祝賀競馬
移民の父と呼ばれた当山久三が金武・寺門原馬場に世界石を建立

37 泡瀬潟原（現沖縄市）で日露戦争・遼陽（中国）占領祝勝競馬が開催

39 首里・綾門大道で競馬「馬の鳥居出し」を最終開催

40 大里・長堂馬場で島尻郡4ケ間切対抗の馬勝負。千人余が観戦

43 沖縄県内の在来馬頭数は3万235頭。外国種は2頭

45　那覇・古波蔵馬場で衆院選当選祝賀大競馬を開催

大正2　西原の我謝馬場を沖縄製糖に売却、翁長に西原村営馬場新設

4　那覇潟原で波上宮・例大祭（５月１７日）の競馬大盛況。兼城村馬場へ名称変更し改修された座波馬場（糸満）で競馬。１３０頭出走

6　３歳以上の牡馬の去勢を定めた馬匹去勢法が沖縄本島と宮古島に適用。潟原で島尻、中頭両郡の大競馬。百数十頭が出走。観衆一千人余

10　佐敷・津波古馬場が佐敷・浜端から移転する形で新設。競馬に80頭出場

11　読谷村比謝橋に常設家畜市場が設立、県内外の馬取引開始。陸軍省馬政局は馬匹去勢法の適用地区から宮古島を外す

昭和3　古波蔵馬場に真和志尋常高等小学校の分教場が設置

6　美競馬に代わって本土の全力疾走による競馬が宮古島に導入

8　陸軍第六師団獣医部が県内馬調査。沖縄本島２万７７５３頭の55%が雑種

10　石垣島白保の大泊一安所有馬が石垣町―白保間約１０キロを３２分で走破。宮古島産の珠盛、漲水、右流間が皇太子殿下の乗用馬に指定

13　農耕馬不足に悩む本土３２府県へ沖縄県産馬約５０００頭を移出。台湾総督府が沖縄県産の大型改良牡馬１９０頭を購入。沖縄本島で軍用候補馬の鍛錬を開始。

14　馬の軍用審査を義務づけた軍馬資源保護法を沖縄県にも適用。陸軍省の「愛馬進軍歌」作曲公募で恩納村出身の新城正一氏が一等当選

15　沖縄県主催の軍用候補馬競技会を開催。識名馬場が国の食糧増産奨励策に呼応して芋畑になる。
16　読谷のスピガニク（楚辺兼久馬場）など本島各地で美競馬の廃止が相次ぐ
18　沖縄神社祭の奉納競馬（平良真地）、伊江島の裸馬競走がこの年で終了
19　日本軍は徴発した沖縄県産馬を県内15カ所に計画した飛行場突貫工事に動員
20　沖縄戦。那覇潟原は米軍に埋め立てられて物資集積所に
21　上江洲口馬場があった玉城・仲村渠周辺が接収、24年、CIA秘密基地に
24　米国馬約700頭が米国から本島・勝連港到着、住民に400頭有償配布
28　多和田馬場跡（那覇市銘苅）が米軍に強制接収され牧港米軍住宅地区に
29　儀間馬場跡（那覇市住吉）のある那覇港西岸が米軍港地域に指定
30　那覇潟原があった松山、前島周辺地区が返還
36　具志川・天願馬場跡（米軍物資集積所）に通信兵が配置、天願通信基地へ
47　沖縄が日本に復帰。上江洲口馬場跡に駐留したCIA秘密工作隊が撤退
52　伊江島の裸馬競走が伊江島まつりの目玉として34年ぶりに復活
62　牧港米軍住宅地区が全面返還。多和田馬場跡は区画整理後、新都心に
平成21　大里出身の東徳之さんが沖縄県出身者として初めてJRA競馬学校に合格。宮古島・サニツ浜の競馬にJRAの元騎手・岡部幸雄氏が出場し、2着

参考文献

【沖縄県内　地誌】

『沖縄県史第6巻文化2』、『沖縄県史第9巻沖縄戦記録1』、『今帰仁村史』、『今泊誌』、『じゃな誌』、『備瀬誌』、『名護市史本編9民俗Ⅲ』、『仲尾次誌』、『沖縄県国頭郡志』、『金武町誌』、『宜野座村誌第3巻民俗・自然・考古』、『読谷村史第4巻資料編3読谷の民俗上下』、『楚辺字誌』、『嘉手納町史資料編2民俗資料』、『嘉手納町史資料編3文献資料』、『嘉手納町屋良誌』、『字野里誌』、『嘉手納町水釜史』、『北谷町史第1巻』、『北谷町史第3巻資料編2』、『北谷村誌』、『上勢頭誌上巻』、『宜野湾市史第5巻資料編4民俗』、『浦添市史第4巻資料編3浦添の民俗』、『浦添市当山区成立八十八周年記念誌』、『石川市史』、『具志川市史第1巻新聞集成明治編』、『具志川市史第3巻（民話編）上』、『具志川市誌』、『美里村史』、『字美里誌』、『泡瀬誌』、『コザ市史』、『沖縄市史第3巻資料編2上下』、『字胡屋誌』、『北中城村史第2巻民俗編』、『北中城村史第6巻新聞資料編』、『中城村史第3巻資料編2』、『西原町史第4巻資料編3西原の民俗』、『那覇市史資料編第2巻中の7那覇の民俗』、『那覇市史資料編第1巻5家譜資料』、『那覇市史旧真和志村戦争記』、『真和志市誌』、『上間誌』、『泊誌』、『豊見城村史第2巻民俗編』、『糸満市史資料編7戦時資料上巻』、『糸満市史資料編12民俗資料』、『糸満市大里字誌』、『米須字誌』、『南風原町史第6巻民俗資料編』、『与那原町史戦時記録編』、『東風平村史』、『宮平誌』、『具志頭村史第4巻村落編』、『大里村史通史編』、『大里字古堅誌』、『南城市史総合版』、『佐敷町史2民俗』、『玉城村史第6巻戦時記録編』、『玉城村誌』、『玉城前川誌』、『島尻郡誌』、『伊江村史上下巻』、『石垣市史各論編民俗上下』、『平良市史第7巻資料編5民俗・歌謡』、『下地町誌』

【地域研究】

『なきじん研究第11巻』今帰仁村歴史文化センター、『名護六百年史』（比嘉宇太郎）名護町役場、『名護町制十周年記念誌』名護町、『名護碑文記』名護市教育委員会、『明治の具志川を語る』具志川市教育委員会、『大正・昭和戦前の具志川を語る』同、『北谷町文化財調査報告書24集・北谷町の地名』北谷町教育委員会、『浦添市文化財調査報告書第13集「浦添の地名」』浦添市教育委員会、『那覇百年の歩み』那覇市企画部市史編集室、『泊前島今昔物語』（島袋文雄）沖縄大学地域研究所、『新編風土記・首里城周辺』（新垣恒篤）花城清用、『首里の地名』（久手堅憲夫）第一書房、『ふるさと糸満市再発見』（玉城和信、長嶺操）はんこ西崎、『伊江島の戦中・戦後体験記録』伊江村教育委員会、『八重山民謡誌』（喜舎場永珣）沖縄タイムス社、『白保村風土記』（崎原久）白保村風土記刊行会、『白保―八重山白保村落調査報告』（琉球大学社会人類学研究室）根元書房、『南島論叢』収録「バイフタ、フンタカ、ユングドゥ」（喜舎場永珣）沖縄日報社、『えとのす15号』収録「八重山地方の稲作儀礼」（石垣繁）新日本教育図書、『宮古島庶民史』（稲村賢敷）三一書房

【団体記念誌】
『東風平字長寿会誌』、『兼城小学校創立１２０周年記念誌』、『宮古島市体育協会創立６０周年記念誌』

【馬場に関連する報告書・論文】
『沖縄文化99号』収録「馬場と馬勝負」（西村秀三）沖縄文化協会、『沖縄県における馬場跡の調査報告』国建、『球陽論叢』収録「沖縄の馬場に関する調査覚書・予察」（長嶺操）ひるぎ社、『沖縄民俗第2号』収録「部落と馬場及び屋号」（宮城右勲）琉球大学民俗クラブ、『琉球大学教育学部紀要43』収録「明治期の沖縄県における社会体育史・青年会と体育会の活動を中心に」（真栄城勉）、同収録「明治期の沖縄県におけるスポーツ史年表」（真栄城勉、平良勉、金城昇、金城文雄）

【琉球馬】
『琉球動物史』（伊波盛誠）ひるぎ書房、『宮古畜産史』宮古市町村会、『馬政局事業時報第9号大正11年』掲載「沖縄県の馬産」（佐々田伴久）、『沖縄県畜産史』（當山眞秀）那覇出版社、『沖縄の在来家畜　その伝来と生活史』（新城明久）ボーダーインク社、『日本の在来馬』収録「宮古馬」（新城明久）日本馬事協会、『宮古研究第4号』収録「宮古の在来馬」（長濱幸男）宮古郷土史研究会、『宮古島市総合博物館紀要第16号』収録「宮古馬のルーツを探る」（長濱幸男）、『日本の在来馬の系統に関する研究』（林田重幸）日本中央競馬会、『南島史学28号』掲載「琉明関係における琉球の馬」（平田守）第一書房、『国華４９５号』掲載「自了筆野國馬圖解」国華社、『日本生物地理学会会報』

昭和13年収録「琉球列島の生物相」（岡田彌一郎）

【本土の馬、競馬関連】
『日本の古式競馬』（長塚孝）神奈川新聞社、『馬たちの33章』（早坂昇治）緑書房、『文明開化うま物語』（早坂昇治）有隣堂、『日本馬術史』（日本乗馬協会編纂）大日本騎道会、『続日本馬政史第一巻』神翁顕彰会、『富国強馬』（武市銀治郎）講談社、『都道府県農業基礎統計』農林統計協会

【琉球史関連】
『真境名安興全集3巻』琉球新報社、『沖縄一千年史』（真境名安興）沖縄新民報社、『新講沖縄一千年史』（新屋敷幸繁）雄山閣、『琉球歴史物語』（新屋敷幸繁）月刊沖縄社、『琉球歴史夜話』（源武雄）沖縄文教出版社、『北の平泉　南の琉球』（豊見山和行、入間田宣夫）中央公論社、『沖縄の犯科帳』（比嘉春潮、崎浜秀明編訳）平凡社、『南島風土記』（東恩納寛惇）沖縄文化協会、『那覇変遷記』（島袋全発）沖縄タイムス社、『沖縄考』（伊波普猷）創元社、『沖縄女性史』（伊波普猷）平凡社、『琉球使者の江戸上り』（宮城栄昌）第一書房、『沖縄史の五人』（伊波普猷、真境名安興）琉球新報社、『南島史学9号』収録「琉球諸島航海日誌」（ウイリアム・アダムズ、比嘉洋子訳）第一書房、建設情報誌『しまたてぃ』46〜53号収録「琉球王国の測量技術と技師たち」（安里進ほか）沖縄建設弘済会

【史書】
『球陽』（球陽研究会）角川書店、『定本　琉球由来記』（外間守善、波照間永吉編）角川書店、『汪楫冊封琉球使録三編』（汪楫、原田禹雄訳）榕樹書林、『使琉球紀・中山紀略』（張学礼、原田禹雄訳）榕樹書林、『中山傳信録』（徐葆光、原田禹雄訳）榕樹書林、『明実録の琉球史料（一）』沖縄県文化振興会、『琉球科律』（宮城栄昌編）吉川弘文館、『沖縄志』（伊地知貞馨）青潮社

【沖縄の民話、伝承】
『瀬名波の民話』読谷村教育委員会、『屋部の民話』名護市教育委員会、『沖縄　首里の昔話』（伊芸弘子）三弥井書店、『伊江島の民話』伊江村教育委員会、『南島の民俗文化』（上江洲均）ひるぎ社、『伝承文学研究第57号』収録「沖縄の『馬の家』英雄譚」（福田晃）三弥井書店

【沖縄近現代史関連】
『沖縄県の百年』山川出版社、『沖縄県の歴史』山川出版社、『沖縄現代史』（真境名安興）琉球新報社、『沖縄20世紀の光芒』琉球新報社、『昭和の沖縄』（琉球新報社会部編）ニライ社、『近代沖縄の歩み』（大城立裕、新里金福）太平出版社、『沖縄風土記全集　那覇の今昔』沖縄図書教材、『明治・大正・昭和　沖縄の世相史』（山城善三）沖縄文教出版、『沖縄事始め・世相史事典』（山城善三、佐久田繁）月刊沖縄社、『むかし沖縄』（琉球新報社編）那覇出版社

【沖縄に関する随筆】
『思出の沖縄』（新崎盛珍）新崎先生著書出版記念会、『沖縄物語』（古波蔵保好）新潮社、『浮世真ん中』（上原直彦）沖縄タイムス社、『新南島風土記』（新川明）朝日新聞社、『沖縄　辺境の時間と空間』（谷川健一）三一書房、『松山御殿物語』（尚順）ボーダーインク

【人物評伝・自伝】
『私の履歴書42集』（屋良朝苗）日本経済新聞社、『辻の華』（上原栄子）時事通信社、『回想　八十路にたどりつくまで』（伊波剛）私家版、『わったあ兼久』（知念良雄）私家版、自叙伝『回想』（名嘉元武志）私家版

【ルポ、ノンフィクション】
『やんばる路を往く』（国吉真永）青い海出版社、『沖縄の豚と山羊』（島袋正敏）ひるぎ社、『沖縄の島守　内務官

僚かく戦えり』（田村洋三）中央公論新社、『首里城を救った男』（野々村孝男）ニライ社、『風に舞ったオナリ』（田中水絵）凱風社

【その他】

『沖縄県歴史の道調査報告書Ⅱ、Ⅲ、Ⅳ』（沖縄県教育委員会文化課）緑林堂出版、『沖縄歴史の道を行く』（座間味栄議）むぎ社、『おもろさうし』（外間守善校注）岩波書店、『沖縄の芸術家』（仲泊良夫）新星図書、『松風集』（宜湾朝保）緑林堂出版、『沖縄風俗圖繪』東陽堂、『沖縄染織王国へ』（與那嶺一子）新潮社、『琉球布紀行』（澤地久枝）新潮社、『沖縄の神社』（加治順人）ひるぎ社、『沖縄野球１００年』（琉球新報運動部）琉球新報社、『スーホの白い馬』（大塚勇三、赤羽末吉）福音館書店、『小学校国語教科書・２年下巻』（光村図書出版）、『沖縄を深く知る事典』日外アソシエーツ

【新聞】

琉球新報、沖縄タイムス、沖縄日報、沖縄毎日新聞、沖縄新報、先島朝日新聞、大阪朝日新聞、大阪毎日新聞地方版、北海道新聞

【行政広報紙】

『広報いしかわ67号』、『広報よみたん３５０号』、『宜野湾市史だより・がちまやぁ13号』、『広報おきなわ４０４号』

梅崎晴光（うめざき・はるみつ）

一九六二年（昭和三七）一〇月四日、東京・高円寺生まれ。八六年、スポーツニッポン新聞（スポニチ）入社。九〇年からＪＲＡ中央競馬担当。埼玉県越谷市在住。
本著で、二〇一三年度ＪＲＡ賞馬事文化賞、沖縄タイムス出版文化賞正賞を受賞。

消えた琉球競馬
幻の名馬「ヒコーキ」を追いかけて

二〇一二年一一月二一日　初版第一刷発行
二〇一四年一月三〇日　第二刷発行

著　者　梅崎　晴光
発行者　宮城　正勝
発行所　㈲ボーダーインク
沖縄県那覇市与儀226-3
http://www.borderink.com
tel 098-835-2777
fax 098-835-2840
印刷所　㈱東洋企画印刷

ISBN978-4-89982-233-2　C0095